梶山孝夫

大日本史の史眼

―その構成と叙述―

◆水戸史学選書◆

企画 水戸史学会
発行 錦正社

まへがき

義公徳川光圀が早くより史書を編むに志を抱いてゐたことはつとに知られてゐるが、その史書すなはち『大日本史』は『史記』に倣つたものとされてゐる。具体例を示せば「大日本史叙」に「先人十八歳、伯夷伝を読み蹶然として其の高義を慕ふあり」とみえ、「義公行実」に「年十八、たまたま伯夷伝を読んで感ずるところあり」と記され、『史記』の伯夷伝に感化を受けたことが容易に推察されるからである。また「彰考館を開くの記」には「班馬(班固と司馬遷)の遺風に倣ひ、以て倭史を撰すること ここに年あり」とみえ、「遺迎院応空宛書簡」に義公自ら「史記の体に編集申度存立」と記したことはその証左であつて『史記』の細部にまで関心を寄せてゐたことも「西山随筆」によつて知られる。

しかしながら、『史記』に倣つたとはいふものの『大日本史』はすべてを依拠したわけではないのである。本紀・列伝・志・表といふ紀伝体の構成はその名称と序列からいへば『漢書』に類似するが全くの同一ではない。『大日本史』本紀に立てた大友皇子や后妃伝に収めた神功皇后に関してもその判断は『史記』と異なるのである。『史記』本紀では項羽が仕へた楚の義帝を立伝せず、かへつて項羽を、また高祖亡き後実権を握つた呂太后(この時にも皇帝は在位してゐるにもかかはらず)を、それぞれ立伝してゐるからである。また始皇帝本紀の前には秦本紀を立ててゐることも挙げてよいであらう。そこには司馬遷の見識が表明されてをり、後世から云々することはできないであらうが、『大日本史』には明らかな『史記』との相違が認められる。そればかりではない。『史記』に倣へば将軍伝は世家として立伝すべきではなかつたのかといふ見方もあらう。列伝の構成自体も『史記』や『漢書』とは異なつてゐるのであるから（『後漢書』以後には同様の構成がみられる場合がある）、参考としたであらうが直接ではないといへよう。さらには論賛の問題もある。「太子公曰」といふ、いはゆる論賛は通常末尾にあるが冒頭に置かれてゐる場合もみられるし、列伝末尾の「太子公自序」にも論賛が付されてゐる。このやうな論賛の位置付けをどのやうに考へるべきなのであらうか。あるいは『大日本史』列伝の序（とりわけ各伝の冒頭に付されてゐる序）は『史記』に倣つたものなのであらうか。

このやうに疑問を並べてみると、果たして『大日本史』は『史記』に倣つたものだと単純に考へてよいのだらうか。もとより、『史記』が古今を貫く偉大な史書であつて、司馬遷の独創が随所にみられること、そして義公がその史的精神を学んだことは改めていふまでもないけれども、ただ本書はこれらの疑問を念頭に置きながら『大日本史』紀伝の構成と叙述についてその特色を探求しようと試みたにすぎない。それは『大日本史』の史眼を探ることであるが、とりわけ叙述に関しては『史記』にはみられない出典注記（出典そのもの）にも留意した。それらは先学の驥尾に付して蛇足を加へたのみであるが、広大な水戸の学問の集大成である『大日本史』の新たな側面に迫ることができたとするならば望外の喜びである。

水戸の学問に関心を寄せてから四十年を超えるが、これまでご指導を賜つた故名越時正先生はじめ水戸史学会の皆様に深甚なる感謝の誠を捧げたいと思ふ。

平成二十四年十一月三日

著者記す

大日本史の史眼

——その構成と叙述——

目次

大日本史の史眼

——その構成と叙述——

第一章　『大日本史』本紀の構成

はじめに

『大日本史』本紀とはご歴代天皇の伝記であり、いはば『大日本史』の中枢といつてよい。それは、いはゆる三大特筆のすべてが本紀にかかはることからも明らかであらう。以下には本紀の構成について考へることとするが、本紀の半数近くは六国史の時代であるから、これらの史書との関連をふまえつつ本紀構成の特長や論賛との関係にも及んでみたいと思ふ。

一　本紀の構成

本紀は巻の一から巻の七十三に及んでゐるが、そのほとんどが天皇一代で一巻の構成となつてゐる。厳密には巻の十一の天武天皇以後となるが、巻の二十一までの構成は次の通りである。併せて木版本の丁数も掲げておくが、ここで木版本といふのは嘉永四年に刊行された百冊本（嘉永木版本）のことを指す。正徳五年の義公忌日に廟に供へた正徳本は嘉永木版本と本紀の巻数が同数の七十三巻である（第一節から第三節の＊については第五節に後述するが、堀井純二氏の御指摘により若干を修正した）。

大日本史　一

巻の一　神武天皇・綏靖天皇・安寧天皇・懿徳天皇・孝昭天皇・孝安天皇・孝霊天皇・孝元天皇・開化天皇　十八丁

巻の二　崇神天皇・垂仁天皇・景行天皇・成務天皇　二十丁　計三十八丁

大日本史　二

巻の三　仲哀天皇・応神天皇　十五丁

巻の四　＊仁徳天皇・履中天皇・＊反正天皇・允恭天皇　十六丁

巻の五　安康天皇・＊雄略天皇・清寧天皇・＊顕宗天皇・＊仁賢天皇　十九丁　計五十丁

大日本史　三

巻の六　＊武烈天皇・継体天皇・安閑天皇・宣化天皇　十三丁

巻の七　＊欽明天皇・敏達天皇・用明天皇・崇峻天皇　十七丁

巻の八　推古天皇・舒明天皇　十五丁　計四十五丁

大日本史　四

巻の九　皇極天皇・＊孝徳天皇・斉明天皇　二十三丁

巻の十　＊天智天皇・＊天皇大友　十七丁　計四十丁

大日本史　五
巻の十一　天武天皇　二十九丁
巻の十二　持統天皇　十八丁　計四十七丁
大日本史　六
巻の十三　文武天皇　二十一丁
巻の十四　元明天皇　十九丁
巻の十五　元正天皇　十七丁　計五十七丁
大日本史　七
巻の十六　*聖武天皇　四十丁
巻の十七　孝謙天皇　十六丁　計五十六丁
大日本史　八
巻の十八　廃帝　十六丁
巻の十九　*称徳天皇　十七丁
巻の二十　*光仁天皇　二十一丁　計五十四丁
大日本史　九
巻の二十一　*桓武天皇　四十七丁

一冊の丁数は、平均すればおほよそ五十丁ほどである。第一冊めは少ないが、実際には序文等十一丁が付加されてゐるから同様の分量となる。巻の十一からは一巻一天皇となるが、そのうち例外は巻の二十五と二十六の仁明天皇、巻の六十八と六十九の後醍醐天皇、巻の七十二と七十三の後小松天皇の三天皇が二巻編成であり、さらに巻の七十一に長慶天皇と後亀山天皇が収められてゐることである。このうち天皇大友（弘文天皇）と長慶天皇の場合は『大日本史』によつてご即位が確定したともいへるから、一巻編成ではなくともやむを得ないかもしれない。なほ、廃帝は淳仁天皇のことである。

さらに注目しなければならないのは一天皇二巻編成の場合である。すなはち、右の三天皇であるが、以下これらの巻も併せて順次検討してみよう。

二　仁明天皇紀と後巻の構成

仁明天皇紀は二巻編成であるから、まづは前後の状況をみることにしよう。

大日本史	十	巻の二十二	*平城天皇	十四丁	
		巻の二十三	嵯峨天皇	三十七丁	計五十一丁
大日本史	十一	巻の二十四	*淳和天皇	一十九丁	
大日本史	十二	巻の二十五	仁明天皇上	三十一丁	
大日本史	十三	巻の二十六	*仁明天皇下	二十四丁	

巻の二十七　*文徳天皇　　二十八丁　　計五十二丁
大日本史　十四　巻の二十八　*清和天皇　　六十丁

仁明天皇紀は計五十五丁となり、一冊の分量としては十の五十一丁や十三の五十二丁と比べてもほぼ同じで特別に多いわけではない。むしろ、清和天皇紀よりは少ないのである。さうとすれば、仁明天皇紀としてまとめることも可能ではなかつたかとも考へられる。この場合巻数が一つ減ずるが、文徳天皇紀は淳和天皇紀とわづか一丁の差にすぎないから分量上の問題は格別存在しないはずである。ちなみに本紀でもつとも分量の少ないのは「大日本史　二十三」（第四十六巻鳥羽天皇紀）の二十七丁であるから、分量上からは文徳天皇紀を一冊編成とすることに問題はなかつたやうに思はれる。

さらに特長を付加すると、一巻一天皇のみではなく、それが一冊に収められてゐる場合がみられることである。前節では桓武天皇紀であり、本節では淳和天皇紀と清和天皇紀がその例となるが、これと比べても仁明天皇紀は特別との感が否めないのである。しかも、後にふれるが後醍醐天皇紀と後小松天皇紀は一冊にまとめられてゐるにもかかはらず、仁明天皇紀は上下が別冊構成なのである。何故であらうか。

そこで、往復書案を探つてみると享保四年十月二十日付神代宛小池・大井書簡に、

右之通ニ合巻いたし候へハ三巻減り申候、其代ニ大巻ノ本紀ヲ二巻ニ引わけゆり合せ申了簡いたし見申候ニ、仁明八十五枚御座候故、それヲ上下ニ引わけ清和七十八枚ヲモ分ケ申候へハ二巻埋

り中候、外ニ一巻不足ニ御座候、後鳥羽ヲ引わけ申度候へ共書切之所真半分ニ当り不申候而こまり申候（『茨城県史料』近世思想編、三三三頁）

とあり、「同クハ仁明清和なともやはり初之通一巻ツ、ニ而指置申度物ニ而御座候」ともみえる。「右之通」といふのは十一巻と十二巻、十四巻と十五巻、七十巻と七十一巻を合巻とするといふ提案を指す。また同十月二十九日付安積宛の小池・大井書簡に、「成ほと致合冊仁明紀ヲ引分冊数合せ申様可仕候」（同三三五頁）とあり、同十一月四日付にも、「尚々仁明紀前後引わけ上下にいたし長慶後亀山併賛ニ付合巻ニ仕候」（同三三七頁）とみえる。これによれば、論賛との関連もあつて冊数合はせのために分巻・分冊されたらしいことが推察されるが、止むを得ない措置だつたといふべきなのであらうか。その形態は、以下にふれる享保進献本に窺ふことができるのであるが、何故に七十三巻にこだはらねばならなかつたのであらうか。

それは列伝百七十巻も同様であるが、大学頭林信篤に依頼してゐた序にみえる巻数と合はせる必要があつたからである（日本思想大系『近世史論集』解説、信篤の序については吉田一徳博士『大日本史紀伝志表撰者考』一六八頁以降を参照されたいが、「本紀七十三巻、列伝一百七十巻、名之曰大日本史」とある）。ただ、巻数合はせであれば十月二十日付書簡にみえるやうに清和天皇紀を上下の二分割とすることも可能であつたはずであるが、さうならなかつたのは分量の多い仁明天皇紀を分割対象としたからであらう（傍線部参照）。

さて、『大日本史』は享保五年に幕府に献上されたが、この時には本紀七十三巻・列伝百七十巻・序等二百五十冊であつた。久野勝弥氏によれば、同氏架蔵の甲本はこの享保進献本の姿を伝へたものであるといふ（『芸林』第五十五巻第一号所載「『大日本史』筆写本三種について――「正徳本」「享保進献本」と「足利治乱記」――」）。久野氏架蔵の甲本は仁明天皇紀が二十五と二十六に分かれてをり、この構成がそのまま嘉永木版本に引き継がれたと考へられるのである。幕府への献上を控へて、この時期には本紀の構成にも再考が加へられたのであらう。

続けて、第二十九巻以降の構成をみてみよう。

大日本史　十五	巻の二十九	陽成天皇	二十一丁	
	巻の三十	*光孝天皇	十三丁	
	巻の三十一	*宇多天皇	十五丁	計四十九丁
大日本史　十六	巻の三十二	*醍醐天皇	三十九丁	
大日本史　十七	巻の三十三	*朱雀天皇	二十三丁	
	巻の三十四	*村上天皇	三十五丁	計五十八丁
大日本史　十八	巻の三十五	冷泉天皇	七丁	
	巻の三十六	*円融天皇	二十一丁	
	巻の三十七	華山天皇	八丁	計三十六丁

大日本史　十九	巻の三十八	*一条天皇	三十五丁	
	巻の三十九	三条天皇	十丁	計四十五丁
大日本史　二十	巻の四十	*後一条天皇	三十一丁	
	巻の四十一	*後朱雀天皇	十丁	計四十一丁
大日本史　二十一	巻の四十二	後冷泉天皇	二十丁	
	巻の四十三	*後三条天皇	十二丁	
	巻の四十四	*白河天皇	二十三丁	計五十五丁
大日本史　二十二	巻の四十五	*堀川天皇	三十二丁	
大日本史　二十三	巻の四十六	*鳥羽天皇	二十七丁	
大日本史　二十四	巻の四十七	崇徳天皇	三十二丁	
	巻の四十八	*近衛天皇	二十丁	計五十二丁
大日本史　二十五	巻の四十九	*後白河天皇	十八丁	
	巻の五十	*二条天皇	十五丁	
	巻の五十一	六条天皇	七丁	計四十丁
大日本史　二十六	巻の五十二	*高倉天皇	三十六丁	
	巻の五十三	安徳天皇	二十三丁	計五十九丁

大日本史　二十七	巻の五十四	*後鳥羽天皇	三十八丁	
大日本史　二十八	巻の五十五	*土御門天皇	二十一丁	
	巻の五十六	*順徳天皇	十九丁	計四十丁
大日本史　二十九	巻の五十七	九条廃帝	七丁	
	巻の五十八	*後堀河天皇	十八丁	
	巻の五十九	*四条天皇	十八丁	計四十三丁
大日本史　三十	巻の六十	*後嵯峨天皇	十四丁	
	巻の六十一	*後深草天皇	二十八丁	計四十二丁
大日本史　三十一	巻の六十二	*亀山天皇	二十丁	
	巻の六十三	*後宇多天皇	十九丁	計三十九丁
大日本史　三十二	巻の六十四	*伏見天皇	二十一丁	
	巻の六十五	後伏見天皇	六丁	
	巻の六十六	後二条天皇	十二丁	
	巻の六十七	*花園天皇	十三丁	計五十二丁

各巻の分量は六丁から三十九丁と相当の開きがあるが、一巻一天皇編成となつてゐる。一冊の分量をみると、三十六丁から五十九丁でおよそ平均は三十八・九丁となり、これまでと比べるとやや少な

いけれども平均化を図つてゐることは窺へよう。分量からみれば、巻の四十五と巻の四十六の合計は五十九丁であるから合冊が可能だつたとはいへよう。なほ、九条廃帝は仲恭天皇のことであり、本紀に特筆したのは水戸史学の功績としてよいであらう。

三　後醍醐天皇紀と後小松天皇紀の場合

本紀末尾の六巻の構成は次の通りである。

大日本史　三十三	巻の六十八	後醍醐天皇上	三十一丁	
	巻の六十九	*後醍醐天皇下	二十四丁	計五十五丁
大日本史　三十四	巻の七十	*後村上天皇	三十丁	
	巻の七十一	長慶天皇・後亀山天皇	十一丁	計四十一丁
大日本史　三十五	巻の七十二	後小松天皇上	三十六丁	
	巻の七十三	後小松天皇下	十一丁	計四十七丁

後醍醐天皇上巻はご生誕の正応元年から元弘三年末までであり、六波羅の滅亡を経て、船上山を発して上京の途次に関東の平定を知り、楠木正成を兵庫に謁見して京に還御、そして人事を叙述するのである。下巻は建武元年から吉野にての崩御までを記してゐるから、二巻に分けるとすれば当然の箇所といふことにならう。

後小松天皇紀上巻は冒頭に「後小松天皇、諱は幹仁」と記すのみで、続けて北朝五主に移るがほとんどはこれに終始し、紀の叙述は「後小松天皇は即ち後円融帝の長子なり」と再開する。記述は上巻全体からすれば僅かであり、その上人事のみといってよいほどで、後亀山天皇の京都還御を以て終はる。下巻が後小松天皇紀であつて、明徳三年から永享五年の崩御までが記述の範囲となり、いはゆる南北合一後からである。紀の末尾に、

初め後醍醐天皇の南巡せられしより明徳三年に至るまで、凡そ五十七年、皇統緒を分ち、京畿城を阻てしが、帝、神器を受けたまふに及びて、海内始めて一統し、車書文軌を同じくし、世世相承けて宝祚疆無し。

と叙し、本紀のすべての叙述が終了する。したがつて後小松天皇紀のみとしては短いものとなるが、北朝五主の取り扱ひに苦慮した結果が上下の分巻に表れてをり、上巻は五主の記述に終始した巻といへる。また、本紀は天皇の崩御を以て記述を終へるのが常であるから、後小松天皇紀もそれに倣つたといふことにならう。

いづれにしても、上下二巻とするのにはそれなりの理由があつたと考へられるから、単純に清和天皇紀の分量が多いことをもつて分割するには至らなかつたのであらう。

四　本紀と六国史の関係

次に六国史との関係を検討しよう。一体、史臣は本紀を執筆するに際して六国史をどのやうに活用したのであらうか。全般にわたつては「修大日本史例」の第一に、

凡そ紀伝の文、正史に根拠し、務めて其の旧に遵ひ、妄りに改削せず。本紀は神武より持統に至るまで全て日本紀に拠る。故に下、唯本書とのみ称し、書名を註せず。旧事紀・古事記・類聚国史・日本紀略等の如き、他書を参取するものは、各其の書名を註す。下、三代実録に至るまで例を一にす。但、列伝は此の例に依らず。毎伝皆書名を註す。其の正史の載せざる所は、事至要と雖も、旁明拠なきものは、輒ち之を補湊せず。

とみえ、「正史」すなはち六国史に依拠してゐることが知られる。ここでは仁明天皇紀を例として考へてみよう。仁明天皇紀が上下二巻で別冊編成の特異な構成であることはすでにふれたが、それは『続日本後紀』が天皇の一代記であることとも関係を有しないか、といふ観点を設定するからである。

義公光圀は六国史のうち『日本後紀』以外の修訂を施し、幕府の文庫に納めた事実からして史臣が活用できる状況にあつたことは容易に認められる。そこで、仁明天皇紀と『続日本後紀』を比べてみると、「修大日本史例」に示した方針にそつて叙述されてゐることが知られる。特に上巻は採用の記事が緻密であり、下巻に移ると粗略になる傾向がみられる。この傾向は一巻編成である文徳天皇紀にも

窺へるが、文徳天皇紀もやはり『日本文徳天皇実録』といふ一代記に拠つた本紀である。両本紀の分量は依拠した一代記の分量に比例してをり、文徳天皇紀は仁明天皇紀の半分ほどである。この点、史臣は依拠した史料に忠実であつたといふことができよう。また、最も分量が多い清和天皇紀は『日本三代実録』の過半を同天皇時代が占めてをり、その分量は『続日本後紀』に匹敵することと関係があらう。

次に言及すべきはいはゆる論賛の体についてであるが、論賛といふのは天皇（皇帝）御一代の末尾に付したその事績の得失を論じた部分のことである。『日本書紀』には全く見あたらないが、『続日本紀』の称徳天皇についての左の箇所に注目してみよう。

天皇尤も仏道を崇めて、務めて刑獄を恤《あは》れむ。勝宝の際、政、倹約と称す。太師誅せられてより、道鏡権を擅《ほしいまま》にして軽々しく力役を興し、務めて伽藍を繕《つくろ》ふ。公私彫喪して国用足らず。政刑日に峻《けは》しく、殺戮妄《みだり》に加ふ。故に後の事を言ふ者、頗るその冤《むじつ》を称す。

（坂本太郎博士『六国史』二一七頁）

坂本博士はこの箇所を論賛と解釈されてゐる。それでは『大日本史』の称徳天皇紀にはどのやうに叙述されてゐるのであらうか。実は紀末にほとんど同様の文が記述されてゐるのである。相違はわづかに「太師」が「仲麻呂」となり、末尾（傍線部）が「初政に比するに、頗る冤濫多しと云ふ。後世、前朝を称して孝謙天皇と曰ひ、後朝を称徳天皇と曰ふ」となるが、後段は文字こそ異なるけれども文意の相違とはいへないであらう。

坂本博士によれば、このやうな論賛は『日本書紀』以外のすべてにみられるといふ。ただ『続日本後紀』以下は賛のみとし、論と賛を区別されてゐる。

もう一例を確認してみよう。やはり仁明天皇紀である。木版本でいへば、二十三丁のウラから二十四丁オモテにかけての紀末の箇所は、『続日本後紀』末尾（国史大系本では二三八〜二三九頁）の部分の要約抄出であり「修大日本史例」に述べたところと合致するのである。それは「天皇叡哲聡明、衆芸を包綜し、最も経史に耽りたまひ講誦倦まず、諸子百家の書、通覧せざるは莫し。兼て文藻を愛し、精しく漢音の清濁を弁へ、射に工に書を善くす。」とし、少小より虚弱の天皇が春秋四十を超えたのは服食輔養の力に由るのであらうか、と結んでゐるから、坂本博士ふうにいへば賛といふことにならう（以下、この意味で賛といふ）。紀末に賛ふうの記載を付したのは六国史に範を取ったからであらう。

五　紀末の賛と澹泊論賛との関係（1）

これまでに掲げた巻の天皇に付した＊印は、紀末に何らかの賛が記されてゐることを示したものである（三節までに掲げた天皇紀）。賛といつてよい記述は他にもみられるが、澹泊の論賛と比較する上であくまでも紀末に限定してゐる。記述量の少ない巻の十までを除けば、奈良時代末期からほとんどの紀末に付されてゐることが知られるが、いくつかを検討してみよう。

まづは先にふれた仁明天皇紀であるが、この澹泊の論賛は全体にいはゆる論の性格であつて、とりわけ三善清行の意見封事を引き「帝、尤も奢靡を好み、農事を傷り、女功を害す。後房内寝の飾、古今に冠絶す。府帑是に由りて空虚にして、賦斂之が為に滋起る」といふあたりにはそれが顕著である。この意見封事は紀本体にはみえてゐないから、論賛でふれて天皇の得失を論じたといふことにならう。さらに論賛末尾に「史は其の美を溢して、封事は其の実を得たるなり」とあり、この「史」は『続日本後紀』を指す。したがつて、後紀に拠つた本紀が間接的にではあれ「其の美を溢」するものとなるのではなからうか。

次に文徳天皇紀であるが、末尾には、

天皇登極より、心を政事に留め、性甚だ明察にして、能く人の姦を知り、専ら昇平の化を思ひて、巡幸遊覧を好まず。仁寿・斎衡の間、頻に嘉瑞を得、以て陵廟に薦め、禁網漸く密に、憲法頗る峻なるに至り、官署に屢々遷除の事を聞き、吏人還りて廃罷の憂を懐けり。天下以て漢の明帝に比す。而して聖体羸病にして、頻に万機を廃し、在位長からず。時人之を惜む。

とみえ、この箇所は『文徳実録』に忠実であり、「修大日本史例」の方針に沿つたものである。これに対して澹泊の論賛は冒頭に「帝、庶政に勤め、奸を発き伏を摘く」と記すものの、その後は実録の性格にふれるのみで直接に治世に及んではゐない。

清和天皇紀は『日本三代実録』に収められ、続く陽成・光孝天皇紀には賛がない（坂本博士前掲書二八

頁)。『大日本史』の清和天皇紀に、

天皇風儀美しく、端儼なること神の如し。性、寛明仁恕にして温和寡言、挙動、礼に遵ひ、精を政事に専にし、好みて書伝を読み、思を釈教に潜め、鷹犬の娯未だ嘗て意に留めず。外祖太政大臣良房政を摂し、枢機精密にして、国家寧静なり。天皇己を恭しくして成を仰ぎ、黙して憲綱を握る。良房薨ずるに及び、始て政事を親らして恭倹に率由す。承和以往は天子日紫宸殿に御して政事を視、仁寿の後、遂に廃れしを、天皇之を復したまふ。当時之を称す。既にして、藤原基経国に当り、吏其の職に称ひ、内外粛然たり。故に、前代の政を道《い》ふものは悉く貞観の治を称す。

とみえるところはまさに賛といふべきであらう。澹泊の論賛と比べると、どのやうな相違が認められるのであらうか。

仏法、我が邦に入りてより、貴賤・賢不肖と無く、皆一鼓して之に牢籠せられ、天下、靡然として、習ひて以て常と為す。万乗の尊を屈して、三宝に帰依すること、列朝比々として、皆然らざる莫し。而して帝之を好むこと尤も篤く、年齢未だ三十に至らずして、遂に天位を去り、慨然として大器を幼沖の主に授けて、其の果して能く負荷するや否やを顧みず。政刑の柄、一に之を藤原氏に委ね、抖擻《とそう》勤苦して、遺位の志を高くし、三日に一斎し、泊然として枯槁す。古今人主の仏を奉ずること、未だ帝の如く精練薫修せる者有らず。苟も瀝誠崇教の至りに非ざれば、則ち孰か能く此に臻《いた》らんや。貞観の政は、世の称する所なるも、藤原氏の権、此より盛んなるは、蓋し亦従りて来る所有り。

ここは、貞観の政治にふれてはゐるものの賛とはいひがたい内容であらう。このやうにみてくると、紀末の記載と澹泊の論賛とではかなりの相違がみられるとしてよいであらう。しかも、治績に直接の論評を加へたものばかりではなく論賛の内容も一律とはいひがたい。論賛が執筆されたといふことは、紀末の記載が論賛（少なくとも賛）であるとは認めなかつた結果といはねばならない。もし認めたのであれば屋上屋を重ねることになるからである。

六　紀末の賛と澹泊論賛との関係（2）――その意義――

続いて、光孝天皇紀と宇多天皇紀を検討してみよう。光孝天皇紀末の賛は、

天皇頗る墜典を修飾するの志あり（神皇正統記）。屢事を外廷に視たまふ。其の御体の卜及び詮擬郡司の文、芹川野遊猟の類は典儀久しく廃れたるを、位に即きたまふに及び、稍復之を行ひたまふ。

（括弧内は割注）

といふ短いものであるが、『神皇正統記』では確かに光孝天皇の条にみえる内容である。一方、澹泊の論賛はやはり短いけれども、冒頭に『荀子』を引いた後に、

王文矩・藤原仲直の、帝を龍潜の日に相せるは、奇中と謂ふ可し。然れども、摂政基経の、帝を大饗の座に察見して、其の人君の量有るを知り、故に衆議を排して之を立つるには如かず。其の、

術を択ぶの精なる者か。大位を践むに及び、軌度を正し廃典を挙ぐるに志有りと雖も、庶孽《しょげつ》を以て基経の推戴する所と為る。故に之を畏憚すること、芒を負ふに過ぎ、竟に剛健の徳を正すこと能はず。而も臨馭久しからず、庶績猶煕洽《きこう》する能はざる者有りしは、惜しいかな。

と述べてゐる。傍線部は『三代実録』光孝天皇の条の冒頭にみえ、渤海使の王文矩が拝起の儀の際に諸親王中に望見して至貴の相があるから必ずや天位に登るであらうといふのと、仲直が侍奉の弟に対して天子為るべきだから勉めて仕へよ、と言つた記事に拠る。全体に得失を論じた記述といへよう。

宇多天皇紀は、六国史の時代からはづれるから紀末の賛が『日本三代実録』に拠つたものではないことは当然である。便宜、六段に区切つて掲げると、

①帝嘗て画工をして殷周以来の名臣の像を紫宸殿の障子に図かしめ、賢聖障子と号す。

②即位の初、関白基経に語りて曰く「朕四海に臨馭するの量なし、願はくは速に位を去らん」と。基経其の不可を陳ぶ。即ち委ぬるに政事を以てす。基経既に薨じて乃ち庶政を親らしたまふ。

③後世の政理を言ふ。必ず延喜・天暦と称す。然れども、帝の世を治むる、反りて上世無為の風あり。

④帝嘗て曰く「幼より生鮮を食せずして、心を釈門に帰し、八九歳のとき比叡山に登りて、僧儀を愛慕し、此より常に諸寺に遊ぶ。十七歳にして出家を母后に請ふ。母后曰く善し、然れども暫く事を更、然る後之を為さんも猶ほ未だ晩からじと。三四月を経て、復請ひしに、猶肯て許

さず。後四月、先帝登極して、終に果さざりき」と。
⑤又曰く、「童稚の日より、念を作して生類を傷けず。即位来、鷹鶴を愛すと雖も、敢へて獲ることを貪らず。惟幽間を助くるのみ。静にして之を惟へば、此亦煩悩なり」と。
⑥薙髪の後、僧益信を師としてたまふ。東寺に潅頂し、既にして、帝仁和寺に伝法したまふ。仁和寺御室は帝を推して以て宗祖と為す。

となるが、それぞれの典拠は①が『古今著聞集』、②が『愚管抄』、③と⑥が『神皇正統記』、④が『扶桑略記に引ける寛平御記』、⑤が『菅家文草』であり、④には按文に「今、元亨釈書を兼ね採る」とあるので『元亨釈書』も参照したことが知られる。これらの典拠にとりたてての問題はないが、『神皇正統記』に関して若干を付加しよう。正統記に関しては六国史の時代に該当する紀の賛には引用がなく（清和天皇紀や称徳天皇紀など本紀全体では若干の引用がみられる）、六国史からはづれる以後の紀末の賛に多くの引用がみられる傾向がある。先にみた宇多天皇紀も、続く醍醐天皇紀も同様であつて、以後引用が多くなるのは『大日本史』における正統記の役割を窺ふ好例であらう。

ところで、澹泊の論賛でも正統記の同箇所を引いて「良に以《ゆえ》有るなり」とはするが、「蓋し清和の空寂に溺れ、政を藤原氏に委ねてより、相府の権日々に盛んなり」と叙するなど得失を交互に論ずる。そして、藤原氏との関係が「王室陵夷するに至る」原因とし、仏教への尊崇が「以て加ふる蔑《な》」いほどの隆盛をもたらし、「其の害を為すこと亦深し」と結んでゐる。

このやうに澹泊の論賛は忌憚のない史論を展開してをり、紀末の賛とは根本的な相違をみせてゐる。このやうな相違は六国史から学んだところとは必ずしも一致せず、やはりシナの史書（論賛も含めて）を範としたところに基づくものであらう。いふまでもなく論賛は史館の公論でもあつたが、後世、藤田幽谷らが論賛の削除に及んだのは、一面では六国史への回帰とみることができるのではないだらうか。しかも、それは「事によりて直書すれば勧懲自づから見る」といふ『大日本史』の根本精神に立ち帰ることであつたらうし、論賛削除の意味を一層明確にするものといへよう。

第二章　『大日本史』列伝の序

はじめに

『大日本史』列伝の各冒頭には序（序論といってもよい）が付されてゐる。本章では、従来独立の視点としては余り注目されてこなかつた序について考察を加へてみようと思ふ。序はその部門の列伝の作成意図を述べたものであり、通常末尾が「〇〇伝を作る」で締め括る文章となつてゐる。必ずしも長文ばかりではないが、この序には『大日本史』の歴史観が端的に表明されてゐる。そこで、序から『大日本史』の史眼を探つてみようとするのである。

一　列伝の序

列伝（嘉永木版本による）は『大日本史』の巻七十四から巻二百四十三に及んでゐるが、そのうち序がみえる巻は次の通りである。末尾が通例とは異なつてゐる場合は、最後の数文字のみ掲げる。

巻七十四（列伝第一）后妃

巻八十六（列伝第十三）皇子
巻百（列伝第二十七）皇女
＊巻百十二（列伝第三十九）
巻百六十二（列伝第八十九）「之が伝を為《つく》ると云ふ」
巻百七十九（列伝第百六）将軍
巻百九十九（列伝第百二十六）将軍家臣九「撰次して伝を為る」
巻二百十三（列伝第百四十）文学
巻二百十八（列伝第百四十五）歌人
巻二百二十二（列伝第百四十九）孝子
巻二百二十三（列伝第百五十）義烈
巻二百二十四（列伝第百五十一）列女
巻二百二十五（列伝第百五十二）隠逸
第二百二十六（列伝第百五十三）方技
第二百二十七（列伝第百五十四）叛臣
第二百三十一（列伝第百五十八）逆臣
第二百三十二（列伝第百五十九）外国「並に列ねて伝を作る、其の余流寓して漂ひ至る者の如きは亦従ひて之に附すと云ふ」

これらをみると、巻百十二(列伝第三十九)、巻百六十二(列伝第八十九)、巻百九十九(列伝第百二十六)に序が付されてゐるのは奇異の感じを受ける。それは他の序がすべて各部門の巻頭(一巻のみの場合も存するが)に配置されてゐるからである。ただし、将軍家族と将軍家臣に序がみえないのは将軍伝の序に「其の家族家臣の如きも、類を以て附従し」とある通り、付随する伝と考へればよいのであらう。それにしても将軍家臣九には序が付されてゐるから、まづはこの序から検討することとしよう。

二　序の検討（1）

将軍家臣九、すなはち巻百九十九(列伝第百二十六)には中原親能、大江広元・時広・季光、三善康信、藤原行政の伝が収められてゐるが、序にはこの巻の成立の理由が説明されてゐるのである。

伝に曰く、君子あらざれば、其れ能く国せんやと。古より、禍乱を戡定《かんてい》して基業を剏《そう》立する者、羽翼爪牙の臣あるに非ざれば、安ぞ能く其の功烈を恢弘せんや。源頼朝、府を鎌倉に建つるや、熊虎貔貅《ひきゅう》の徒は、堅を破り鋭を挫くの労ありと雖も、文墨もて議論し、治体を縁飾すること能はず。乃ち、搢紳《しんしん》の吏才ある者を延《ひ》きて、授くるに釐《り》務を以てす。政、内に成り、兵、外に強く、遂に能く平氏を誅鋤し、王室を匡寧す。豈に剛柔相済《な》るの效に非ずや。

「伝」は『左伝』を指すが、広元・康信・行政等をはじめ、その才能を発揮したことを指摘し、続けてシナの例を引きながら政所・問注所を説明して北条氏に及ぶのである。

北条氏の政を奸《みだ》すに及び、評定衆を置きて、軍政を参画せしめ、問注所を罷めて、引付を置き、隊を分ち頭を置きて、第幾番の名あり。既にして又問注所を復し、引付と並置して、参互詳覈《かく》して、子孫克《よ》く其の諸を纉《つ》ぐ。此の数子は、覇府を強めて王室を弱くし、功罪、相掩ふ能はず。其の尤《すぐ》るる者を抜き、撰次して伝を為《つく》る。

要するに、これらの人物は北条幕府を強くして王室を弱くし、その罪を覆ふことはできない存在という位置づけであり、その説明のために序を付したわけである。

これに対して巻百十二（列伝第三十九）は逆である（＊印）。この巻には蘇我赤兄臣や中臣金連をはじめ都合五十八名の伝を収めるが、伝の名称が付されてゐない。他を参照すれば「諸臣伝」とでもあるべきかもしれない（「諸臣伝」とすれば巻百六の列伝第三十三からとなる）。伝の長短は著しいが、一巻に収めた人員では最も多い巻となる。序そのものは長い文章ではない。

近江朝廷、紀綱振はず。皐夔《こうき》の訏謨《くぼ》、召虎の勲庸、咸《みな》、聞ゆることなし。然れども、革除の際、興廃の会に、各々見る所を守り、克く其の志を行ふ。豈に天理人心の公の、泯滅《びんめつ》す容《べ》からざる者か。苟も斯の如くに非ざれば、則ち何を以て綱常を維持せんや。蘇我赤兄より智尊に至る、凡そ十八人、或は死し、或は匿れ、或は執《とら》へられ、或は流され、跡各々異なると雖も、終に事ふる所に負かず。故に事、本紀に載すと雖も、其の姓名を甄《あら》はし、以て此に録す。

前半であるが、この巻が何故に設けられたかが窺へる文面とならう。要するに特別な性格を持つ巻である。それはここにいふ十八名が近江方であり、最期まで近江朝廷に殉じた臣なのである。後半には、

其の他の、佐伯男・物部麻呂の如きは、天武に仕へて、累《かさ》ねて官爵を受け、穂積百枝《ももえ》・物部日向《ひむか》は、執に遭ふも復た釈《ゆる》され、並《みな》此に列するを得ず。夫《か》の紀大人が執炉の盟に倍《そむ》くが若きは、其の罪、言はずして知るべし。

とみえるのみであるから、前半がこの巻の成立事情を示してゐることは明らかである。しかも、この巻の他の四十名に関してはこの序が直接には関与しないのである。それどころか、智尊伝(わづかに一行の伝にすぎないが)の後に次の文章を挿入してゐる。

天武、兵を称《あ》ぐること、其の迹掩《おほ》ふべからず。信を毀ちて逆に效《なら》ひ、彊を恃みて弱を陵《しの》ぎ、時《こ》の晦を遵養して、惟れ徳に慙づることあり。而も猛将謀臣、雲集影従す。大伴吹負《ふけい》より黄文《きぶみ》大伴に至る三十五人は、風雲に際会して、殊勲を樹立す。率ね皆、時を識り変に達するの士なり。生きては栄顕に登り、死しては賻《ふ》贈を受く。朝廷、功に醻《むく》ゆるの典、亦、優なりと謂ふべし。置始《おきそめ》菟・出雲狛《こま》・胆香瓦《いかご》安倍等、旧史、卒年を記さず、弔賻・贈位も亦聞ゆるなし。其の事跡の如きは、既に諸を本紀に載す。故に此に掲げず。

「本紀」は第十一の天武天皇を指す。ここには天武朝の臣についての収録を述べるが、さうするとこ

の巻は三分類が可能といふことになる。収録の五十八名のうち最初が近江方の十八名、次が天武方の三十五名、そして最後の五名がまた別の扱ひとなる。したがつて、挿入の一文はこの巻の後段の序といふことにならう。いづれにしても、この巻に序が付されてゐること自体が特別であるが、その上二つの序を持つといふ極めて特異な巻といふことができよう。

次には巻百六十二（列伝第八十九）の序をみよう。この巻には「承久の難」に尽力した公卿（平泉澄博士は『三続父祖の足跡』中「公卿の処分」の項に藤原忠信・宗行・光親・範茂・信能、源有雅について詳細に述べられたが、これらはこの巻が収める冒頭の六名である。）や武士の伝二十を収めてゐる。伝に長短はあるけれども、すべて「王事に勤労する」すなはち朝廷方の人々である。序にはそれを述べて、

承久の難は、天地の大変、王室隆替の判る所なり。夫れ万乗を以て匹夫に莅《のぞ》めば、名正しく言順ひ、勢、狐兎を拉《くじ》くが如し。而るに北条義時は、兵馬の権に藉《よ》りて、以て虎狼の威を振ひ、三院播遷《はせん》せられ、廃立、其の頤指《いし》に由る。開闢以来、未だ有らざるの禍なり。

とし、その由るところに及んで後鳥羽上皇の補弼の不備を指摘した後に、

然れども、一二の臣工に、能く其の力を竭す者あり。危ふきを見て命を授くる者あり。或は逆を去りて順に效《いた》し、或は私に徇《したが》ひて以て公を済《な》す。趨く所同じからずと雖も、王事に勤労するは、則ち一なり。書に曰く、火、崐岡《こんこう》を炎《も》ゆれば、玉石倶《とも》に焚《や》くと。時の競《さかん》ならざるに遭ひて、鋒鏑に横罹《おうり》するも、職を共にして弐《じ》すること無し。分の宜しき攸《ところ》は、咸《みな》、撰録を加へ、之が伝を為《つく》ると

云ふ。

と締め括つてゐる。後段に語釈を付すると、「臣工」は群臣百官の意、「危ふきを見て」は『論語』による。「書」は『書経』であり、これは玉が出る昆崙山が燃えれば玉石ともに焼けてしまふといふことから戦乱や悪政が善人をも禍に巻き込むの意、「横罹」は非命の死を遂げるの意、「職を共にして弐《じ》する」以下は自分の職務に励んで心を動揺させないの意である。要するに、ここは分の宜しい人物の収録宣言である。これをみれば、『大日本史』が「承久の難」をどのやうに捉へてゐたかは明かといふべきである。

以上の序は列伝の構成からみて特異な巻に付されたものであり、その構成を説明するためには何らかの文章が必要と考へられたためであらう（正徳中の「往復書案」によれば「南北朝伝之わかれ候所」「壬申忠臣功臣承久群臣伝」等の伝に関しては序論が議論されたことが知られる）。とりわけ、列伝第三十九と列伝第八十九は列伝の名称が付されてゐないといふ点においても、更なる特異性を有する巻といへよう。

三　序の検討（2）

次に検討するのは通常の序であるが、巻百七十九（列伝第百六）から取り上げてみよう。ここの序は将軍、すなはち頼朝伝上の巻頭に付されてゐるが、序の中ではもつとも長文であり、水戸史学の幕府政治に対する考へ方を窺ふものである。序は、将帥の任は、古今、重ずる所なり。節制の師を統《す》べ、否蔵の律を貞《ただ》し、威を閫《こん》外に宣べ、機を瞬息に決す。邦家の安危の繫る所、豈に重からずや。

と書き出して、古の事跡にふれた後源頼朝に及ぶのであるが、注目すべきは足利尊氏を叙述した後段であらう。

所謂征夷将軍・関東管領なる者は、其の自署する所にして、王命に階《よ》らざるなり。既にして兵を挙げて闕を犯し、乗輿南遷す。陽には光明院を尊べども、視ること弁髦《べんぼう》の如し。身ら征夷大将軍の号に拠り、府を京師に開き、以て自ら矜大にし、少子基氏を鎌倉に留めて、以て管領と為す。兵馬元帥の地に居りて、方鎮節度の雄を併す。天下の勢、此に至りて又大変せり。当時、征夷・征西は、朝廷既に将軍を拝す。而して尊氏の号は王命に階らざれども、亦之を将軍に列するは、其の変を見《しめ》す所以なり。

ここでは傍線部に注目しよう。王命に階《よ》らざることを二度にわたつて叙述するとともに京都に幕府を開いたことが大なる変化だといふのである。

続いて、義満に及び、

父祖の業に藉《よ》りて、雄傑の才を逞しくし、位は人臣を極め、任は将相を兼ぬ。適南北混一の機に投じて、以て子孫永世の基を鞏《かた》くす。天下称して室町将軍と曰ふは、豈に幸ひに非ずや。然れども、尊氏の譎詐権謀、功罪相掩はず。以て一世を籠絡《ろうらく》すべきも、天下後世を欺くべからず。果たして足利氏の志を得たるか、抑《あるい》は新田氏の志を得ざるか。天定まれば、亦能く人に勝つ、豈に信《まこと》に然らざらん。

と述べ、義満は父祖の業を継ぎ、「南北混一の機」に乗じてその地位を固くしたと説くのである。しかし、それは足利氏を評価したわけではなく、むしろ不審の表明とすべきである。「天定まれば」といふのは『史記』により、一時的に天をしのいでも最終的には天が人を抑へることを意味する。この序の前段は安積澹泊の「将軍伝義例」と同じ内容であるから（一部は文字遣ひも）、澹泊の手になると考へてよいが、これに近い判断は三宅観瀾の「将軍伝私議」（宝永六年）にも窺ふことができる。例へば、

上に天子有り、下に公卿士庶有り、而して中に所謂将軍なる者有り、其の官は則ち之を朝命に受け、其の位は則ち臣列に在り、而して凡そ天下の土地財租は、皆自ら之に有る。

とあり、「世襲の職を挙げ、以て武人権を擅《ほしいまま》にするを見るなり」とみえるのがそれである。さうすると、水戸の史臣は武家政治に対して全幅の信頼を寄せてゐたわけではなく、むしろ、かなりの疑問をみてとることができよう。

ついでながら、冒頭の叙述は北畠親房の『職原抄』によつたものであらう。それは「外武官」の項に「将帥の職は古今之を重んず。閫外の権を分ける所以なり」とみえるからである。なほ、この箇所の「天下の勢、此に至りて又大変せり」とか「父祖の業に藉り」とか「適南北混一の機に投じて」とかの記述をみれば、南北統一に革命的変化等の特別の意義を見出すことはできないであらう（拙著『現

代水戸学論批判』参照）。

四　序の検討（3）

次に検討すべきは第二百二十七（列伝第百五十四）と第二百三十一（列伝第百五十八）であらう。前者は叛臣、後者は逆臣を収録した巻であり、『大日本史』列伝の特性を示すものだからである。前者では冒頭に易を引いて君臣の分と天下の治を述べつつ、葦原中国の平定と神武東征以後の状況に及び、次いで中世以降にふれる。

中世故《こと》多くして、皇綱紐解し、姦臣蝥賊《ぼうぞく》、憑陵猖獗す。或は嬖寵《へいちょう》の恩を恃《たの》み、或は兇暴の勢に席《よ》り、或は山河の固を負《たの》み、或は征討の功に矜《ほこ》りて、州郡に割拠し、宮闕を震驚せし者、往往にして之あり。

そして春秋の法として「或は名を求めて得ず、或は蓋はんと欲して名章《あら》はる。不義を懲す所以なり」と述べ、「夫の足利尊氏・北条義時・北条高時等が若きは、兵を挙げて闕を犯す。而して今、之を将軍及び家臣に列するは、時勢の変を見はす所以なり。」と締め括るのである。ここにみえる足利尊氏は巻百八十四（列伝第百十一）将軍、北条義時は巻百九十五（列伝第百二十二）将軍家臣、北条高時は巻二百二（列伝第百二十九）将軍家臣にみえるが、この三人は「兵を挙げて闕を犯し」てをり叛臣と同列といふことになるわけである。叛臣で後世特に議論となつたのは源義朝と藤原公宗であるが、最終的にこの二人は叛臣に収められたのであり（その経緯については吉田一徳氏『大日本史紀伝志表撰者考』序論第五章第六節を参照されたい）、そこに水戸史学の見識を窺ふことができよう。

後者は人物列伝としては最終巻となるが、収録は蘇我馬子一族のみである。しかし、蘇我のみが対象だつたわけではない。まづ前段を掲げる。

弑逆は、人神共に憤る所にして、天地の容《い》れざる所なり。一たび弑逆の臣あらば、則ち人人、得て之を誅す。其の首領を保ちて、牖下に老死するを得るは、乃ち幸にして免るるのみ。異邦の史には、臣の其の君を弑する者、歴世絶えず。故に欧陽修は、唐書に創例し、元の史臣は、遼金二史に論列す。皆、春秋の意に本づきて、生者をして胆落ち、死者をして骨驚かしむること、抑又厳なり。

欧陽修は宋の史家であり、逆臣伝を創始し、以後遼史・金史・元史に継続されるのであるが、その後にわが国の状況について、

天朝、丕《ひ》業隆熙、風化淳美にして、二千年の間、絶えて触瑟の虞《うれひ》なし。敢て弑逆を行ひし者は、唯だ眉輪王・蘇我馬子の二人のみ。豈に、聖子神孫の、日に朝し月に夕《せき》せるの效に非ずや。眉輪王は、附して皇子伝に在り。事に拠りて直書すれば、情実自ら見《あら》はる。婉にして章を成すに非ずと雖も、尽して汙《を》ならずに庶幾《ちか》からん。

と指摘するのである。眉輪王は巻八十七（列伝第十四）にみえ仁徳天皇の孫に当たるが、皇子伝によれば

父大草香皇子の仇を討つために安康天皇を弑したのだといふ。それは天皇が皇子を殺し、妃(すなはち眉輪王の母)を奪つたからである。安康本紀には「眉輪王、天皇に怨あり」とみえるのみであるが、如何に仇を討つためとはいふものの天皇を弑したのであるから逆臣に相当するとの見解である。馬子一族については今更ふれるまでもないことであらう。注目すべきはここに「事に拠りて直書すれば、情実自ら見る」(澹泊の「将軍伝義例」にも「事に拠りて直書すれば、時勢自ら見る」とある)とみえることであり、いふまでもなく『大日本史』序文に連なる史観とならう。

五　安積澹泊と序の関係

今日、列伝の序の執筆者を安積澹泊とすることに異論はないであらう。それは『大日本史論賛』に序が収められてゐるからであるが(もとより異同はみられる。吉田一徳博士の『大日本史紀伝志表撰者考』序論第三章には「各伝の冒頭に掲げた序論は夫々の伝を作つた由来内容を概括総合的に叙述したもので、安積総裁の執筆に係はる。」とみえ、正徳中の往復書案には「安子序論」と散見する)、ここでは澹泊の文章との比較を考へてみよう。すでにふれたやうに将軍伝の序には「将軍伝義例」と密接な関係が窺へたのであるが、以下に后妃伝の序を取り上げて澹泊の「二宮考」(上下からなり、『澹泊斎文集』巻四に収録)と比較しながら、その関係を考へてみることとしよう。

序の冒頭には、

後宮の制は、其の皇后に亜《つ》ぐものを妃と曰ひ、夫人と曰ひ、嬪と曰ふ、皆、令の載する所なり。女御と曰ひ、更衣と曰ひ、御匣殿《みくしげ》と曰ふ。皆、後世の置く所なり。而して、女御最も貴く、寵の在る所、従りて冊立す。其の皇后・中宮、並び立ちて別無きは、蓋し古に非ざるなり。源親房、既に之を議すること詳核なり。

と叙するが、「二宮考」には「皇朝故事、皇后中宮、通して二宮と曰ふは礼に非ざるなり」と書き出して親房を引用する。序・「二宮考」ともに「源親房」というのは『職原抄』のことであり、後者の引用は「中宮職」の項にみえる、

中宮者即皇后也、本朝並置二宮、太無其謂、而広仁御宇置此職以来、代代並置

といふ一節である。「二宮考」の冒頭は序の「是に於て、位号の尊は、皇后に在りと雖も、而も、寵幸の渥きは、実に中宮に帰し、爾後相沿ひて、遂に故事となりぬ」と通ずるものがあらう。序は中葉以降の状況について、

独り皇后の別称と為る。一条帝の中宮を立つるに及び、太皇太后・皇太后の二宮並び存するを以て、故に円融の中宮を改めて、皇后と称す。然らば是れ、特《た》だ一時の権宜として、其の尊称を別つ所以にして、皇后の号は、名と実と乖《わか》る。尋《つ》いで更に女御彰子を冊して中宮と為し、中宮を改めて皇后と称す。中宮の礼数は、一に皇后と異なることなし。

と述べるが、ここは「二宮考」の、

按ずるに、始めて中宮職を置く者は桓武帝、而して中宮と称する者は皇太后なり。後世の皇后と中宮は名異なりて実は同じ如きに非ず。

と通ずる。「二宮考」は『続日本紀』『令義解』『唐書』を引きながら考察を加へ、親房の説く広(光)仁天皇以来のことに及んでゐる。

則ち天応元年四月、広仁帝位を伝ふるの日、宜しく尊びて皇夫人となすべし。而れども太字を加へず。十二月帝崩ずるに至り、宜しく皇太夫人となすべし。然るに五月既に中宮職を置く。旧史尊びて中宮となすの文無しと雖も、其れ中宮となせば則ち断じて疑ひを容れず。既に中宮となせば降りて皇太夫人となすべからず。然れども則ち十二月帝崩ずるの後、宜しく皇太后の徽号を正すべし。而して九年の追崇を俟たずして、此の如く則ち名正しく言順ふ。礼に於いて当となす。

そして、さらに論を展開する。

蓋し此の時に当たり、朝廷の礼儀、観るべきありと雖も未だ大備となさず。一を得て二を遺すは固より其れ宜し。且つ唐宋の典礼は皆桓武以後の事なり。以て後世の考拠となすべし。而して当時の準則となすべからず。後世に至て礼文盛行の時、皇后中宮並び置て廃れざるは其れ何の解するを知らざるなり。

要するに、澹泊は中宮職の設置が桓武天皇以後のことであり、本来皇后と中宮は異なるものといふ位置付けである。それが中葉以降皇后と中宮が併置され、それぞれの意義が判らなくなつたといふのである。このやうに「二宮考」の主張をみてくると、序と通ずるものが確認され、むしろ「二宮考」には序のための基礎研究的な役割をみることができるのである。なほ、親房の説に関しては「二宮考」上の末尾に「親房卿の説、卓れて見る所あり。但し広仁御寓此の職を置くといふは頗る疎漏に似たり。天応元年四月已前、固より広仁に係りて禅位以後は則ち桓武に係る。観る者、まさに旧史を考究し、詳らかに其の実を得べし。蓋し親房卿の是書を作るや、関城戦争の時に在り。書徴すべきなし。」と述べ、下には「親房卿の所謂中宮は即ち皇后なる者、簡にして尽せり」と記し、境遇にも配慮を加へてゐる。また、『澹泊史論』には「貞婦伝序」といふ一文が収められてゐるが、列女伝の序との内容(文字)上の関連は認められない。伝序には彰考館の諸氏に伝や論を作らせたことがみえるが、さうすると列女伝はもと貞婦伝といふ名称で勘案されたのかもしれない。

をはりに

以上、特異なる序についてみてきたが、そこには他の序も含めて『大日本史』列伝の立伝に関はる考へ方(史眼といってもよい)が明確に表明されてゐることが確認されたと思ふ。「事に拠りて直書する」といふ文言は粛公綱条の序にみえてよく知られてゐるが、その精神は列伝の各所に窺ふことができ、歴史の中から顕彰すべき人物を取り上げるといふ結果となつてゐる。したがつて、列伝の中には必ずしも伝の長短のみでその人物の価値を判断することができない場合があり、「某」と表記した例のやうに姓名が判明しない人物も含まれてゐるのである。序はそのための説明でもあり、立伝の状況を窺ふ貴重な一文となつてゐる。また、文そのものは正徳中に成立したであらうが、シナの古典、例へば『左伝』『易経』『書経』『史記』『論語』等をふまへてをり、もとより澹泊一人に帰せられるものではないが、彼の学識が十分に表明されてゐるよう。

このやうにみてくれば、『大日本史』列伝における序の役割は明瞭であり、近世の史論としても大きな意義を持つものといへよう。

なほ、明治期の完成本では外国伝は諸蕃伝と改称されたため序も改編されてゐる（第十二章参照）。

第三章 『大日本史』列伝の構成（1）

はじめに

『大日本史』列伝の、いはゆる臣下伝百二十五巻（列伝のうち后妃・皇子・皇女・諸蕃以外の伝）の構成について考へてみることにしたい。一体、列伝に取り上げた人物はどのやうな観点から選ばれたのであらうか。これは、決して容易な問題ではないが考へてみる価値はあると思はれる。それは、列伝の取り上げる人物が今日的観点（例へば教科書等に掲載される人物との比較）と一致するとは限らず、独自の観点に拠つてゐるからである。以下、それに関して何らかの知見を見出したいと思ふ。

一 列伝各巻の構成と人員数

『大日本史』列伝の、いはゆる臣下伝は巻百六から巻二百三十一に及び、それは列伝第三十三から列伝第百五十八に相当する。各巻収載の人員数（算用数字）は次の通りである。

列伝第三十三　6　　列伝第三十四　9

列伝第三十五	8
列伝第三十七	6
列伝第三十九	58（序）
列伝第四十一	9
列伝第四十三	11
列伝第四十五	7
列伝第四十七	17
列伝第四十九	6
列伝第五十一	5
列伝第五十三	4
列伝第五十五	4
列伝第五十七	2
列伝第五十九	4
列伝第六十一	1
列伝第六十三	6
列伝第六十五	5

列伝第三十六	14
列伝第三十八	8
列伝第四十	22
列伝第四十二	20
列伝第四十四	5
列伝第四十六	14
列伝第四十八	13
列伝第五十	2
列伝第五十二	7
列伝第五十四	8
列伝第五十六	4
列伝第五十八	5
列伝第六十	1
列伝第六十二	9
列伝第六十四	9
列伝第六十六	5

列伝第六十七 5
列伝第六十九 7
列伝第七十一 3
列伝第七十三 6
列伝第七十五 4
列伝第七十七 7
列伝第七十九 1
列伝第八十一 14
列伝第八十三 2
列伝第八十五 2
列伝第八十七 3
*列伝第八十九 20（序）
*列伝第九十一 4
*列伝第九十三 2
*列伝第九十五 13
*列伝第九十七 4

列伝第六十八 7
列伝第七十 8
列伝第七十二 8
列伝第七十四 7
列伝第七十六 4
列伝第七十八 3
列伝第八十 5
列伝第八十二 6
列伝第八十四 2
列伝第八十六 6
列伝第八十八 3
*列伝第九十 7
*列伝第九十二 5
*列伝第九十四 10
*列伝第九十六 12
*列伝第九十八 5

*列伝第九十九　1
*列伝第百一　7
*列伝第百三　12
列伝第百五　7
列伝第百七　1（将軍二）
列伝第百九　2（将軍四）
列伝第百十一　1（将軍六）
列伝第百十三　1（将軍八）
列伝第百十五　12（将軍家族二）
列伝第百十七　3（将軍家族四）
列伝第百十九　4（将軍家臣二）
列伝第百二十一　15（将軍家臣四）
列伝第百二十三　1（将軍家臣六）
列伝第百二十五　10（将軍家臣八）
列伝第百二十七　4（将軍家臣十）
列伝第百二十九　8（将軍家臣十二）

*列伝第百　5
*列伝第百二　9
列伝第百四　10
列伝第百六　1（将軍一・序）
列伝第百八　3（将軍三）
列伝第百十　4（将軍五）
列伝第百十二　1（将軍七）
列伝第百十四　4（将軍家族一）
列伝第百十六　2（将軍家族三）
列伝第百十八　9（将軍家臣一）
列伝第百二十　5（将軍家臣三）
列伝第百二十二　3（将軍家臣五）
列伝第百二十四　6（将軍家臣七）
列伝第百二十六　6（将軍家臣九・序）
列伝第百二十八　4（将軍家臣十一）
列伝第百三十　10（将軍家臣十三）

列伝第百三十一	2（将軍家臣十四）	列伝第百三十二	10（将軍家臣十五）
列伝第百三十三	5（将軍家臣十六）	列伝第百三十四	7（将軍家臣十七）
列伝第百三十五	4（将軍家臣十八）	列伝第百三十六	3（将軍家臣十九）
列伝第百三十七	4（将軍家臣二十）	列伝第百三十八	6（将軍家臣二十一）
列伝第百三十九	9（将軍家臣二十二）	列伝第百四十	27（文学一・序）
列伝第百四十一	16（文学二）	列伝第百四十二	11（文学三）
列伝第百四十三	7（文学四）	列伝第百四十四	12（文学五）
列伝第百四十五	4（歌人一・序）	列伝第百四十六	7（歌人二）
列伝第百四十七	9（歌人三）	列伝第百四十八	13（歌人四）
列伝第百四十九	12（孝子・序）	列伝第百五十	11（義烈・序）
列伝第百五十一	40（烈女・序）	列伝第百五十二	6（隠逸・序）
列伝第百五十三	23（方技・序）	列伝第百五十四	3（叛臣一・序）
列伝第百五十五	6（叛臣二）	列伝第百五十六	4（叛臣三）
列伝第百五十七	6（叛臣四）	列伝第百五十八	3（逆臣・序）

以上の百二十六巻に収録される人員数にはかなりの相違がみられるが、伝の中には子孫を含む場合もあるので厳密に捉へることはむづかしい。巻数からみれば第三十三から第百五までが前半部、第百

六から第百五十八が後半部となり、それぞれ七十三巻と五十三巻が収められることとなる。次に、それを念頭に置きながら特長を考へてみよう。

二　列伝構成の特長

列伝を一見して気づくことは、いはゆる臣下伝の各伝に収める人員数にはかなりの相違がみられることである。したがつて、各伝の分量にも相違があり、歴史上の人物の重み（評価といひかへてもよい）と直結してゐると考へられる。

次に第百六以降には伝名が付されてをり、その収録は人物の評価と一体であると考へられるが、第三十三から第百五までには伝名がなく諸臣伝ともいふべきもので、いはば列伝の本体に当たる部分といへよう（以下、「諸臣伝」と称呼する。なほ、この名称は史臣も使用してゐる。参考までに述べれば『訳註大日本史』四列伝の収録分がこの諸臣伝となる）。また、序にはそれぞれの収録の意図が説明されてゐるが、序の有無や配列には何らかの意図が窺へる（第二章参照。なほ、明治の完成本では諸蕃伝の序が二つ存するので、この点注意を要する）。

以下、列伝の特長をあげてみよう。

①特定の人物をまとめて収めた巻がある。例へば、第三十九（巻百十二）は壬申の乱に関与した人物であり、第四十（巻百十三）と第四十三（巻百十六）は遣隋使・遣唐使の人々である。また、第四十八（巻百二

十一）と第四十九（巻百二十二）は征東・征夷の将軍や兵部卿など軍事警察で活躍した人物である。

②一巻一人の巻がある。例へば、第六十（巻百三十三）の菅原道真、第六十一（巻百三十四）の三善清行、第九十九（巻百七十二）の新田義貞、第百十一（巻百八十四）の足利尊氏、第百十二（巻百八十五）の足利義詮、第百十三（巻百八十六）の足利義満、第百二十三（巻百九十六）の畠山重忠、さらに上下二巻に分けた平清盛（第七十九と第八十、ただし下巻には子孫を含む）、源頼朝（第百六と第百七）である。厳密には子孫を含むので一巻一人とはいへないが、ほとんどそれに近い巻もある。例へば、第九十二（巻百六十五）の源親房、第百二十（巻百九十三）の佐佐木秀義、第百三十三（巻二百六）の細川和氏、第百三十六（巻二百九）の高師直、第百三十七（巻二百十）の赤松則村、第百四十三（巻二百十六）の大江音人、第百五十八（巻二百三十一）の蘇我馬子などであるが、源親房を除いて特別な意味を考慮しなくてもよいであらう。

③源親房伝は諸臣伝に含まれてゐるから、将軍伝以降の伝とは異なるであらう。

④第八十九（巻百六十二）には承久の役に際しての朝廷方の人物を、第百二十六（巻百九十九）には幕府方の人物をそれぞれ収めてゐる。

⑤第八十九（巻百六十二）から第百三（巻百七十六）までは南朝方の人物を収めてゐる。諸臣伝は第百五（巻百七十八）までであるから、ほとんど末尾を南朝方の人物が占めてゐることになる（＊印）。

⑥列伝には最澄・空海や明恵をはじめとして、平安時代や鎌倉時代の僧侶の伝は収められてゐない（紀伝や志には関連の記載がある）。僧侶伝が全く収められてゐないわけではないが、その場合は本来の僧

侶としての業績によるのではない。鑑真伝も立伝されてゐないが、名は関連の紀伝（例へば諸蕃伝）にみえてゐる。

⑦列伝には大陸から渡つてきた人物の伝がある。

⑧列伝には姓名が明らかでないものが含まれてゐる。

⑨列伝の後半部の部分けはシナの史書に学んでゐるとはいへ、すべてがさうではなくわが国独自のものもみられる。

なほ、②の一巻一人に関しての議論の一部が往復書案から窺ふことができる（『茨城県史料』近世思想編、八一頁。ここでは藤原菅根伝をどこに附すかといふ問題である）。

三　列伝における特長の具体相（1）

次に、列伝の特長を具体的に確認してみよう。まづは遣隋使と遣唐使を収めた第四十（巻百十三）と第四十三（巻百十六）であるが、ここには次のやうな人物が収められてゐる。

・第四十

小野妹子・毛野、坂合部石布④、津守吉祥④、伊吉博徳④、粟田真人⑧、坂合部大分⑧、鴨吉備麻呂⑧、山上憶良⑧、伊吉古麻呂⑧、多治比縣守⑨、多治比広成⑩、中臣名代⑩、小野石根⑯、小野滋野⑯、海上三狩⑯、羽栗翼⑯、上毛野大川⑯、高原源⑯、布施清直⑰、

藤原葛野麻呂⑱、藤原常嗣⑲

・第四十三

高向玄理③、秦朝元⑩、阿倍仲麻呂⑫、藤原清河⑫、大伴古麻呂⑫・継人⑯、膳大丘、平群広成⑩、高元度⑬、内蔵全成⑬、清海惟岳⑬

丸囲み数字は東野治之氏による遣唐使の派遣次数（『遣唐使船』及び『遣唐使』、以下両書及び佐伯有清氏『最後の遣唐使』に拠るところが大きい。惟岳は高元度とともに来朝したので仮の次数）であるが、特定の遣唐使に偏してゐる感じである。例へば⑯をみると、この回は通常宝亀の遣唐使と呼ばれるが、この時に任命された大使は佐伯今毛人、副使は大伴益立・藤原鷹取・小野石根・大神末足といふ変則的な陣容であつた。しかし実際に渡唐したのは小野石根と大神末足の二名であり、しかもこの二巻中に立伝されたのは石根だけであるから、列伝収録としても変則的といへようか。問題は何故に変則的な立伝となつたかである。もう一度宝亀の遣唐使に注目してみよう。大使今毛人と副使益立は順風を得ることができずに最終的には渡唐を断念したのである。そこで、再度新たな陣容が編成され、大使代行として渡唐したのが石根であつた。編成は、

第一船　持節副使小野石根・判官大伴継人

第二船　副使大神末足

第三船　判官小野滋野

第四船　判官海上三狩・録事韓国源

といふ布陣であつたが、他に准判官として羽栗翼、録事としては上毛野大川が知られる。さうすると、継人は第四十三の収録ではあるけれども（父古麻呂伝に附したためであらう）副使の大神末足を除いて全員が立伝され、さらに准判官や録事にさへ及んでゐるわけである。末足が除かれた理由は判然としないが、先に任命された大使佐伯今毛人、副使大伴益立・藤原鷹取が除かれたのは渡唐しなかつたからであらう。したがつて、この両巻は遣隋使・遣唐使（関連人物も含む）として実際に大陸に渡つた人物で構成されたことになる。もつとも今毛人は直接に遣唐使とは関係しない列伝第四十五に、益立は第四十八にそれぞれ収録されてはゐるが、ここでの考察からは除外してよいであらう。最後の遣唐使と呼ばれる承和の遣唐使の副使小野篁も渡唐しなかつたこともあり、ここにはみえない。篁が第百四十一（文学二）に収録されたのは文学的理由に拠るであらうし、第五十（巻百二十三）の吉備真備⑫は渡唐はしたけれども列伝の判断は他にあつたといふ点で同様といへる。なほ、承和の大使は小野篁と対立した藤原常嗣⑲であつた。いづれにしても収録人員数からみると、宝亀の遣唐使には特別な配慮がなされたとみることができよう。

また第四十三の末尾に収める清海惟岳は唐人であり、本姓を沈といひ、高元度が藤原清河を迎へるために派遣された折、元度を護送して遣はされた人物である。朝廷はこれを饗応し、惟岳は遂に留まり姓を賜り朝廷に仕へた。かうみると、帰化して仕へたが故に立伝されたとすることができよう。

ところで、大使といへども、さらに上位の押使や執節使が任命された場合には立伝されてゐない。河辺麻呂③の時は押使高向玄理が、高橋笠間⑧の時は執節使粟田真人が、大伴山守⑨の時は押使多治比縣守が任命されてゐるがごときである。

四　列伝における特長の具体相（2）

続けてやはり遣唐使に関するものであるが、第四十三の大伴古麻呂伝中の左の記事を検討しよう。

初め古麻呂等が唐に如《ゆ》くとき、肥前松浦郡の人川部酒麻呂ありて、第四船の柁師と為れり。帰るに及び、船尾火を失ひ、煙焔艫を覆ひて飛びければ、衆皆煌遽せるに、酒麻呂柁を廻して舟を転じ、手爛《ただ》れるも動かず。因つて之を撲滅せり。功を以て十階を授けられ、本郡員外の主帳に補せらる。

この記事は『続日本紀』宝亀六年四月壬申の条を典拠とするが、古麻呂の帰国は天平勝宝六年一月であり、すでに二十一年が経過してゐた。しかも、記事にみえるやうに酒麻呂は第四船の乗り組みで、帰国も四月のことであつた。何故に、この記事が古麻呂伝に挿入されたのであらうか。まづは『続日本紀』の記事を確認してみると、

壬申、川部酒麻呂に外従五位下を授く。酒麻呂は肥前の国松浦郡の人なり。勝宝四年、入唐使第四船の柁師と為り、帰る日海中順風盛に扇くす。忽ち船尾に於て失火す。其の炎艫を覆て飛ぶ、人

皆煌れ遽て、計を為すこと知らず。時に酒麻呂、柁を廻す。火乃ち傍らより出づ。手、焼爛すと雖も柁を把て動かず。因て遂に撲滅して、以て人物を存す。功を以て十階を授け、当郡の員外の主帳に補す。是に至て五位を授く。

となるから文字使ひまでもが類似である。確かに酒麻呂は遣唐使の一員には違ひないが、第二船乗り組みの遣唐副使である古麻呂とは地位も大きく異なる。本来であれば第四船に関連するのであるから判官布勢人主の伝に記述されるべきであらうが、生憎と人主伝は立てられてゐない。さうであれば、大使である藤原清河伝といふことになるが、清河は帰国できなかつたから収めるわけにはいかなかつたとみるほかはない。第三船は副使吉備真備であるが、伝は別巻にみえるからこれも適しなかつたのであらう。なほ、冒頭に「初め古麻呂等が唐に如くとき」（圏点は筆者）とみえるのもその証左とならう。

したがつて、古麻呂伝に収録の理由は他に求めねばならない。そこで改めて各伝の分量に注目してみると、古麻呂伝は清河伝や阿倍仲麻呂伝よりもかなり少ないのである。それどころか、酒麻呂の記事を含めても継人伝の半分以下の分量にすぎない。おそらくは、この記事を挿入して分量の調整に役立てたのであらう。しかも、酒麻呂の行為は後世への範として充分に評価できるものだつたからであらう。それにしても、分量が少ないのであれば古麻呂の英断によつて鑑真は来朝できたのであるから、関連の記事を採用してもよささうに思はれるが、やはりさうならなかつたのは仏教関連のためであらう（諸蕃伝には若干の記述がみられる）。いづれにしても、今日遣唐使に関する史臣の議論をたどることはできない。

五　列伝における特長の具体相（3）

次に第百二十六をみてみよう。ここは将軍家臣伝九であり、中原親能、大江広元・時広・季光、三善康信、藤原行政の六名を収録してゐる。この巻には序があり、この六名を収録した理由が述べられてゐる。すなはち、「文墨議論もて治体を縁飾すること能はざれば、乃ち搢紳の吏才あるものを延きて、授くるに釐務《りむ》を以てし、政、内に成りて兵強く、遂に能く平氏を誅鋤し、王室を匡寧せり。豈に剛柔相済ふの效に非ずや」とし、大江・三善・藤原の三名他数名を掲げてゐるが、「此の数子者は、覇府を強くして王室を弱くしたれば、功罪相掩ふこと能はず。」と結論して「其の尤なるものを抜」いたのである。それが収録の六名といふわけである。特に大江と三善はそれぞれ公文所の別当、問注所の執事として重きをなし、よく知られてゐるから詳細を述べるまでもないであらう。中原親能は明法博士広季の子で公文所の寄人となり、平氏追討に功あつて頼朝の信任を得、政所の公事奉行となつた。妻が頼朝の女三幡の乳母の故、三幡没後剃髪した。藤原行政は頼朝の挙兵に従ひ、後政所の寄人をへて執事となつた。その後の伝は子孫について述べてゐる。大江広元の子時広と季光についても続けて伝が立てられてゐるが、要するにこれらの人物は元は朝廷の臣でありながら幕府に仕へて尽力したことに対する「功罪相掩ふこと能はず」といふ評価なのである。

ところで、広元伝の末尾には「子は親広・時広・宗光・季光・忠成」とみえ、伝を立てたり、付随して述べたりするが、「親広は、自ら伝あり」としてゐる。「自ら伝あり」とは別に立伝してゐるといふことであつて、通常は後巻にみえるが、ここでは通例と異なつてゐる。すなはち第百二十六以降ではなく、これ以前の第八十九にみえてゐるのである。この第八十九は先に④として指摘したやうに承久の役に際して朝廷方(官軍)に従つた人々を収めてゐるのであるから、父広元とは全く異なる評価を下したといふことにならう。その評価を親広伝で確認してみよう。

上皇、義時を討たんと、城南寺の流鏑馬に託して、先づ親広を召すに、親広悟らずして五十騎を従へて来る。上皇、親ら問ひて曰く、汝、義時が為にせんか、将朝廷の為にせんか、速かに去就を決せよと。親広、窮蹙して、対へて曰く、願はくは力を朝廷に尽さんと。即ち坐に於て誓書を徴さる。

ここは『承久記』を典拠としてゐるが、いはば上皇の強い指導に拠つたことを叙述し、その後泰時の軍と戦つたことを記してゐる。したがつて、親広は父広元とは対立したのであり、そのことを部分けに拠つて明確にしたといふことになる。とはいふものの、論賛では「大江親広の勤王は、其の本謀に非ず」としてゐるから評価の高低を認めなければならないであらう。

六　列伝における特長の具体相（4）

すでに指摘したやうに僧侶の伝記は収められてゐない。僧侶といふのは僧としての実績がある場合であつて、単に僧侶といふのであれば伝がないわけではない。例へば第九十七（巻百六十八）には、僧円観・僧文観・僧忠円・僧聖尋・僧良忠・僧祐覚・僧宗信・僧西阿の八名が収められてゐる。列伝の第九十から第百三までは南朝方の人物を収録してをり、まさにこの八名の僧侶はこの中に含まれるのである。したがつて、僧侶とはいふものの本来の僧としての観点から立伝されたわけではないのである。

列伝は僧円観・僧文観・僧忠円・僧聖尋をまとめて立伝し、後醍醐天皇に仕へて北条高時や足利尊氏と対峙したことを述べる。僧良忠は北条仲時を諫め、護良親王と尊氏を誅しようとしたが果たせなかつた。僧祐覚は延暦寺に入つて王に勤め、新田義貞に従ひ、また鎮守府大将軍顕家を迎へて賊と戦つたが尊氏のために斬られ、宗信は後醍醐天皇崩じた後幼主を助けて官軍を励まし、西阿は尊氏と戦ひ、さらに楠正行に従ひ高師直と戦つて戦死したことを記してゐる。

その他僧と記すのは、将軍二の僧公暁、文学五の僧玄恵、歌人四の僧浄弁・慶運、孝子の僧某、方技の僧登照のみであるが、本来の僧侶としての判断の結果ではないであらう。

ところで、僧伝を立てるに際して議論があつたことは正徳五年九月四日付の往復書案に、

此方列伝ニ円観文観忠円以下僧六七人伝立申候、何も官軍方ニ而俗ニ而申候ハバ起義元従功臣ニ

而候へ共、歴史ニケ様なる伝立ル事類例及見不申候、是等重而仏教志なとの内へ書入申候様ニも可被成哉と存候、（中略）且又目六ノ内僧伝有之御不審可為存申進候（『茨城県史料』近世思想編、一七八頁・二九四頁）

とみえ、同七日付に、

僧伝宋史ニも余程相見候間、円観文観伝立候事、相障り申間敷由御了簡被仰聞珍重ニ存候、弥右之伝只今迄之通ニ立置可申候（同一七九・二九四頁）

とあることから明らかである。

それでは、第百四十九に収める孝子伝の僧某の場合はどのやうな状況で立伝されたのであらうか。この僧某といふのは列伝中姓名が分からない唯一の伝である。この伝は『古今著聞集』と『十訓抄』によるが、ある貧しい僧が病の母のために殺生禁断の法を破つて魚を捕り、それを咎められたが、決死の覚悟と母への孝養に役人は感泣し、また白河上皇の思し召しにより赦免されたといふ内容である。問題は姓も名も不明の伝を何故に収録したかといふことである。姓名が不明であれば伝としては不備であらう。やはり、収録には議論が存在した。それは、享保五年五月二十五日付の安積覚兵衛宛て書案である。差し出し人は大井介衛門と小池源左衛門の連名であり二条からなるが、その第一条に次のやうにみえてゐる。

○孝子伝之内、桂河ニて捕魚申候僧ヲ赦罪之事僧某と出申候而伝立有之候、当然之儀ニて御坐候、白河紀末ニ有僧魚桂河……時人感之(著聞・十訓)此之通略ニ而候得共四行程ニ書候而御坐候、是ハ大関係之事ニても無御坐候間、重沓ニ可罷成候間、紀末ノ有僧已下削去可申哉と之儀、即孝子伝引合見申候所詳略ハ御坐候へ共、紀末ニてハ成程削去申度物ニ御坐候被仰越候通、御尤ニ相聞へ申候、

○乍然最早清書相済論賛も付ケ申候而差置申候、当時書写殊之外手支申候故、先其分ニいたし指置先へより余力御坐候ハバ、来意之通刪去候而書改させ申候様ニ可仕候、白河禁殺生焼網など被成より見申候へハ、孝行御感ニて罪ヲ御免有之候段、帝徳の一ツニて御坐候間、ヤハリ紀末ニのセ有之而も略之ニ御坐候分ハ苦カル間敷歟之様ニも被存申候、左候へハ余力無御坐候ハバ、其ままニて差置被成申候而も巨害ニハ罷成申間敷候半歟、先ハ除去申候了簡ニ而罷在候(『茨城県史料』近世思想編、三五六頁)

便宜二段に分けたが、前段からは立伝は当然としてよいけれども白河天皇紀末に記すことには懸念を表明してゐることが読み取れる。削去は覚兵衛(澹泊)が提案したのであらうか。後段からはそのままでも大きな害にはならないとの意もみられるが、最終的には除去することになつたのであらう。それは六月九日付神代宛書案に「左候へハ心かかりニ御坐候間右事件刪去為書改申候」(同三六七頁)、また同二十一日付安積宛書案に「白河紀末桂河捕魚僧ノ一段除去申候事右両件御承知被成由奉得其意候」(同三七〇頁)とみえるからである。

さうすると、この話は元々は白河天皇紀に記されてゐたのであらう（久野勝弥氏『芸林』第五十五巻第一号所載論文によれば、同氏架蔵の乙・丙本にはみえてゐるといふ）。当然のことながら現行の白河天皇紀には殺生禁断のことはみえるが、この話は記されてゐない。それでは、この話は何故に収録されることになつたのであらうか。正徳五年八月二十三日付安積宛書案によつて推測してみよう。

孝子伝上代なとも多く無之、中古尚更払底、三代実録より曾我兄弟へ移り申候、是にて打留り申候ハ何ともさひしく候よし御尤ニ存候、此方太平記時代払底、二人ならては見へ不申、随分此方ニ而も心懸り申候得共一円捜索之際見へ不申候、依之、此方有之候孝行物かたりの類迄取寄被申候様同役共へ被仰合候由、無残所儀珍重ニ存候、何とそ御取出し御覧可被成候、（同二九三頁）

これによれば、孝子伝を編成する材料の探索に苦慮してゐる様子が窺へるから、このあたりに直接の収録理由を求めることができさうである。ただ、それは義公光圀の思ひと無関係ではあるまい。義公の孝子観は『年山紀聞』にみえる孝子弥作の例などから容易に知られるからである。

をはりに

以上、列伝の構成に関して若干の事例を紹介してきたが、そこには史料捜索や伝構成の問題を克服しながら各伝を検討した史臣の努力をかいま見ることができよう。列伝に収録した人物の中には川部酒麻呂や僧某にみられるやうに倫理的道徳的側面から、また大江広元・親広父子のやうに道義的側面において考へるべきものも存在する。それは『大日本史』列伝が必ずしも史上に著名な人物を羅列的に収録した人物伝ではなく、それぞれの人物の役割を論定し、また部分けしたところにその価値があり、その意味においてやはり儒学的歴史書であり、まさに真木和泉守がいふ「恐ろしく候」史書とすべきであらう。

第四章　『大日本史』列伝の構成（2）
——后妃・皇子・皇女伝——

はじめに

『大日本史』では后妃伝以下は列伝に収められてゐる。収録状況はすべて編年順で、后妃伝が列伝第一から第十二、皇子伝が列伝第十三から第二十六、皇女伝が列伝第二十七から第三十一となつてをり、各伝には序が付され、また末尾に附として北朝の方々の伝が収められてゐる。各伝は他の列伝と同じやうに文の長短が著しいが、以下神功皇后伝を中心に関連の伝にも考察を及ぼしてみたいと思ふ。

一　神功皇后伝について

后妃伝冒頭には序があり、后の多様な位置付けについて述べ、源親房の議論にふれながら解説してゐる。さらに藤原氏の門から后を立てる慣例に及びながら皇胤を以て政治に関与した例をあげ本紀との参照を指摘してゐる。

神功皇后伝が后妃伝の最重要伝であることは論をまたないであらう。神功皇后は仲哀天皇妃であるが、後世御歴代に数へる史書もあつた。『大日本史』は本紀に収めなかつたが、これがいはゆる三大特筆に数へられる一件となつた。伝本文はいたつて短く左のごときものである。

仲哀神功皇后は気長宿禰王の女なり。母を葛城高顙媛と曰ふ。幼にして聡叡、容貌壮麗なり。宿禰王、之を異とす。帝の二年正月、立て皇后と為り、帝崩じたまふに及びて、后親しく後事を綢繆し、軍を督して三韓を征す。外国帰化し、威風大に行はる。応神帝を生みたまふに及び、后朝に臨みて制を称す。群臣尊びて皇太后と曰ふ。政を摂すること凡そ七十年。事帝紀に詳なり。

簡にして要を得た記述といふことができよう。末尾に「事帝紀に詳なり」とみえるやうに仲哀天皇紀にその詳細が記されてゐる。仲哀紀ではその後半部分が三韓征伐に関する記載に当てられてをり、また応神紀ではその冒頭に記載がみえてゐるのである。三大特筆に関していへば三韓征伐の事情ではなく、列伝に収めた事由が検証されねばならないであらう。神功皇后伝は本文に続いて次の割注を挟んでゐる。

按ずるに仲哀の崩ずるや、天下に主無し。皇后遺腹を奉じ、以て四海に号令す。称して胎中の帝と為せり。然れば応神既に生れては、宜しく立てて天子と為すべし。而して立てて太子と為せるは、名実正しからず。皇后真に即くを疑ふ。後世徒に其の跡を見て、遂に皇統の世次に列ねたるは大に旧史の旨を失へり。古事記帝王の天下を治むることを歴叙するに、直に応神を以て仲哀の後に接し、皇后を数へず。日本紀に至りては、則ち特に書して摂政元年と曰ふ。其の義亦厳なり。

且つ女主真に即けるは、推古・持統の如き皆天皇と称せり。而して皇后は則ち否らず。其の後追謚を議定して、亦神功皇后と曰ひ、天皇の号を奉らず。是に由りて之を観るに、其の宜く帝紀に列ぬべからざるや審なり。然りと雖も仲哀応神の際、皇后制を称して実に天子の事を行へり。故に今其の実を没せず、后の挙動を二帝の本紀に伝へて、別に皇后紀を作らず。

本文より長いこの割注にみえる判断の根拠は『古事記』と『日本書紀』であるが、要するに神功皇后を御歴代に数へず、しかも天皇号を奉らなかつたからといふのであり、称制と考へたわけである。末尾に「別に皇后紀を作らず」とみえるのは『日本書紀』が巻第九として神功皇后（摂政）紀を立ててゐることをふまへたからでもあらう。

もつとも「御意覚書」に、

皇后ヲ伝ニ可立、本紀トスベカラズ。其餘ノ女御等皆皇后伝ノ末ニ附スヘシ

とみえてゐるから義公光圀の指示は明確であつたといふことができよう。

二　安積澹泊の「神功皇后論」について

水戸を代表する史家である澹泊の「神功皇后論」は『澹泊史論』に収められてゐるが、その冒頭に「西山公修史の諸臣に命じ、神功皇后の事実を論ぜしむ」とみえ、義公光圀自らの指示によることが知られる。澹泊は顕宗・仁賢天皇の推譲と飯豊青皇女の称制、武烈天皇と大伴金村による継体天皇の擁

立、斉明・天智天皇の状況に及びながら、名分と統の実有ることを述べた後に、

仲哀・応神継纘の間に至て、神功制を称し、万機を摂行す。則ち悠久の間曠にして、殆ど七十年、

古今相沿ひ、恬として怪しむを知らず。其の故何ぞや。

との論点を提示する。そして「之を神に託して其の事を文ればなり」として『日本書紀』にみえる仲哀天皇の事蹟に言及した後に、皇后の挙措には疑ひがない訳ではないとする。それは「応神孕に在ること十三月、此怪しむに足らざるも、皇后の産月に当り祝して其の期を延べしは、則ち怪しむべき」ところであるとし、問題点を抉つてゐる。

応神既に生る。何ぞ速かに位を宸極に正して、皇統を丕承せしめざるか。遺服を朝に植て裘を委して、天下乱れず。況んや母后朝に臨み大臣の輔佐するをや。立て皇太子と為すは、則ち益々繆れり。之をして大行天皇の柩前に冊立せしむれば、則ち実に仲哀の儲弐なり。仲哀既に葬られ、陵土既に乾けり。四歳にして冊立す。是れ誰の儲弐なるか。

「丕承」は立派に継承する、「儲弐」は皇太子の意であるから、澹泊の論ずるところは明らかであらう。続けて「皇后僭を欲せずと雖も其れ得べけんや」とした後に、

舎人親王摂政を以て元を紀し、而して閏位を予へず。其の見亦偉なり。

と舎人親王を高く評価し、さらに「当時は淳朴にして未だ文字あらず。摂政の義は則ち有り。摂政の名は則ち無し」として皇后の立場を僭位と論じてゐる。幸いに応神天皇は長寿を保ち統を継承された

が、不幸にして皇后に先立ちて崩御されたならばどうなつたのであらうか、として「統あるに似て実は統無し」として「岌岌乎として其れ殆い哉」の状況ではないのかと論じてゐる。

続いて麛《かご》坂・忍熊の二皇子の挙兵についてふれ「臣竊かに二皇子の為に焉を悲しむ」とし、「惜むらくは事機を失し、不義に陥りたることを」と述べ、次のやうに皇后を評価してゐる。

嗚呼皇后寓内に母臨し、乾綱を総攬す。既に顕宗・仁賢の遜譲に非ず。又継体・天智の賢孝に非ず。而して悠久間曠、歳月を遷延し、口を胎中天皇に藉りて、二皇子を殺伐し、遂に仲哀の統をして、幾ど絶て復存せしむ。

そして、末尾に、

我公の英邁卓識、正閏を涇渭して、名実を綜覈するに非ざるよりは則ち舎人親王の特筆、亦将に堙鬱して振はざらんとす。皇后の威武傑鷔、武内の専権怙寵の若きは、則ち諸臣の議備れり。臣区区として敢て統の帰する所を以て重しと為す。

と結んでゐる。「涇渭」はそれぞれ河川の名であり、皇統の正閏を明らかにすることをいふのであるから、ここにこの一文の意図を窺ふことができよう。

三　論賛の神功皇后論

続いて論賛（仲哀の気長足姫皇后伝の賛）の主張をみてみよう。冒頭に三韓を平定したことを「不世の勲」と評価し「諡して神功と曰ふも溢美ならず」と述べて、皇太子が四歳をこえて冊立されたことにふれた後に舎人親王の書紀編修に及んでゐる。親王が「皇后の称制」を摂政としたのは「特筆」であるが、これを後人は義を訊ねずしてただ跡を見て「真に即くと為し」たのは甚だ誤つたものであるとした。そして仲哀崩じた後四歳をこえて冊立したことに再度及んで先の「神功皇后論」と同様の趣旨を展開してゐる。

後半には水戸史学の本領ともいふべき論旨がみえてゐる。

親王の、閏位を予《ゆる》さざるは、其の義、厳なり。顕を微にして幽を闡くこと、深く春秋の旨を得たりと謂ふべし。然りと雖も、紫極に御して渙汗を発し、其の行ふ所は則ち天子の事なり。故に今、備に、皇后の挙動を仲哀・応神の本紀に書して、年を掲げず。其の正を得るに庶《ちか》くして、親王の修史の旨に於て、亦相乖くこと莫からん。

ここに「皇后の挙動を仲哀・応神の本紀に書して、年を掲げず」といふのは仲哀紀と応神紀が叙する神功皇后の称制期間では年を掲げず干支で記されてゐることを示す。例へば応神天皇紀には「天皇は仲哀帝の第四子なり。母は神功皇后。仲哀帝の九年十二月十四日辛亥を以て筑紫の蚊田に生れたまふ」とあるが、皇后の事績に及ぶと「辛巳の歳、二月皇后天皇を奉じ、百僚を帥ゐて豊浦宮に至り、仲哀帝の喪を発し」とか「乙酉の歳、三月七日己酉、新羅使を遣はして朝貢す」とか「己丑の歳、四月十七日丁丑皇太后崩じまたふ」とみえ、応神天皇の事績に移ると「元年庚寅、春正月丁亥朔、天皇位に即きたまふ」「二年辛卯」「三年壬辰」と叙してゐることをいふのである。

嗚呼、応神は青閫に居ること六十余年、七旬を踰えて扆《い》を負ふを得たり。もし不幸にして、皇后称制の日に崩ずれば、則ち赫赫たる皇統、将た何くに帰する所ぞや。此れ殆ど神の佑くる所、豈に人力の能く為す所ならんや。

「青閫」は東宮、「扆を負ふ」は王者が屏風を背にして南面するの意である。ここにみえる澹泊の心慮は当然のことであるが、それが神の佑くるところであり、人力の及ぶところではないとする主張にも留意しなければならないであらう。

四　皇子伝と皇女伝について

「御意覚書」に次のやうな一条がみえてゐる。

皇子皇女尽ク伝ヲ立ツベシ。例ハ新唐書ノ皇子皇女伝ノコトクニスヘシ。皇子ハタトヒ僧ニテモ、伝ヲ可立。不可論其有事無事。

ここには基本的な立伝の方向性が示されてゐる。僧伝をみれば光仁天皇・仁明天皇・光孝天皇の諸皇子をはじめとして少なくないが、以下皇子伝では先の神功皇后論と関連する二皇子の記述を検討してみよう。まづ麛坂皇子伝からみよう。

皇后西のかた三韓を征し、還りて応神帝を筑紫に生みたまふ。辛巳の歳二月、皇后百僚を率ゐ、梓宮を奉じて、海路より京に帰らんと欲したまふ。麛坂・忍熊之を聞き、密に謀りて曰く、皇后子有り。群臣皆従ふ。其れ必ず幼主を立てん。我何ぞ兄を以て弟に従はんやと。（中略）時に倉見別及び五十狭茅宿禰麛坂に党す。因て以て将軍と為して、東国の兵を発せしむ。麛坂、忍熊と菟餓野に狩し、祝して曰く、事若し成るべくんば、必ず大なる獲有らんと。既にして共に仮庋に坐せしに、赤猪有りて暴に至り、麛坂を噬みて殺せり。

典拠は『日本書紀』であり、『古事記』による注を掲げてゐる。文中に干支のみがみえるのは応神天皇紀と同様であるから記述は一貫してゐる。

忍熊皇子伝には「皇后変を聞き、舟師を師ゐて難波に到る。忍熊又退きて菟道に軍す。皇后乃ち紀伊に至り、三月、大臣武内及び武振熊をして忍熊を撃たしむ」とみえ、麛坂皇子伝とは別の状況を記してゐる。ともに典拠は『日本書紀』であるから二伝に分けて変の事情を記載したといふことになるが、それは二月・三月と時間的経過に拠つた当然の記述といへよう。

次に論賛を確認しよう。「麛坂・忍熊の二皇子、兵を挙げて之に抗するは乱賊の徒と謂ふべし」として、変の状況に及んで「事を挙ぐること已に晩く、坐して事機を失ふ。其の敗死せるや、宜なり」と述べ、

赤猪、麛坂を噬殺《ぜいさつ》するに至りては、則ち事甚だ神怪にして、窮詰すべからず。今、旧史に拠りて直《た》だ其の事を書す。而して二皇子の是非曲直は、則ち後世の論、将に帰する所有らんとす。

とも記してゐるから、史実を重んじた水戸史学の立場を窺ふことができよう。

皇子伝には一例ではあるが「皇太子某」の伝がみえてゐる（他に皇子某と僧某が数例がみられる）。某は聖武天皇の皇子であるが、母は藤原皇后である。某の後に「皇胤紹運録・一代要記には基王に作り、歴代皇紀には基親王・帝王編年記には某親王。按ずるに基は蓋し某の字の訛にして、旧史に又親王と為るの文を見ず。今並に取らず」といふ割注があるが、ここには某を明らかにしようとする努力がみられる。このやうな努力は孝子伝からも窺へるが、やはり水戸史学の本領の表出といへよう。

皇女伝の各伝は全体に短文であるが、「載籍の存する所を摭ひて悉く伝に列ぬ」（皇女伝序）といふ。皇女某とするものが少なからず存在し、ほとんどが一行足らずの分量であるが、後村上天皇の一女「皇女某」のやうに詳細な考注を付した伝もみられる。

五　后妃伝序にみえる皇后

后妃伝序の末尾に次の一節がある。

其の額田部皇后・宝皇后・鸕野皇后の如きは、皆皇胤を以て朝に臨み、褘翟を釈きて衮冕を被たり。事は本紀に詳なれば参互して見るべし。

まづ皇女伝の記載から確認すると、額田部皇女は「是を推古天皇と為す」、鸕野皇女は「大田皇女の同母妹なり。是を持統天皇と為す」とあり、宝皇后は皇妃伝に「茅渟王の女たり。帝の二年正月、立ちて皇后と為り、天智帝・間人皇后・天武帝を生みたまふ。舒明帝崩ずるに及びて、天位に即きたまふ。是を皇極帝と為す」とみえてゐる。皇女伝に宝皇女がみえないのは茅渟王の女だからである。

この三皇后は後に即位されたから本紀に詳細な記述が存在するが、各紀の冒頭に皇女と称せられたことにふれてゐる。「皆皇胤を以て朝に臨む」といふのは今日にも大きな示唆を与へる記述といへよう。

第五章　『大日本史』列伝の構成（3）——諸臣伝——

はじめに

『大日本史』列伝の前半は諸臣伝であり、さらにその末尾の部分（諸臣伝のおよそ四分の一相当）には南朝方の人物を収めてゐることはすでに言及した（第三章）。本章ではこの部分（該当部分は列伝第九十から第百五）に関してその収録の特長を考へてみることにしたいと思ふ。

まづは該当部分の収録状況を確認しよう。主要人物をあげてみると、第九十の藤原藤房・藤原俊基・源具行・平成輔・藤原資朝、第九十一の藤原師賢・藤原隆資・藤原実世、第九十二の源親房、第九十三の源顕家・源忠顕、第九十四の藤原道平・藤原定為・藤原為冬・藤原光継・藤原雅忠・藤原康長・藤原行房・源定平・藤原清忠、第九十五の土岐頼兼・多治見国長・足助重範・錦織俊政・桜山茲俊、第九十六の楠正成、第九十七の名和長年・児島高徳、第九十八の菊池武時・結城宗広、第九十九の新田義貞、第百の新田義顕・脇屋義助などである。このうち第九十二と第九十六は一族を含むがほぼ一人一巻、第九十九は一人一巻で伝としてもつとも分量が多い巻となる。それ以降については順次言及するが、ここまでに源親房・楠木正成・新田義貞など南朝方の重鎮が含まれてをり、明らかに南朝正統思想との関連を窺ふことができよう。

以下には第九十九以降に注目してみたいと思ふ。それは諸臣伝末尾とはいふものの、これ以前の収録状況と異なる要素がみられるからである。

一　列伝第九十九から第百一

列伝第九十九は新田義貞を収める一巻一人の巻で分量も破格の扱ひであつて、叙述は詳細を極める。義貞伝の紹介は略するが、構成上からは以後の第百二までの総論的位置を占めるのである。すなはち義貞伝を総論とすれば、百・百一・百二の三巻は各論又は付論とでもいふべきものなのである。以下、各巻の概要をみてみよう。

列伝第百には、新田義顕・義興・義宗(子義則)・脇屋義助・義治の伝を収めるがすべて義貞の親族である。義顕は義貞の子であり越後守となつて、京師を護つた。越後に戦ひ、やがて金碕城に入つて籠城二十余日の後、尊良親王とともに自殺した。

義興は義顕の異母弟である。源顕家の鎌倉攻めに応じて武蔵国府に至り、やがて西上し、上杉憲顕を破つた。顕家薨去の後は顕信に従ひ、やがて吉野に詣で、御前にて加冠し名を賜つた。その後、尊氏と戦ひ敗北するが、逃れて再挙を図つた。嘗ての部下である竹沢良衡の謀により、矢口渡で欺かれ、遂に自刃して果てた。矢口渡にはしばしば光怪があり、そのために土人は祠を建てて祀り新田大明神と号した。

義宗は義顕の弟で、兄亡き後その嗣となつた。義興・脇屋義治らとともに越後を取つたが、上杉憲将との戦ひに敗れた。これらの新田義貞の子について、澹泊の論賛は「皆将率の材を以て、驍鋭の気を蘊ふ。」と讃へてゐる。

脇屋義助は新田義貞の弟であり、北条高時の義貞追討に対して奮戦すべきことを主張した。兄とともに京に入り、武者所、ついで駿河守護と為つた。足利尊氏討伐に際して尊良親王を奉じて竹下に戦ふが支へることできずに退かざるを得なかつた。京都にて奮戦し尊氏を防いだが、一進一退の後金碕陥り、後村上帝の詔によつてさらに尊氏と戦つた。

義治は義助の子、竹下の戦ひで敵に陥つたが、その後脱して金碕を後援して威名を振つた。金碕の戦ひの時、軍のねぎらいにおいて楽しむところがなかつたといふ。義助の卒後、児島高徳の請ひにより京都に上り尊氏を襲ふことを図るが、成らずして信濃に隠れた。一時鎌倉を取るが、やがて越後を経て出羽に走つた。

義助には「義貞の志、伸ぶるを得しならん」と述べ、義治に対しては「弱齢にして城を守り、念ひ君父に切にして、宴に臨みて悽惻たり。殆ど、南霽雲の義として食ふこと能はざりしが如く、卒に将士をして感激して義に奪奮はしむ。」と論賛は評する。「念ひ君父に切にして」といふのは金碕の戦ひについてであるが、この義治の行為を南霽雲になぞらへたのである。南霽雲は唐の安禄山の乱に救援の使者に立つたが、睢陽城を護る味方を思ひ接待を拒否した人物である。後年、大義に殉じた宋の謝枋得の詩でも知られる。

列伝第百一には、堀口貞満・金谷経氏・江田行義・大館氏明・大井田氏経・里見時成・細谷秀国を収めてゐるが、全員が義貞の義挙に従つた人物である。

貞満は義貞と呼応して北条高時を攻めて鎌倉を平らげ、高師泰を破つた。帝が尊氏の偽りに逢つて帰京する際に、帝に義貞の忠誠を奏上し、遂に皇子を越前に赴くことを成し遂げたのである。末尾には子の貞祐についての記述も付加されてゐる。

経氏は義貞の一族で尊氏征伐に功があり、後脇屋義助に従ひ伊予に戦つた。義助亡き後海戦に当たり、大館氏明を助け敵兵を多く斬つたが、やがて備後に奔り、遂に京都に入らうとして果たさず倒れた。

行義は新田氏の末裔で義貞に従つて鎌倉を攻め、尊氏征討の大館氏明とともに先発を務め、各地に奮戦した。尊氏の東上に際しては兵庫に戦ひ、また延暦寺に扈従し、さらに越前に赴いた。氏明と駕に従つて入京し、一時尊氏に帰したけれども反して捕へられた。

氏明は父が早くに義貞に従つて鎌倉を攻めたが陣歿した。氏明は源顕家に従ひ延暦寺を助けて敵を抜いた。尊氏を追つて軍勢振つたが、駕に従つての入京後尊氏に帰した。後に逃れて行宮に詣り、伊予の守護に任ぜられ官軍として奮闘した。末尾に怪禽と子氏清についてもふれてゐる。

氏経は父とともに義貞に従ひ尊氏と戦つた。児島高徳の挙兵に応じて尽力し、二千の兵を以て尊氏・直義の大軍に対し鼓して応じ、その声は山谷に震ひ、敵を寒からしめた。終に勝たずして、越後に歿した。

時成は義貞に従ひ北条高時、ついで尊氏を討つた。義貞を金碕に助けたが、利あらずして戦歿した。義氏も同じく金碕を護つたが、城陥り義興とともに自刃した。

秀国は義貞に従ひ越前に赴き敵と戦ふが、抜くことあたはず軍は潰滅した。

この巻の記述は直前の第百と比べてもかなり短いが、それぞれの働きには若干の相違がみられる。それを論賛によつて補つてみよう。貞満の「轅《ながえ》に攀《よ》づるの諫」を、経氏と氏経の「寡を以て衆を制する」を、時成と義氏の「危難も避けず、克く臣節を全うす」るを評価してゐるが、行義と氏明については「去就の間、物議を免れず」とした後にそれぞれ丹波に、伊予に志を明らかにしたことを叙してゐる。

二　列伝第百二と篠塚某伝

列伝第百二に収めるのは義貞か義治に従つた人物で、船田義昌・船田経政・栗生顕友・篠塚某・畑時能・由良具滋・渡里忠景・小山田高家・瓜生保の九名である。

このうち、「篠塚某」の表記は他の八名が姓名が明らかであるのに対して名が知られてゐないといふことを示してゐる。実は、この事例は列伝のいはゆる諸臣伝中では「某」と記された唯一のものである（将軍家臣十二には工藤某の伝を収めるが含めない。補注参照）。したがつて、名が知られてゐないにもかかはらず収録されたことにはそれなりの事由があつたとしなければならないであらう。いつたい、篠塚某はどのやうな人物であつたのだらうか。栗生顕友伝に「新田義貞に事へて、篠塚伊賀守・畑時能・由良具滋と名を斉しくし、四天王と称す」とみえ、諱ではないけれども伊賀守とある。また、義貞配下の四天王といふ位置付けでもあつたことが知られる。

それでは、篠塚某伝はどのやうに叙述されてゐるのであらうか。便宜二段に区切つて掲げて検討しよう（末尾の女伊賀局に関する部分は省略）。

①篠塚某、伊賀守と称す。武蔵の人なり。自ら畠山重忠六世の孫と称す。驍猛多力にして、射を善くす。新田義貞に事ふ。義貞の東征して利を失ひて退き還るや、残兵僅かに五百余。道に僧有りて告げて曰く、敵兵伊豆府に充ち、八十万と号せり。此の単寡を以て、安ぞ輙く過ぐることを得んと。篠塚、栗生顕友と衆を顧みて曰く、五百を以て八十万に当る。諸君、今日真に是れ一騎当千なりと。乃ち相率ゐて転闘して前む。一条某、義貞を搏つ。篠塚、傍より捉へて之を投げしに、一条拳捷にして、足地に拠り、仆れずして復た前む。篠塚、蹴踣《しうぼく》して之を斬る。一条の士卒競ひて篠塚に赴く。篠塚手づから九人を殺す。餘兵股栗して敢て近づく莫し。義貞脱れ去ることを得たり。

②尋で従ひて園城寺を攻めて功有り。脇屋義助の卒するに及び、大館氏明と伊予の世田城に拠る。会々細川頼春衆を率ゐて来り攻め、城を囲むこと三旬、氏明力屈して自尽す。篠塚門を開きて突出し、大に呼び自ら名のりて曰く、汝等、我を斬りて賞を求めよと。乃ち鉄棓を揮ひて囲を衝く。敵兵、東西に披靡せしかば、篠塚徐歩して去る。敵、騎士二百をして尾して之を射さしむ。篠塚、追ふ者の迫る毎に、顧みて之を叱す。行くこと数里にして、夜、今張浦に抵る。敵、船を浦口に泊し、棹卒を留めて之を護らしむ。篠塚、乃ち甲を帯びて海に入り、浮没すること里許。騰りて船に登る。棹卒驚駭して姓名を詰問す。之を告げて曰く、身は是れ篠塚伊賀守なり。宜しく我が為に船を進めて隠岐島に至るべしと。自ら大矴を起し、長櫓の十四五尋ばかりなるを建て、入りて臥し、鼻息雷の如し。舟を挙げて震悚す。送りて隠岐島に至る。終る所を知らず。

以上における出典の提示は末尾の『太平記』一つであるから、全文を『太平記』のみに拠ったのであらうことが推察される。『太平記』（参考太平記本）では第二十二の「大館左馬助討死事付篠塚勇力事」が該当の条となるが（彰考館蔵天正本では同巻の「篠塚伊賀守振舞事」、新編日本古典文学全集収録）、この条には伊賀守とみえてゐる。諱が記されてゐないから伝もそれに従つてをり、そのために「篠塚」（傍線部）の表記が多くみえるのである。諱が知られてゐれば諱で記すのは当然のことであり、それは伝中の「義貞」の表記や他の伝によつて明らかである。伝中、特に問題とされるのは後段の「隠岐島」であるから、次にこれを検討しよう。

後段によれば、細川頼春の世田城攻撃によつて大館氏明が討死にした時、伊賀守はただ一人城を落ち隠岐島に渡つたといふのであるが、問題なのは隠岐島である。いふまでもなく伝の表記は「隠岐島」であるが、これは『参考太平記』に拠つたからであらう。『参考太平記』では隠岐島のところに「毛利家、北条家、金勝院、南都、天正本、作陰島、下倣之」と注記したのみで、これを採用することはせずに西源院本の表記に従つてゐるからである。おそらくは沖島(『角川日本地名大辞典』によれば江戸中期に魚島と改称されたといふ)の沖に隠岐の文字を当てたのであらう。隠岐の文字は当然にして後醍醐天皇が遷された隠岐に通じ、あるいはその場所を念頭においたかもしれない。ただ、念頭においたとしても今張(今日の今治)浦から出航して日本海の隠岐島に渡ることは現実的ではないから、あくまでも理念上のこととなる。ここでは何故に他本に多くみえる「陰島」を採らなかつたか、が検討されねばならないが、これも推論の域を出ない。結論からいへば「陰島」が今日の因島といふ認識がなかつたからといふことにならう。したがつて、因島でなければ「陰島」が当時念頭にあつた沖島に当てはめることが適当であり、さうとすれば沖に隠岐の文字を当てることが容易に認識されたのかもしれない。

ところで、今日では篠塚伊賀守の諱が重広であることが知られてゐるし、詳細な伝記ものされてゐる。ここで、参照するのは細谷清吉氏『新田義貞四天王・篠塚伊賀守重広』(群馬出版センター、平成二年刊行、香取市の歯科医師篠塚襄氏からのご提供による)である。注目すべきは細谷氏が神田本『太平記』によつて隠島が因島を指してゐると指摘されたことである。神田本では「隠嶋」「いんのしま」「いんの嶋」との表記がみえることや『三代実録』にも「隠島」とあることにふれ、伊賀守が今日の因島に渡り、その後沖島（今日の魚島）に移つたと主張されたのである。大変興味深い説であり、その詳細な現地調査にも敬意を表したいと思ふ。ただ、「いんのしま」といふ音表記を中心とする説であり、また『参考太平記』が「隠岐島」としたことを批判してゐることには若干の疑問がある。特に後者については『参考太平記』編纂時には神田本は知られてゐなかつたのであるから（神田本が学界へ紹介されたのは明治以後のこと）、これを以ての批判は必ずしも当を得たものとはいひがたいと思ふ。しかしながら、『参考太平記』が「隠岐」の文字を当てたことは失考といはざるをえないと思ふ。

いづれにしても『大日本史』が諱の不明にもかかはらず、伝を構成したのは篠塚伊賀守の武勇はいふに及ばず、その忠誠が顕彰するに値すると判断したからであらう。

その他の人物にふれておくと、船田義昌は義貞の執事で、護良親王の令旨を得ようと草賊の装ひをして戦ひ、ついに奉ずることができた。経政はその一族である。

粟生顕友は先にもふれたやうに四天王と呼ばれ、義貞とともに奮戦した。瓜生保が叛いた時、金碕に至り、援兵二万至ると敵を欺き、尊氏を惑はした。

畑時能は武蔵の人で脇屋義助に従ひ、寡兵を以て奮戦した。由良具滋は義貞・義助に従ひ、金碕での籠城の際食尽き、死者の肉と血によつて戦ひ、光氏は兵五百を以て六城を抜いた。渡里忠景は金碕の義貞と義助に綸旨を伝へ、小山田高家は義貞が兵の暴掠を法令により戒めた際、法を犯して食糧を調達して兵を救つた。

瓜生保は越前の人で、兄弟揃つて官軍に応じた。金碕にて足利高経に誘はれ叛いたが、後脱出し、脇屋義治を擁して勇武を馳せた。

三　列伝第百三から第百五と論賛

列伝第百三に収めるのは富士名義綱・大江景繁・勅使河原直重・秋月種道・河島維頼・気比氏治・藤原昌能・宇治惟直・恵良惟澄・太田守延・津守国夏・本間忠秀の十二名、第百四に収めるのは宇都宮公綱・泰藤・赤松氏範・石塔義房・細川清氏・北条時行・桃井直常・飽浦信胤・楠正儀・小山義政の十名、最終巻となる第百五には藤原宣房・藤原為明・藤原良基・藤原公賢・藤原資名・資明・藤原経顕の七名を収める。これらの収録人物を通観すると、第百三は当初より官軍（南朝方）に加はつて最後まで一貫した態度を維持した人々、第百四はもともとは官軍ではなかつたが（北条方、足利方）、後に官軍に加はつたか、一時官軍から離れて後に再び官軍に加はつた人々、第百五は南朝方であつたが、後に北朝方に仕へた人々を収めてゐる。

もとより、記述分量の多寡や該当人物のみに限らず祖先や他の人物を合はせて記述してゐる場合もみられるが、特長として指摘しておきたいのは和歌が引用されてゐることである。それは大江景繁・津守国夏・藤原為明に関してであるが、前二者の場合は後醍醐天皇の「うばたまの暗き路に迷ふなり我に借さなん三の灯火」と「位山超えても更に思ひしれ神も光も添ふる世ぞとは」の二首、後者の場合は該当人物の「思ひきや我が敷島の道ならで浮世のことを問はるべしとは」といふ一首である。とりわけ前二者は天皇から厚く信頼されたことを伝記構成の中にみなければならないと思はれる。

ところで、論賛の第百以降の構成は次のやうになつてゐる。

①宇都宮公綱より以下、土居通治・得能通言に至る伝の賛、
②新田義顕・脇屋義助及び子弟の伝の巻賛
③堀口貞満より以下、里見時成に至る伝の賛
④船田義昌より以下、瓜生保に至る伝の賛
⑤富士名義綱より以下、本間資氏に至る伝の賛
⑥赤松氏範より以下、飽浦信胤に至る伝の賛
⑦藤原宣房より以下、藤原経顕に至る伝の賛

注目すべきはその言及の順序である。この順序は木版本の構成（すなはち収録順）と異なつてゐるのである。その相違を具体的に指摘してみよう。ここには①〜⑦で示したが、実際の列伝（木版本）は②・③・④・⑤・①・⑥・⑦の順となるが、さらに①と⑥は一巻にまとめられてゐる。人物についてみると、①の土居通治と得能通言は第百三以降ではなく第九十七に、菊池武時は第九十八に収められてゐる。②では伝には義宗の子義則も含まれてゐるが、賛の言及はない。③では伝の末尾に細谷秀国が含ま

れてゐるが、賛の言及はない。④では賛に全員の言及がみられる。⑤では桜山茲俊が第九十五に、賛にはみえない秋月種道が第百三に収められてゐる。また宇治惟直には弟惟成と族惟澄の伝も含まれてゐるが、賛の言及はなく、本間氏では伝には父の忠秀がみえるが賛は子の資氏である。⑥では伝に楠正儀と小山義政が含まれてゐるが、賛にはみえてゐない。また①の宇都宮公綱が伝の冒頭に収められてゐる。⑦では賛にみえる藤原実世が伝の第九十一に収められてゐる。

次に、これらの異同の人物の詳細を検討しよう。まづ①の三名は、①と⑥が伝の第百四にまとめられたことをふまへて考へると、終始官軍として行動したのであるからこの巻から除外されたのは当然といへる。とりわけ菊池武時は結城宗広とともに合巻（ともに一族を含む）ではあるが、別巻として独立させて重視したことは注目すべきであらう。本間資氏は賛に「陣に臨みて芸を施し、徒だ技癢を事として、臣節を堅守すること能はず。敵に甘心せらるるも不幸に非ざるなり」とあるのみで、これからみる限りこの巻に収める理由が希薄なやうに思はれる。それが伝には父忠秀が収められた理由なのであらうか。忠秀伝はこの巻ではもつとも分量が多く、その武勇と射芸を称へてをり、資氏についてはは伝末に「亦騎を善くせり」としたのみである。藤原実世については賛に兄季房とともに「皆能く臣節を守る。之が父たる者、寧ぞ媿《は》づること無からんや」とみえ、父公賢と弟実夏については一貫しない態度に言及してゐるから、この巻に父子とはいへ同列に論ずることはできないはずである。おそらくは、それが実世が別巻に収める理由なのであらう。

以上をみると、賛がふれる異同の人物は義貞伝より以前の部分に移つてゐることが確認できるのである。澹泊が論賛執筆時に参照した紀伝は享保本であらうから、その後列伝の構成には改訂がなされたことはこのやうな異同の実態からしても明らかといへよう。しかも、その改訂は理にかなつたものであり、『大日本史』の意図をさらに明確にすることとなつたのである。

むすび

これまでに述べてきたところをまとめて、むすびとしよう。

一、いはゆる諸臣伝の末尾の部分には新田義貞を中心とする南朝方の人物を収めてをり、しかも列伝第九十九の義貞を総論とするとその後の第百二までの三巻は各論・付論として考へられること。

二、第百二に収める篠塚某は諸臣伝中唯一の「某」表記の例であるが、これは篠塚某の重視であることはもとより、南朝正統の主張と密接な関係にあるとみられること。

三、第百三以降には南朝方の人物を収めるが、その性格は一様ではなく、各巻の順序にも南朝正統の立場からみた濃淡が表明されてゐること。

四、第百三以降に収められた人物は、安積澹泊の論賛にみえる人物とまつたく同一ではなく、異同が認められること。また、巻の構成にも異同があり、それは澹泊以後の改訂を物語るものであること。

五、このやうな諸臣伝の構成（改訂状況も含めて）には明らかに南朝正統や尊王思想の主張が込められてゐると考へられること。

補注①　将軍家臣十二に工藤某の伝を収めることを本文に注記してゐるが、補足をしておきたい。全文をかかげると、

工藤某。新左衛門と称す。毎に高時が政を怠りて、時事日に非なるを歎じ、累りに諫むれども聴かず。乃ち去りて高野山に隠れて僧と為り、誓ひて復た出でず。鎌倉の滅ぶるに及び、往きて其の処を弔ふに、府第丘墟となり、弥望茂草あるのみなりしかば、乃ち慨然として懐旧の和歌を作る。後諸国を周遊して、終る所を知らず。

となるが、典拠は天正本太平記である。「某」は諱が不明といふことを意味するが、これは篠塚某の場合と同様であり、さらに高時への諫言を評価したことが立伝の理由なのであらう。

補注②　篠塚襄氏によれば、篠塚伊賀守の墓地が群馬県邑楽町の大信寺（浄土宗）にあり、奉賛会が組織されてゐるといふ。

第六章　『大日本史』列伝の構成（4）

——将軍伝——

はじめに

『大日本史』列伝の後半部分に将軍伝が収められてゐる。この将軍伝の設定は『大日本史』編纂上の特色として捉へることができるが、「書重修紀伝義例後」や「将軍伝義例」をみればその重要性は明らかといへよう。以下、将軍伝の構成をたどり、その構想を考へ、その叙述を検証して『大日本史』における位置付けを試みたいと思ふ。

一　将軍伝の構成と構想

まづは嘉永の木版本によつて構成から確認してみよう。

巻一七九　列伝一〇六（将軍一）　源頼朝　上
巻一八〇　列伝一〇七（将軍二）　源頼朝　下
巻一八一　列伝一〇八（将軍三）　源頼家・公暁・源実朝

巻一八二　列伝一〇九（将軍四）　藤原頼経・藤原頼嗣
巻一八三　列伝一一〇（将軍五）　宗尊・惟康・久明・守邦親王
巻一八四　列伝一一一（将軍六）　足利尊氏
巻一八五　列伝一一二（将軍七）　足利義詮
巻一八六　列伝一一三（将軍八）　足利義満

巻数にして八巻三冊となるが、これに続いて将軍家族伝が四巻二冊、将軍家臣伝が二十二巻八冊あり、都合三十四巻十三冊となる。列伝百二十六巻のうち三十四巻を占め、前半部の諸臣伝を除けば後半部分の五十三巻の過半を将軍伝及び関連の伝が占めることになるのであるから、その位置は決して小さなものではない。冒頭に序が付してあることはすでに言及したが（第二章及び第三章）、この構成はどのやうにして構想されたのであらうか。

将軍伝を立てたことは『大日本史』の独自性を示すものとしてよいのであるが、参考とした事例がないわけではない。例へば、安積澹泊の「重修紀伝義例後」後半の部分に次のやうな箇所がある。

州郡兵馬の務、将士黜陟の政、専ら鎌倉に在り。而して御教書と詔勅に並行すれば、則ち其の体たる、名は列伝と雖も実は本紀の如し。宜しく之を世家載記に本きて、以て其の漸を著し、之に藩鎮列伝を参へ、以て其の変を通ずべし。是れ皆義例の尽す能はざる所にして、義例の外に出ること能はざるものなり。（『澹泊史論』所収）

さらに「将軍伝義例」にも、

頼朝覇府を開き、兵馬の権関東に移り、天下の大勢此に至りて一変す。故に鎌倉将軍伝は別に一家を成し、上は世家載記に準擬し、下は藩鎮列伝に依倣し、賞罰黜陟、号令法制、年を逐ひ月を係けて書す。（同前）

とみえてゐるから、将軍伝が世家載記や藩鎮列伝に倣つたことは明らかである。しかも、「御教書と詔勅に並行すれば」とはいふものの、その体裁が「名は列伝と雖も実は本紀の如し」とするのは、いかに澹泊が将軍伝を重視したか（史館の総意ともいへるが）の表れといへようし、また「将軍伝義例」のやうな単独の義例は「帝号議」（義例ではないが内容上は類似する）の他にはみえないことも同様のこととしてよいであらう。

ところで、「将軍伝義例」は鎌倉将軍伝についてのみの言及であり、足利三代には及んでゐない。それは「重修紀伝義例後」の頼朝への言及をふまえてみれば源氏将軍を念頭においた構成を意図するものであらう。

それでは、この将軍伝重視の具体相はどのやうなものであつたのであらうか。正徳五年の往復書案から散見する記事を探つてみよう。掲げるのは九月三日付である。

将軍伝ヲ立申候上は、護良親王ヲ将軍伝へ御入被成候而如何可有御座候哉、皇子伝ニ入申候ハあたり前ノ事ニ而御座候、将軍伝へ組入申候ハヽ、りつはニ相見へ可申哉と不謂事なから申進候、是

は物数寄ニ而御座候、（『茨城県史料』近世思想編、一七二頁、正徳五年の書案、以下同じ）

ここで注目すべきは皇子伝よりも将軍伝に組み入れる方が立派にみえるといふ認識である。もとより「物数寄」の議論ではあるけれども将軍伝重視の一面を窺ふことができよう。またこの書案には、

将軍伝将軍家族其元草稿本成共被遣為御見可被下候、是は安子序論仕立被申候見合ニ入申候

とみえるので、将軍伝や将軍家族伝の草稿をみて澹泊（安子）が序論を認めようとしてゐたことも知られる。これらに対する見解が七日付にみえてゐる。確かに立派にみえるけれども「同ク親王将軍ニて候へ共、宗尊惟康なと丶ハ同様ニ難致可有之と申儀ニて、先持前の儘皇子伝ニ入置申候、若護良親王将軍伝ニ入候へハ、宗良親王も別ニ将軍伝へ組入不申候てハ如何と存候、猶又御了簡承度存候」といふものであり、また序論仕立てのために送つた草稿は六冊だつた。蛇足ながら、十一月二十九日付には澹泊がこの六冊を点検したことがみえてゐる。

次に、源姓に関する記述の議論をみてみよう。やはり正徳五年の往復書案中の五月十八日付である。

成程前方何も源義貞源尊氏と書候所、先年衆議之上新田足利と相改申候、大納言大臣征夷将軍拝任候人々姓ヲ去氏ヲ書候ハ如何ニ可有之由御尤ニ候へ共、元来より之公卿大納言大臣将軍拝任と同様ニ姓ヲ出し候へバ武弁崛起之跡相別レ不申候故、当時之氏ヲ其儘係置申候、御当代之御事御譬論御尤ニハ候へ共少意味も替り申様ニ存候、

……武弁ハたとへ大臣将軍ニ而も此方紀伝ニハ其通ニ書可然……源頼朝等之類ハ此一例ニハ不被

申候、木曽義仲も木曽氏ニ相極候ハ、氏ヲ御出可然様ニ存候、（一五六頁）

ここでの議論は武士に源姓を用ゐるかどうかであるが、これに対する返答は五月二十四日付にみえてゐる。それには、

足利尊氏父子新田義貞氏ヲ去り、源姓ニ而御書可然存候由愚見申進候所、大納言大臣征夷将軍拝任ノ人ニ候へ共、武弁崛起ノ跡相分レ不申候故、当時ノ氏ヲ御かけ置候、前々衆議ノ上ニ而御極置候間、此方源義仲も弥木曽氏ニ相極候ハヽ、是又木曽と相改可申由被仰下一々致承知候、

としながらも、

乍然、先書ニ申進候通足利氏公卿ニ被昇候儀ハ当時ノ位署等書ならべ候、屹といたしたる物ニハ足利トハ有之間敷義ニ而御座候、尊氏ハ武弁より被起当時足利尊氏と称呼いたし可申候へ共、義満ニ至てハ決而足利と申氏ハ何ニも用たる事ハ有之間敷候、然所、姓を去り足利義満と伝ニ書出し候へハ何とも不得体候様ニ被存候、此義いかゝ思召候哉、……然ハ将軍家ニ姓ヲ去リ氏ヲ□《ママ》候事、此方より手本を出し候様ニ御座候間おし返し、又々此義申進候、とくと御思案被成御覧可被成候、（一六〇頁）

と述べてゐる。「愚見申進候」や「先書」といふのは五月十二日付を指すが、これを受けての書案が十八日付である。遺憾ながら十二日付は収録されてゐない。続けて、二十四日付の結論の箇所に移らう。

日本史第六十三巻ニ新田義重足利義康ヲ載置申候、致通覧候へハ新田足利ノ事ハ分明ニ相知申候

間、標目ニハ源と書出し事後議無之様ニ存候、然共、本紀其外諸伝ニ数多足利新田と出申たるニ而可有御座候間、一々伝中迄御改被成候而ハ大分書直し等も出来被成にくき儀も可有之と存候、若右之源姓ニいたし候事尤ニも被思召候ハヽ、伝中之文字ハ其儘ニ差置重而之義ニ被成候共、標目斗も相改り申様ニいたし惣目六仕立申度物ニ御座候、（一六〇〜一六一頁）

文中の新田義重は第百八十八巻の将軍家族二に収めるが、足利義康は収められてをらず、義兼伝には「父義康義重之弟也」とみえるのみである。要するに、ここでの主張は源姓はもつともであるが、伝中には数多く使はれてゐるので改めることはむづかしいからそのままとしたい、といふのである。最終的にはこの主張の通り、嘉永の木版本では伝中の記述はそのままとなつてゐる。

このやうに姓一つを例としても詳細な議論が展開されたのであるが、その他すなはち「将軍伝義例」にみえる書法（叙述内容の指示）との関係はどのやうになつてゐるのであらうか。書法は次の七項目である。

①則ち天変地妖は、帝紀に載す。故に書せず。
②専ら帥府に係るものは書す。将軍の除拝、爵五位を叙するより、進んで顕要に至るまで皆書す。
③問注所執事・評定衆・六波羅の進退は皆書す。
④某を以て某国守護と為し、及び故ありて罷るは書す。
⑤元老重臣の死は書す。

⑥将軍鶴岡に詣で処士垸飯を献じ、及び流鏑馬を観る如きの恒例は書せざるも、故あれば則ち書す。
⑦遊観・登覧・騎射・田猟は書せざるも、其の大なるものは書す。其の餘の取捨は、類を以て推すべし。頼家の蹴鞠、実朝の倭歌の如きは、類に触れて書し以てその実を著す。

以下、若干を例示しておかう。

①は、例へば桓武天皇紀では、「地震ふ」「空中に声あり雷の如し」「虹あり、日を繞る」「光気ありて日を挟む、状虹の如し。上に亦光気あり」などであり、これらは将軍伝にはみえてゐない。ただ、源実朝伝に「二年夏、旱す。実朝斎戒して法華経を転読す。既にして雨ふる」とあるのは実朝が、また藤原頼経伝の末尾に月蝕にふれて「嘗て正月、月に食あるや、頼経其の辰宿の皆本命に値るを以て大に之を悪み、予め僧隆弁に命じて禳禬せしめたりしが、期に及びて陰雲雨を灑ぎしかば、頼経大に喜び、厚く隆弁を賞せり。其の忌に拘ること多く此の類なり」とみえるのは頼経が、それぞれ直接に関与する事柄だからであらう。

②は、例へば頼家伝では「従五位上に叙し、右近衛権少将と為る」「是の月、左近衛権中将に転ず。詔して総守護地頭たること、一に頼朝の如し、」、また実朝伝では「従五位下に叙し、征夷大将軍に拝せらる」「正三位に叙し、美作権守を兼ぬ」「内大臣に拝せらる。大将たること故の如し」「右大臣に転ず」などである。

③は、例へば頼経伝では「前信濃守藤原行光病を以て政所執事を辞す。左衛門尉伊賀光宗を以て之

に代ふ」「三善康信病を以て問注所執事を辞し、子民部丞康俊代りて執事と為る」「駿河守北条重時を六波羅に遣はし、修理権亮北条時氏罷め帰る」、頼嗣伝では「民部少丞三善康連、問注所執事と為る」などである。

④は、例へば頼家伝では「後藤基清罪有りて、讃岐守護を罷め、近藤国平を以て之に代ふ」「小山朝政播磨守護と為る」「佐佐木経高罪有りて阿波・淡路・土佐守護を罷めらる」「三浦義村を以て土佐守護と為す」などである。

⑤は、例へば頼経伝では「北条義時卒す」「政子薨ず」「左京権大夫北条泰時卒す」などである。

⑥は、例へば頼朝伝に「鶴岡に詣で、始めて放生会を修し、流鏑馬を観る。茲より例と為る」とみえるのは初めてのことを「故あれば則ち書す」と解したからであらう。

⑦は、例へば頼朝伝に「那須野に猟す」「富士野に校猟す」とみえ、伝末には「頼朝和歌を好み、射を善くし、屢々将士をして流鏑馬・牛追物・笠懸を講ぜしめて、親しく其の優劣を試みたり」とあり、また頼家伝に「最も蹴鞠を好み、後鳥羽上皇に請ひて紀行景を得て師と為し、日夜場に在り」、実朝伝に「常に文学を好みて、武事に閑はず」とみえることなどである。

このやうに「将軍伝義例」にそつて記述を確認してくると、確かに「名は列伝と雖も実は本紀の如し」を実証するやうに思はれる。

二　将軍伝の叙述（1）

将軍伝の冒頭に収める源頼朝伝の叙述から検討しよう。頼朝伝は上下二巻編成であるから将軍伝の中では破格の扱ひといへるが、年代からは上が保元三年から寿永三年まで、下では文治元年から正治元年までが対象となる。上は「源頼朝、小字は鬼武者、左馬頭義朝の第三子なり。幼にして器局有り。義朝之を異とし、愛諸子に過ぐ」（割注は略、以下同じ）と書き出し、「保元三年、皇后宮権少進に拝し」と続く。とりわけ以仁王が平氏打倒の挙兵をした治承四年の記述が詳細であり、寿永二年・三年がそれに次ぐが、下と比べると「平治物語」や「源平盛衰記」を掲げた長い割注が目立つのが特徴である。一例として「平治物語」を掲げた箇所を検討してみよう。

平治物語に曰く、頼朝兵を起こすや、長田忠致父子来り降る。頼朝其の罪を宥し、範頼・義経に属して、西のかた平氏を討たしめ、建久元年頼朝京に入るに及び、尾張の野間駅に抵りて、義朝の墓を祭り、忠致父子を墓前に戮すと。而れども東鑑に其の事無し。今按ずるに忠致は父の讐なり、宜しく稽緩すること此の如くなるべからず。恐らくは信ずるに足らず。此に所謂長田入道は疑ふらくは即ち忠致ならん。而も本書に名闕けて、決を取る所無し。

参考本によると、第三に、

去程ニ長田四郎忠宗ハ、平家ノ侍共ニモ憎マレシカハ、西国ヘモ参ラス、角テハ聽テ国人共討レントヤ思ヒケン、父子十騎許、羽ヲ垂テ鎌倉殿ヘソ参ケル、イシウ参タリトテ土肥次郎ニ預ラレケルカ、範頼義経二人ノ舎弟ヲ差上セラレケル時、長田父子ヲモ相添給フトテ、身ヲ全シテ合戦ノ忠節ヲ致セ、毒薬変シテ甘露トナルト云事アレハ、勲功アラハ大ナル恩賞ヲ行フヘシトソ約束シ給ヒケル

とみえ、さらに「弥三小次郎押寄テ、長田父子ヲ搦捕礫ニコソセラレケレ、礫ニモ直ニハ非ス、頭殿御墓前ニ、左右ノ手足ヲ以テ、竿ヲ尋カセ、土ニ板ヲ敷テ、土礫ト云物ニシテ、ナフリ殺ニソセラレケル」とあるので、これを要約したのであらう。また参考本には「東鑑」から「遂長田入道子息二人梟首」と引いてゐるところからすれば「長田入道は疑ふらくは即ち忠致ならん」との考察は正しいであらう。

下の記述は文治元年・五年・建久元年が詳細であり、文治二年がこれに次ぐが、注目すべきは下のそれが文治元年から始まつてゐることと建久三年の記述が至つて簡略なことである。前者からみると、文治元年は平氏を追討し滅亡させた年であるが、「三月、義経兵を進めて平氏を撃ち、大いに之を破る。養和帝海上に崩じたまひ、鏡璽及び皇太后・二宮を獲、平宗盛・平時忠等を虜にし、平氏の族党、殺獲溺没して殆ど孑遺《げつい》あることなし」と記述し、以後義経との確執を述べ、北条時政をしていはゆる守護地頭の設置を上奏せしめたことの後に「又総地頭たらんと請ふ。法皇心に之を難ずれども公卿皆頼朝の意に違はんことを憚り、遂に之を聴す。頼朝既に総地頭と為り、諸国の地頭は皆家臣を以て之と

為す。国司の権守護に移り、領家は皆其の地を喪ひて朝廷愈衰ふ」とみえ、さらにその後の状況が述べられてゐる。

　文治五年の主たる記事は奥州の藤原泰衡征討であり、それが建久元年に及び、元年の記述の多くが泰衡の将である大河兼任に当てられてゐる。兼任は義烈伝にも収める人物であるが、それよりも詳細な記述がみえるのは頼朝伝における奥州征討、奥州征討における兼任の重要性を窺ふものであらう。

　次に後者の建久三年は、いふまでもなく征夷大将軍に補せられた年であるが、法皇の違豫に際して頼朝が斎戒して法華経を読み、岩清水に祈り、崩御に当たつては法会を行ひ、行旅居民を湯舎にて浴せしめたことを記して「七月、朝廷使を遣はし、就きて征夷大将軍に拝せしむ」そして「初め鎮守府に将軍を置きしが頼朝の征夷将軍と為りしより、朝廷其の任を重んじ、為に鎮守府将軍を罷む」とするのみである。注目すべきは全体の記述量からは建久三年があまり重要視されてゐないことであらう。その後の記述は簡略ではあるが年毎となり、正治元年の薨去に至るのである。

　末尾はいはば論賛ともいふべき部分である。「頼朝和歌を好み、射を善くし、屢将士をして流鏑馬・牛追物・笠懸を講ぜしめて、親しく其の優劣を試みたり。常に節倹を以て下を率ゐる」とその人となりを叙する一方で「然れども猜忌にして恩寡く、骨肉・功臣多く殺戮に遇へり」とし、最後に子女について述べてゐる。

三　将軍伝の叙述（2）

次に源頼家伝以下であるが、実朝伝に続いて摂家将軍、皇族将軍、そして足利将軍三代となる。すでに義例に関して若干を述べたが、特色としては実朝伝の「常に文学を好みて、武事に閑はず。仲章をして史書を講ぜしめ、又近侍の才芸有る者を撰び、番を結び学問所に直し、古昔の事を語らしめて之を聴き、和歌を藤原定家に学べり。著す所金槐和歌集有り」、宗尊親王伝の「宗尊和歌を善くし、権大納言藤原為家を以て師と為す。著す所瓊玉集十巻有り」とみえる歌学記事をあげることができよう。中でも注目すべきは和歌の引用が二首みられることである。一首は実朝の、

出でていなば主なき宿となりぬとも軒端の梅よ春を忘るな

であり、もう一首は宗尊親王の、

猶頼む北野の雪の朝ぼらけ跡なきことに埋るる身は

である。実朝伝と宗尊親王伝にのみ和歌が採用されたのには、それなりの理由が存在したと思はれる。前者は『吾妻鏡』（東鑑）に拠つたのであつて『金槐和歌集』にはみえてゐない。実朝伝のこの箇所は全面的に『吾妻鏡』に拠つてゐるが、鶴岡八幡宮拝賀の儀に際して大江広元が不吉を予感して武具の備へを説いたのに対して、前例がないとした仲章に実朝は従つた。実朝は自らの髪を抜いて形見として与へ、庭梅をみて詠んだのがこの一首である。いふまでもなく、菅原道真の有名な

東風吹かば匂ひおこせよ梅の花主なしとて春を忘るな

をふまへての詠であらう。その後、頼家の遺児公暁により暗殺されるのであるが、実朝の最期にふさはしい詠として採用したのであらうか。

後者は『増鏡』に拠つたものであり、具体的には「第七　北野の雪」にみえる次の箇所である。

雪いみじう降りたる朝明けに、右近馬場のかた御覧じにおはして、御心のうちに、

猶頼む北野の雪の朝ぼらけ跡なきことに埋るる身は

世を乱らむなど思ひよりける武士の、この御子の御歌にすぐれて詠ませ給に、夜昼いとむつましく仕うまつりけるほどに、をのづから同じ心なる物など多くなりて、宮の御気色あるやうにいひなしけるにや。さやうの事どもの響きにより、かくおはしますを、思し歎き給なるにこそ。

詠中の「北野」は北野神社、すなはち菅原道真を祭つたところであり、親王が自らの思ひを祭神に祈つたのである。『大日本史』が伝に掲げる歌は最少必要の場合に限られてゐるから、この二首には将軍の思ひが託されてゐるのであり、伝を構成する重要な役割を担つてゐるといふべきであらう。

四　将軍伝の叙述（3）

続いて足利将軍伝を検討しよう。「将軍伝義例」には足利将軍に関する言及がみえないことはすでにふれたが、おそらく将軍伝立伝の主なる意図が源氏将軍、とりわけ源頼朝の史上の位置付けにあつた

からであらう。それはともかくも、足利将軍三代はどのやうに記述されてゐるのであらうか。尊氏・義詮・義満三伝の記述分量はおよそ三・一・一の比率であり、圧倒的に尊氏が多いが、初祖であるところからすれば当然といへるかもしれない。注目しなければならないのは、伝記の詳細よりも伝末の記述、いはゆる論賛部分である。義詮と義満の記述は簡略で分量も少ないが、尊氏のそれはかなりのものとなるから、以下これを検討しよう。

尊氏、器宇弘裕、規略遠大にして、事に赴くに緩にして及ばざるが若し。而も分画已に明に、綱維先づ布き、時に権詐を出して、其の際を窺ふこと無く、人に任じて疑はず、金帛を視ること土石の如し。

書き出しの部分は賛であり、続けて戦術の的確さを述べ、頼朝の治績を慕ふ一方で猜疑心強く殺戮を行ひ骨肉の横死を免れなかつた頼朝とは異なるとの言を引いてゐる。さらに注目すべきはこれ以後の記述である。

初め順を犯して兵を称げしを以て、人心の服せざらんことを懼れ、陽に光明院を尊びて、事必ず稟請せしが、志を得るに及びて復た忌憚する所無く、其の主を視ること弁髦の如く、廃立皆其の手を竢ちて成り、天下の郡国、神祠の封戸、公卿の食邑を問はず、強奪豪占して、悉く将佐に頒ち給し、五十分の一を賦して、軍興の用に資し、其の主の供御、時に或は欠乏すと雖も顧みず。

「順を犯し」といふのは君臣の義を破ることで、光明院を尊んだのは表面上で、自らの目的を達すればいとも容易く踏みにじり、他を顧みないといふのである。若干を省略するが、続く記述をみよう。

兵興りてより以来、前後二十余年、京師争戦の区と為り、宮門・殿舎悉く皆焚蕩して、饑疫相踵《つ》ぎ、盗賊縦横し、死者枕藉す。而も、尊氏の将士は、日に茶を闘はして博飲し、競ひて奢靡を以て相夸り、銭帛器玩悉く散じて優妓に予へ、一遊の費貲《はか》られざるに幾《ちか》し。四方より調発し、百姓を侵漁し、冤獄頻に起こり、賄賂公行し、上下彫弊す。之を卒ふるに父子兄弟日に干戈を尋きしかば、海内騒然として、復た寧歳無し。

ここには京都の治安の悪さと将兵の粗暴乱脈ぶりや治世に無関心な様子が窺へるが、このやうな叙述の傾向はさらに続いてゐる。それは叛臣伝の序に「兵を挙げて闕を犯したるに、今之を将軍及び家臣に列ねたるは時勢の変を見はす所以なり」と述べたことの実証でもあらう。また、「尊氏・直義」といふ兄弟一体としての記述にも注目しておかねばならないが、いづれにしても尊氏伝における論賛部分は異様に豊富な叙述量なのである。

義詮については「和歌を好む」とし、「尊氏の喪に、後光厳院官を贈る。義詮其の使に対し和歌を作りて以て謝す。詞悲哀を極む。後光厳院之を新千載和歌集に載せたり」「正平中、後光厳院中殿和歌会を行ふや、義詮与かる」と記述してゐる。

義満については、「職を襲ぎて、軍政を修飾し、綱紀大に振」つたとし、甫め嗣ぎしより、細川頼之多く老成の士を薦め、斯波義将の如きは常に事に随ひて諷諭し、矯沸する所多し。其の禍乱を定め、土疆を広め、以て足利氏の業を隆にせしは、左右匡正の功最も多しと為す。

と賛する一方で、「然れども中歳より驕侈にして、行、不法多く、政令意に任せ、諸将亦怨を懐く」とその施政に言及してゐる。

このやうな足利三代に関して澹泊の論賛をみると、義詮を除く二将軍はいづれもその施政や将兵の不備を叙述してゐる。とりわけ、尊氏の場合は分量も多く、その叙述も辛辣であつて、列伝の本領を窺ふ感がある。ちなみに論賛は頼朝伝よりも長く「建武の中興に、帰順の功を論じ、尊氏を以て第一と為すは、朝廷の勲に酬ゆること亦至れり」と述べてゐるが、次の記述は伝と揆を一にする論といつてよいであらう。

則ち、尊氏の不臣の罪は勝《あ》げて計ふべからずと雖も、亦朝廷自ら紀綱を隳《やぶ》るの致す所なり。尊氏既に君に逆すれば、豈復た天倫を有《たも》たんや。故に父子兄弟、輯睦する能はず。日々干戈を尋《もち》ひて以て喪乱を長ず。而るに、源頼朝の猜忌して骨肉を横殺せるを譏るは、難いかな。

をはりに

以上に述べたところによつて、将軍伝の成立には安積澹泊が大きく関はつてゐること、その叙述は本紀に類似し、しかもそれは将軍伝重視の表明とみられること、将軍伝記述のあり方は源氏と足利氏では大きく異なること、特にいはゆる論賛部分の記述に特長がみられること、などが明らかになつたと思はれる。最後に『大日本史』の全体構成における将軍伝の位置づけを考へてみよう。

将軍伝が列伝全体の後半部の冒頭、すなはち一般に○○伝と称する各伝の最初に位置づけられることと、これは将軍伝が他の伝に比べて時代的に限定される、すなはち鎌倉期から足利期の初期までの範囲であることも考慮に入れなければならないが、列伝の中での重視傾向をみることはできよう。しかしながら、また一方では将軍伝以前のいはゆる諸臣伝には足利初期と同時代の人物も収められてゐるから（すなはち列伝構成上将軍伝の前に収録される）、個別にみると必ずしも将軍伝そのものを絶対的に重視したとはいへないかもしれない。

いづれにしても、諸臣伝、とりわけその後半部には南朝正統といふ根源的な意味合ひが含まれてゐるのであるから、これをふまへて将軍伝の位置づけを考へなければならないと思はれる。

第七章 『大日本史』列伝の構成（5）——孝子伝——

はじめに

孝子伝は列伝の第百四十九、巻二百二十二に収める一巻である。嘉永の木版本では孝子・義烈・列女の三伝を一冊（『大日本史』九十一）にまとめてゐる。冒頭の伝序に梗概を説明してゐるが、収録人物への具体的言及はみられない。以下、孝子伝について若干の考察を加へる。

一 孝子伝の構成

孝子伝はわづかに一巻構成であるが、木版本でみると次の二十四名が収録されてゐる。
倭果安《はたやす》・奈良許知麻呂《こちまろ》・美濃当耆郡樵夫・丈部路祖父麻呂・安頭麻呂・乙麻呂・丈部知積・君子尺麻呂・綱引金村・小谷五百依・建部大垣・矢田部黒麻呂・伴家主・風早富麻呂・財部継麻呂・丸部明麻呂・秦豊永・丹生弘吉・下毛野公助・僧某・曽我祐成・時致・中原章兼・章信
曽我祐成・時致と中原章兼・章信の兄弟の伝を除けば短い伝であるが、とりわけ大半は数行（木版本）

の短文でしかない。そのためか安積澹泊の論賛では倭果安・奈良許知麻呂から秦豊永までを一括して言及してゐる。その後の収録人物には評価を加へてゐるが、論賛には藤原邦光（日野資朝の子阿新）がみえ、中原章兼はふれられてゐない。邦光は列伝九十の藤原資朝の附伝として収められてゐるから、澹泊以後に改訂された結果であらう。また、章兼は病となり仇討ちに参加できなかつたから省略されたのであらう。

二　孝子伝の叙述（1）

典拠からみると、倭果安・奈良許知麻呂から丸部明麻呂までは『続日本紀』、秦豊永と丹生弘吉が『三代実録』、下毛野公助と僧某が『古今著聞集』『古事談』『十訓抄』、曽我祐成と時致が『東鑑』と『曽我物語』、中原章兼と章信が『太平記』（異本）である。その他若干の補助資料もあるが、主要は以上の通りとなる。特に『続日本紀』に拠つた伝では美濃当耆郡樵夫に注目しなければならない。それは「美濃当耆郡樵夫」といふ名が個人名ではないからである。まづは全文を掲げてみよう。

美濃当耆郡の樵夫は父に事へて至孝なり。家貧にして財なく、薪を鬻《かし》ぎて自ら供す。其の父、酒を嗜む。樵夫常に瓠を提げて市を過ぎ、酒を賖りて以て進む。一日、山に採樵し、石を践みて、誤り仆れしが、傍に酒気あるを覚え、心に之を怪しみ、左右を回顧したるに、石間に水湧き、其の色酒に似たり。試みに之を嘗むるに、則ち馨烈にして甘美なり。樵夫大に喜び、汲みて父に供す。

霊亀三年九月、元正帝、美濃に幸したまひ、車駕当耆郡に過り、醴泉を観て、以て孝感の致す所と為し、泉を名けて養老瀑と為し、因りて養老と改元し、樵夫に官を授く。家富饒に至る。

末尾には「按ずるに続日本紀養老元年の詔文に、盛に醴泉疾を癒すの功を称したれども、孝感の事なし。今、十訓鈔・古今著聞集に従ふ」と割注してゐる。『続日本紀』霊亀三年九月の条に「丁未、天皇行幸美濃国」、十一月癸丑の条には詔がみえてゐるから、樵夫伝がこれに拠つたことは明かである。『十訓抄』第六と『古今著聞集』巻八にみえるところはほとんど同文であるが、これはともに『続日本紀』を典拠とし、しかも両書の成立年代差（前者が建長四年で後者が建長六年）はわづかであるからお互いが影響し合つたことによるとも考へられよう。

孝子伝にはもうひとつ個人名ではない伝が収められてゐる。それが「僧某」伝である。前に掲げた伝も個人名ではないが、ここは「某」といふのであるから名としてはさらに成立しないといはざるを得まい。しかし、それでも収録されたところに留意しよう。全文は次の通りである。

僧某、名字を詳にせず。母に事へて至孝にして、而も、家甚だ貧窶なり。其の母、生魚を嗜み、無ければ則ち、箸を下すこと能はざれば、僧、常に買ひて之を羞《すす》めたりしが、時に、白河上皇、屠《と》殺《さつ》を厳禁して、魚を得ること能はざれば、母、頗る食を絶ち、疲憊《ひはい》して幾《ほとん》ど死なんとするを、僧、悲惋《ひわん》に絶えず、自ら桂河に往きて、二小魚を捕へ得たるに、巡吏、之を執《とら》へ、魚を併せて官に送りければ、法司、鞠問《きくもん》するに、僧、涙を抆ひて曰く、法の禁ずる所、誰か遵守せざらんや。況や、身、釈門に在りて戒律を破る、罪、逃るべからず。但《ただ》我が母、老いて且つ病み、肉に非ざれば食はず。今、此の魚を放つと雖も、復《また》生くべからず。幸に母の所に饋《おく》り、一たび箸を下せるを聞きなば、則ち刑に就くと雖も、憾《うら》むる所に非ざるなりと。辞気懇切なりければ、吏卒《りそつ》、感泣せり。上皇、之を聞きて、金帛《きんぱく》を賜ひ、赦《ゆる》して還らしめたり。

ここの典拠は『古今著聞集』と『十訓抄』であるが、『沙石集』にもみえ、さらに白河上皇の殺生禁断のことは『百練抄』にも記されてゐる。したがつて、容易に知られる逸話とはならうが、姓名が明らかではないにもかかはらず立伝されたのである。姓名が不明といふことでは前述の「美濃当耆郡樵夫」伝と同じであるが、これを史臣はどのやうに考へたのであらうか。このことを探る参考は「僧某」伝の直前に収録されてゐる「下毛野公助」伝である。本文は次のやうな短いものである。

下毛野公助。父武則は摂政兼家の随身なり。嘗て父に従ひて右近馬場に賭射《のりゆみ》して勝たず。武則怒りて之を撻ちしに、公助、伏して之を受く。人曰く、何ぞ逃げざると。公助曰く、父老いて足弱し。我を追ひて疾く走りなば、則ち懼らくは顚躓を致さんことを、若し損傷あらば、是れ吾が罪を重ぬるなり。是を以て受けて逃げざるなりと。聞くもの感嘆す。

末尾に典拠として『古今著聞集』と『古事談』を掲げてゐるが、注目すべきは「下毛野公助」の後に「公助の姓は、今昔物語に拠る」と注記してゐることである。そこで『今昔物語』によると巻第十九の「下野助、為父敦行被打不逃語第廾六」といふ条に「下野ノ公助ト云フ舎人」とみえる。話の筋は同様であり付加すべきものはないが、「下野」の姓が確認でき、伝はこれを採用したのである。ただ、ここには父を敦行とするが、『古事談』や『古今著聞集』そして『十訓抄』には武則とあり、伝は武則を採用してゐる。三著いづれにも「公助」の姓は記されてゐないが、とりわけ典拠とした二著には姓がみえないために他の史料を求めて姓を補つたといふことになるのである。さうとすれば、「美濃当者郡樵夫」と「僧某」の場合にも他に史料を探つたことが想定されてよいけれども探索できなかつたために、このやうな表記になつたものと考へざるを得ない。

ところで、『古今著聞集』も『十訓抄』も収録順はともに「美濃当者郡樵夫」・「僧某」・「下毛野公助」であるが、孝子伝の収録順がさうならなかつたのは年代を重視したからであらうし、前の二伝が父、後の一伝が母への孝養を尽くした孝子であることにも編纂上の配慮をみるべきであらう。

なほ、『古今著聞集』巻第八には他にも孝行恩愛の逸話を載せてゐるが、この三話がもつとも詳細であり、さらに関連史料を探ることができたからであらう。

三　孝子伝の叙述（2）

孝子伝末の二伝は「曽我祐成・時致」と「中原章兼・章信」であるが、いづれもこれまでとは異なつて仇討ちに関はる人物となる。中でも「曽我祐成・時致」は破格の扱ひであつて叙述量は極めて多く、最後に収める「中原章兼・章信」の四倍近くある。伝はほとんどが『曽我物語』と『東鑑』に拠つてをり、兄弟の仇討ちに至る経緯を叙述してゐる。特に注目すべきは伝末に祐成（兄の曽我十郎）の妾虎についての記述がみえることである。伝の内容からすれば列女伝に入れることも可能ではなかつたかとさへ思はれるのであるが、以下この記述を検討しよう。

①祐成、妾あり。名は虎、大磯の倡なり。

②祐成、屢々大磯に遊び、虎を見て之を悦び、虎も亦相愛す。諸豪、競ひて慇懃を通ぜんと欲すれども、皆顧みず。会々和田義盛来りて其の家に飲み、虎を召して酒を佐けしめんとす。出でず。義盛怒りて之を罪せんと欲す。其の母懼れて之を促したれども、虎肯かずして曰く、曽我は寒士なり、和田は豪貴なり。妾豈に貧富を以て其の心を易ふるに忍びんやと。時に祐成、虎の許に在りしかば、義盛、祐成に虎と同じく出でて飲まんことを請ひ、酒行るに及べども、終に義盛と相酬酢せず、盃を引き、飲みて祐成に属す。

③祐成の讐を報いて闘死するに及び、頼朝虎を召して状を問ふ。既にして免されて帰り、哀慕悲泣して、箱根山に登り、僧行実に請ひて祐成の冥福を修し、諷誦文を作りて之を悼み、祐成の騎る所の馬を以て嚫と為し、遂に尼と為りて、信濃の善光寺に如く。時に年十九。

④後、大磯に帰りて、高麗寺に住したりと云ふ。

各段は典拠の箇所で区切つてゐるが、①は『東鑑』、②は『曽我物語』、③は『東鑑』、④は『曽我物語』である。①は『曽我物語』でも確認できるが、②はかなりの関係記述が『曽我物語』にはみられる。日本古典文学大系本によれば巻第六や十一が該当するが細部は必ずしも一致しないやうである。たとへば、虎の言である「曽我は寒士なり、和田は豪貴なり。云々」の根拠が確認できないことである。大系本は彰考館本によつても校訂されてゐるが、さらに大きな相違があつたといふことなのであらうか。いづれにしても②の前半部と③④については問題がない。

四　孝子伝の叙述（3）

孝子伝の末尾に収めるのは「中原章兼・章信」であるが、以下この伝を便宜三段（①②③）に分けて検討しよう。典拠は「島津家本」と「今川家本太平記」であるが、伝は次のやうな記述から始まる。まづ第一段である。

①中原章兼・章信は父を章房と曰ひ、後宇多・後伏見・後二条・花園の四帝に歴仕して、大判事と為る。後醍醐帝、章房の法律に暗練するを以て、引きて庶務に参せしめ、甚だ寵待せらる。帝の将に北条高時を討たんとしたまふや、事泄れて、謀に預かりたる諸臣尽く遷殺に遭ひしかば、帝益々怒りたまひて、将に遂に兵を挙げんとし、密に章房を召して之を謀る。章房諫めて曰く、前日の事、人心洶々、武臣は益々倔彊にして、朝廷は微力なり。恐らくは之に克つこと能はざらん。廟算一たび跌かば、事将に測るべからざる者有らんとす。願くは之を熟慮したまへと。帝、語の泄れんことを恐れて、陰に平成輔に命じて之を図らしむ。

この箇所は通常の『太平記』にはみえてゐないが、幸いに『参考太平記』（以下、参考本と称す）に引用されてゐる。該当の箇所は次の通りであるが、参考本第一では「爰ニ退テ仔細ヲ粗尋ヌルニ」とあるやうに章房暗殺の事件を述べた後にその原因を探つたところであり、末尾の部分となる。

此章房ハ無二ノ拝趨年積リ、恐ハ匡弼ノ器タリシカハ、恩寵モ浅カラサリシニ附テ、是ソ叡旨ヲモ重クシ、公儀ヲモ背マシキ者ト思召レテ、年来ノ叡念ヲ、或時一端顕ハサレテ、関東征伐ノ事ヲ仰出サレケルニ、章房身ヲ顧ス、義ヲ貽サス、畏テ申上ケルハ、先度ノ余殃ニ依テ、人イマタ安危ヲ定メス候、是ニ依テ武臣弥猛威ヲ振ヒ候処ニ、朝廷ノ微力ヲ以テ、関東ノ強敵ヲ服セラレン事ハ如何ト存、若叡策異違アラハ、朝儀重テ塗炭ニ堕候ナン、能々御思案有ヘクヤ候ラント、真実ノ諫言ヲ奉リケリ、

そして、このやうな重大事を聞き入れない臣下から、さうではないと思ふけれども事が漏れることを恐れて近臣の成輔に謀つたことを叙述する。

叡慮ニ一味シ奉ラサリシ事ヲ、深ク怖レサセ給ヒテ、近臣成輔朝臣ニ仰談セラレシカハ、彼名誉ノ悪党ニ、縁ヲ捜リ禄ヲ与ヘテ、竊ニ此章房ヲ窺ハセケレハニヤ、果シテ此事ヲ達セリ、

これをみれば、伝が参考本に引くところに忠実であることが知られる。ただ、参考本には引用の最後に「サレハ彼カ横死モ、天下大変ノ端トシテ、朝儀ヨリ出ケルト、後ニコソ粗聞ヘケレ、云々」とあり、これに拠る記述が伝にはみえてゐない。

次に第二段をみよう。

②時に瀬尾兵衛太郎及び弟卿房といふ者有り。雲居寺の傍に居て、倶に俠を以て聞ゆ。成輔之に啗はすに貨を以てし、章房を刺さんことを嘱す。二人諾す。会々章房、清水寺に詣でしかば、兵衛太郎装ひて行旅の為して、其の西門を出でて遥かに男山を拝して俯伏するを伺ひ、乃ち刀を抜き脰《とう》を断ちて、磴を下りて走る。迅きこと飛ぶが如くなりしかば、従者章房の刀を取りて之を追ひたれども及ばざりき。

章房暗殺の場面であるが、該当箇所は次の通りである。

元徳二年四月朔日ノ事ソカシ、中原章房、清水寺ニ参詣シテ下向セシニ、西ノ大門ニテ八幡ヲ伏拝ケル時、折節小雨打灑ケルニ、蓑笠ニハハキシタル者一人、後ヲ過ルト見ヘシ、此旅人太刀ヲ抜、アヤマタス章房カ首ヲ打落シテ、太刀ヲ小脇ニ挟テ、坂ヲ下リニ逃ケレハ、下人四五人有ケルカ、アレヤト云テ声ヲ揚、主ノ持セタル太刀ヲ抜テ遂ケレトモ、イツチヘカ行ケン、後影タニ見ヘサリケリ、

続いて第三段である。

③章兼・章信之を聞き、奔りて父の死処に至り、尸を舁《か》きて還り、日夜復讐を謀りたれども、誰の為なるかを知らず。多方蹤跡して、始めて兵衛太郎の所為なるを知る。会々章兼疾みしかば、章信乃ち甲を衷て、小車に駕り、宮奴・私僮四十余人を率ゐて咸甲はしめ、黎明、兵衛太郎の宅を

囲み、発掘捜索すれども獲る所なし。章信悵然として将に還らんとせしに、従者適々屋を仰ぎ、衣裾の微に露れたるを見て、眉尖刀を以て、承塵を抉りしかば、兵衛太郎免れざるを知り、刀を抜きて将に下らんとせしが、従者既に其の股を斫りて堕す。兵衛太郎起つこと能はざれども、尚能く左右に刀を盤へば、従者後より刺して之を殺す。章信遂に其の屋を毀ち、其の弟卿房を縛し、其の首を車前に置きて還りしかば、道路観るもの皆快と称す。

ここは仇討ちの場面であるが、該当の記述は長文に及んでゐるから一部を省略して掲げてみよう。

去ナカラ検断顕職ニ居スル身ニシモ、懸ル不慮ノ恥辱ト云ツヘシトテ、子息章兼章信等、嫌疑ヲ広ク糾明シ、仇敵ヲ遠ク捜索スルニ、如何ナル仔細ニカ聞出シケン、東山雲居寺ノ南門ノ東、南頬ノ岸ノ上ニ、一字ノ屋アリ、瀬尾兵衛太郎并同卿房ト号スル者ナリ、名誉ノ悪党隠ナキ輩ナリ、然ルニ彼等カ殺害、実犯疑ナシト聞定ケレハ、嫡子章兼ハ折節病床ニ臥テ行向ハス、舎弟章信、庁ノ下部十四五人、郎従下人三十餘人ニハ具足セサセ引率ス、

そして捜索したが見つからなかつたので断念しようとした。ところが「此上ハ力ナク帰ントスル処ニ、心疾者走返テ、薦天井構タルヲ見アケタルニ、人ノ衣装ノツマスコシ見ヘケレハ、サレハコソト心附テ、先長刀ニテ、薦天井ヲハネ破ルニ、人コソ隠レ居タリケレ」といふ状況であつた。

既ニ見附ラレヌト思ヒテ、太刀ヲ抜テ、男一人踊リ下ントシケル処ヲ、先下シモタテス、長刀ニテ下ヨリ股脇ヲ刺ス、刺レナカラ飛下ケルヲ、各寄セ合テ是ヲ搦ントシケレトモ、名誉ノ悪党ノ

手キキナレハ、既ニ手負テ足タタネトモ、四方ヲ散々ニ切払テ、寄附ヘクモ見ヘサリケルヲ、章信カ郎従一人、後ヨリ太刀ヲ取直シ、小脇ヲ刺ス、刺レテヒルム所ヲ、庁ノ下部ニ彦武ト云太刀、走懸リ組伏テケリ、此男始ノ勇勢ニモ似ス、事ノ外ニ弱リテケレハ、聴テ圧ヘテ首ヲ取、即其家内ヲ追捕シ、其屋ヲ刎壊セテ、章信ハ車ノ簾高ク巻上、適ノ首ヲ前ニ置テ返リケレハ、京白河ノ貴賤男女、誉ヌ人コソ無リケレ、

この文面を比べてみると、容易に伝がこの箇所に拠つて書かれたことが判明しよう。しかも、この箇所のみに拠る忠実な立伝であることが知られるのである。

五　藤原邦光について

藤原邦光といふのは日野資朝の子阿新《くまわか》のことである。孝子伝（木版本）には収録されてゐないが、安積澹泊の論賛には曽我兄弟や中原兄弟とともに仇討ちを為し、その「義気、宇宙に薄り、孝烈、古今に亙る」とし、さらに「而して邦光は孤稚羸《るい》弱にして、其の事最も難し。長じて南朝に仕宦して乃父の緒を墜さざりしは、益々尚ぶ可し。」とみえてゐるのである。したがつて、澹泊の時代には邦光伝が孝子伝に収められてゐたわけである。それが最終的には列伝第九十の藤原資朝伝の附伝として収められたのであるが、これは改訂の方針に拠つたものと考へられる。邦光は資朝の子息であるから当然の処置とも言へるのである（類似の例は多々みられる）。

以下、邦光伝の大要を平泉澄博士の『父祖の足跡』によつて窺ふこととしよう。平泉博士は俊基朝臣の東下りにふれられた後に、

此の形勢を察して、資朝の次男阿新丸、ひそかに佐渡にわたる。年は十三歳。父には五つの年に別れたきりで、母の手一つで育てられた。やうやく佐渡へわたつて守護本間山城入道に頼む。山城入道も同情はするが、北条を憚つて対面を許さず、そのうちに資朝を斬つて了つた。阿新丸、父の遺骨を手にして嘆きに堪へず、之を家来にもたせて高野山へ納めさせ、自分はあとに残つて、入道父子を狙ふ。ある夜、風雨の烈しいのにまぎれて忍び込み、入道の子三郎を刺す。邸内大騒ぎして犯人を捜索する。阿新丸は堀を飛び越えようとするが、幅二丈、深さ一丈、越ゆべき手段も無い。見ると傍に竹がある。その竹によじのぼれば、竹は靡いて、向岸へ倒れた。之を伝はつて外へ出る。昼は藪にかくれ、夜はあるいて、港へ向ふ。年老いたる山伏一人現れて之を保護し、首尾よく都へかへる。後に中納言邦光といふのは、此の阿新丸の事である。

と述べられてゐるが、この記述はほぼ邦光伝に沿つたものである。『太平記』では関連の条が巻二にみえてゐる。重複するけれども、参考本によつて状況を確認してみよう。

路遠ケレトモ、騎ヘキ馬モ無ケレハ、ハキモ習ハヌ草鞋ニ、菅ノ小笠ヲ傾テ、露分ワフル越路ノ旅、思ヒヤルコソ哀ナレ、

敦賀から商船に乗つて佐渡へ渡り、本間館に至れば中門に立つ僧に用件を問はれたのでその理由を

語つた。

此僧心有ケル人ナリケレハ、急此由ヲ本間ニ語ニ、本間モ岩木ナラネハ、サスカ哀ニヤ思ヒケン、

新阿は持仏堂で準備を整へて早く遭いたいとしてゐたが、「今日明日斬ルへキ人ニ、是ヲ見セテハ中々ヨミチノ障トモ成ヌヘシ、又関東ノ聞ヘモ如何有ンスラントテ、父子ノ対面ヲ許サ」れなかつた。

その後、新阿の様子を叙述し、その姿に同情を寄せた。

五月二十九日ノ暮程ニ、資朝卿ヲ牢ヨリ出シ奉リテ、遥ニ御湯モ召レ候ハヌニ、御行水候ヘト申セハ、早斬ルへキ時ニ成ケリト思ヒ給ヒテ、嗚呼ウタテシキ事カナ、

以下は、山城入道の息子を襲ふ場面である。

或夜雨風烈シク吹テ、番スル郎等共モ皆遠侍ニ臥タリケレハ、今コソ待処ノ幸ヨト思ヒテ、本間カ寝殿ノ方ヲ、忍テ窺ニ、本間カ運ヤツヨカリケン、今夜ハ常ノ寝処ヲ替テ、何クニ有トモ見ヘス、又二間ナル処ニ、燈ノ影ノ見ヘケルヲ、是ハ若本間入道カ子息ニテヤ有ラン、ソレナリトモ討テ、恨ヲ散セントト、ヌケ入テ是ヲ見ルニ、ソレサヘ爰ニハ無シテ中納言殿ヲ斬奉リシ、本間三郎ト云フ者ソ、只一人臥タリケル、

そこで、本間の子息を襲ふことになるのであるが、「主ハイタク寝入」つてゐたので「寝タル者ヲ殺スハ、死人に同シケレハ」枕を蹴つて驚いた処を「一ノ太刀ニ臍ノ上ヲ畳マテヅット鑓洞《つきとほ》シ、反ス太刀ニ喉フエ刺切テ、心閑ニ後ノ竹原ノ中ヘソカクレ」たのである。その後、やうやく湊にたどり着き、

山伏の手を借り、出航することができた。参考本には西源院本の同箇所が長きにわたつて引用されてゐる。

このやうにみてくれば、確かに邦光伝が資朝伝の附伝として収められたのにはそれなりの理由を見出すことができるのである。

むすび

孝子伝はわづかに一巻ではあるが、六国史に拠つた伝はともかくもそれ以後においては関連文献と史料の探索に苦心したことは容易に推察される。それは正徳五年八月二十三日付安積宛書案に、

孝子伝上代なとも多く無之、中古尚更払底、三代実録より曽我兄弟へ移り申候、是にて打留り申候ハ何ともさひしく候よし御尤ニ存候、此方太平記時代払底、二人ならては見へ不申、随分此方ニ而も心懸り申候得共一円捜索之際見へ不申候、……（『茨城県史料』近世思想編、二九三頁）

とみえるからである。このやうな状況のなかで孝子伝が成立し、その趣旨を後世に伝へることとなつたのである。

第八章 『大日本史』列伝の構成（6）――義烈伝――

はじめに

義烈伝は列伝の第百五十、巻二百二十三に収める一巻である。巻頭に序が付されてをり、伝の梗概を説明してゐるが、そこでは「志士は溝壑に在るを忘れず、勇士は其の元を喪ふを忘れず」と引いて忠臣義士の有り様を説き、我が国の風紀に及んで「風気剛勁にして、敦く廉恥を尚ぶ」とし、「難に臨みて苟も免れず、死を視ること帰るが如きは世々人に乏しからず」とする。さらに具体的に越後能景や大河兼任をあげ、「訓と為すべからずと雖も、疾風勁草、事ふる所に忠なるは、則ち取るべき有り」とし、末尾には「夫の壬申の忠臣、承久の群臣、元弘・建武の忠烈の若きは、各々其の事を以て本伝に著し、下、北条高時の将士に至るまで、勇を賈ひ、義を踏み、而して其の主に負かざりし者は、亦各々類を以て相従ふ」と述べてゐる。この末尾の部分は元来の序（論賛に付されてゐる序）にはみえてをらず、論賛の本文末尾にみえる一文である。嘉永の木版本によつて論賛の一文を序の末尾に移したことが確認できるのである。叙述内容からして、十分に納得できる措置といふことができよう。

一　義烈伝の構成

義烈伝の構成はわづかに一巻であるが、収録人物は凡そ次の十三名となる。

調伊企儺《つきのいきな》・杵淵重光・藤原忠光・文三家安・源仲頼・越後能景・大河兼任・平康盛・関信兼・平田家継・左中太常澄・村上義光・義隆

このうち関信兼と平田家継は一伝にまとめて記述され、義隆は義光伝の中での付随叙述となつてゐる。全体でも木版本十四丁に収まる程度の分量であるが、伝本文の叙述をみると木版本と完成本は全く同じであるから、収録人物も同一となる。ところが、安積澹泊の論賛には冒頭の部分に次のやうな叙述がみられるのである。

賛に曰く、難波日香蚊《ひかか》は、父子三人、大草香皇子の難に死す。烈丈夫と謂ふ可し。雄略帝、市辺押磐・境黒彦の二皇子を殺すに、其の臣佐伯部売輪・坂合部贄は、各々其の屍を抱き、号哭して去るに忍びず。或は殺され、或は焚死す。其の節、日香蚊に亜ぐ。附して二皇子伝に在り、故に此に列せず。真根子は、武内宿禰に代りて死し、卒に冤を雪ぐを得たるは、難しと謂ふ可し。

これだけでは分りにくいと思はれるので、他の記述によつて解説を試みよう。「大草香皇子の難」は同王子伝によれば、安康天皇が大泊瀬皇子（後の雄略天皇）のために大草香皇子の皇女を妻に迎へようとし、根使主を遣はしたことから始まる。大草香皇子は快諾したが、根使主は偽つて承諾しなかつた旨を奏上したところ、天皇は怒つて大草香皇子を殺してしまつたので、皇子の臣である難波日香蚊は子二人とともに殉死したことをいふ。『澹泊史論』収録の「答寒川辰清問」に眉輪王の弑逆にふれて「安康讒夫の言を信じ、大草香皇子を殺して、其の妻を虐取し后と為す。而して七歳の小児、能く讐を報ずるを意はざりき。帝又以て自ら取ること有り。独り王のみを罪すべからず」とみえてゐる。「市辺押磐・境黒彦の二皇子」についても伝が立てられてゐるが、市辺押磐皇子は大泊瀬皇子に狩に誘はれ、その折偽つて射殺されてしまつた。その屍を抱いて号哭したのが佐伯部売輪であり、売輪もまた殺されてしまつたといふのである。境黒彦皇子も大泊瀬皇子に攻められ、大臣葛城円の邸で焚死し、その屍を抱いてまた焚死したのが坂合部贄である。

ところが、論賛には臣下はそれぞれの皇子伝に附してゐるから「此に列せず」といふ。したがつて、義烈伝にはみえないのは当然のこととはなるが、次の真根子はどうみればよいのであらうか。実は義烈伝に真根子伝は立てられてゐないのである。論賛は真根子に続いて、「調伊企儺は」、「杵淵重光・文三家安・源仲頼は」と書き継いでいくのであるから、この書き方からみれば真根子伝は義烈伝にみえてゐてもよさそうなのである。さうすると、当初は立伝されてゐたと考へるべきなのであらうか。

真根子の事績に関しては、列伝第三十五の武内宿禰伝に次のやうな記載がみられるだけである。

時に真根子といふもの有り。武内に説きて曰く、大臣の赤心もて上を奉ずることは、天下の共に知れる所なり。願はくは潜行して闕に詣り、自ら罪無きを弁じ、而る後死するも未だ晩からざるなり。人言ふ、僕の貌は大臣に肖たりと。請ふ身を以て代らんと。即ち剣に伏して死す。

真根子は義烈伝に収める他の人物と同様に主のために身代はりとなつたのであるが、引用文の前には、宿禰が勅を奉じて筑紫を監察した折、譏言により謀叛の罪を蒙つた際に「吾弐心無く、忠を以て君に事ふ。今其れ何ぞ罪無くして死する」との記述がみえる。立伝されたとしても短いものであつたに相違ないが、宿禰伝は真根子の真骨頂を伝へてゐるといふことはできよう。

ところで、先に収録は凡そ十三名としたが、記述は実はさらに複雑なのである。まづ調伊企儺伝の後半は大伴部博麻伝といふ全くの別伝であり、越後能景伝は七行（木版本による）の短文にもかかはらず「津波田三郎も亦諫めて死せり」と加へてゐる。また関信兼・平田家継伝は二人をまとめて叙述してゐるが、末尾に四子ありとし、兼隆について述べてゐる。この伝はさらに兼隆の後に、簡略ではあるが平基度・平盛時・若菜五郎・掃部権助正重といふ別人にふれてその忠烈を述べてゐる。

後年のことではあるが、藤田幽谷の青山延于宛て書簡の一節にみえる、

調伊企儺の事、義烈伝中ニ書込ニ相成候時ハ、旧本之通にても宜候。此度は伝中開巻第一ニ相成候間、同しくハ何所人と申事、書入申度候。（貴重書解題・第十四巻書簡の部第三）

からすれば、幽谷の時代に調伊企儺が「開巻第一」すなはち義烈伝の第一に収められたといふのであるから、おそらく旧本とは構成が異なるのであらう。

二　義烈伝の叙述

義烈伝は一巻編成であるから各伝の分量も決して多くはないが、以下にはそれぞれの記述内容を要約して検討しよう。

調伊企儺は『姓氏録』と『日本書紀』によつて伝を構成してゐるが、欽明天皇の時新羅に副使として渡りその罪を問うた際捕へられて難に逢つた（死に至つた）。子は父の屍を抱いて死し、妻は「韓国《からくに》の城《き》の上《へ》に立ちておほばこは領巾《ひれ》ふらずも日本《やまと》へ向《む》きて」と悲歌を作つたので、皆これを憐れんだ。引用の歌は義烈伝中唯一のものであるが、書紀には二首がみえてゐる。

伊企儺の後半部分に同分量の記載で大伴部博麻伝がみえてゐる。斉明天皇の七年のこと、百済救済のために唐に渡つたが、囚はれ、仲間を救ふために自らが犠牲となり、在唐三十年に及んだ。持統天皇の四年、仲間は帰国し奏上することができた。朝廷はその功績を讃へ、絁・綿布・田等を贈つた。

杵淵重光伝は『源平盛衰記』『長門本平家物語』に拠り伝を構成してゐる。重光は源義仲の家臣であり、城長茂が義仲を攻めた時主君の富部家俊と共に戦つた。西七郎広助に斬られた主君の復讐のため敵兵三十七騎と立ち向かひ、十余人を倒したが、自らも創を負い馬上から刀を口に含み飛び降りて亡くなつた。

藤原忠光伝は『平家物語』『源平盛衰記』も典拠とするが、主に『東鑑』（『大日本史』の表記）に拠り、しかも忠実である。忠光は平宗盛の家臣であるが、宗盛滅亡の後、頼朝を狙つて鎌倉に潜入し、永福寺建立に際し役徒に混つたが捕へられた。「旧主の讐を報いんと欲したるのみ」と弁明し、「水穀を断つこと月餘」にして梟首となつた。

文三家安伝は『源平盛衰記』に拠る。石橋山の戦ひに頼朝から主君佐那田義忠（義忠は『東鑑』による。『盛衰記』には義貞とみえる）が先鋒を命じられ、その兵である家安はその折後事を託されたが、自らも殉ぜんとして命に従はなかつた。義忠が敵に陥り生死が不明となり、これを探索する間に敵から主の死を知らされたが、主に殉ずることを宣して八人を倒し戦死した。ただ『東鑑』とは若干の異同がみられるやうである。

源仲頼伝は『源平盛衰記』と『諸本平家物語』に拠る構成である。仲頼は蔵人源仲兼に仕へてゐたが、義仲が法住寺殿を攻めた時、これと戦ひ、敗れて河原坂までは逃げることができた。たまたま仲兼の馬が道に倒れてゐたので主も討たれたと思ひ「我彼と戦ひ死せん」とし、敵を倒し刃を交へて死んだ。

越後能景伝は『源平盛衰記』に拠る短い叙述である。義仲の家臣である能景は主が頼朝に敗れて閨房に入り別れを惜しんでゐる時、「敵已に迫る。何ぞ一女子に眷眷たらんや。吾将軍の恥辱を被るを見るに忍びざるなり」と諫めて自刃した。また同様の諫めを津波田三郎も行ひ、義仲は自らの罪を恥じた。

大河兼任伝は『東鑑』に拠る。兼任は藤原泰衡の将であるが、泰衡が滅んだ後「未だ主の讐を復せしものあるを聞かず。今、我始めて此の挙を為し、将に以て君臣の大義を申べんとするなり」として残兵を集めて戦い栗原寺に逃亡したが、村人が服装の華美なるを怪しみこれを討つた。蛇足ではあるが『近世史論集』の頭注には「藤原泰衡が頼朝に滅ぼされた後、余衆を集めて抗戦を続けたが、衣川で敗れて死す（吾妻鑑十）」とみえるが、伝の記述はこれより詳細忠実でより正確である。また、源頼朝伝下にかなりの分量（兼任伝の本文よりも叙述量が多い）を割いて兼任の争乱を叙述してゐるのはもとより頼朝側からのものではあるが、兼任の義烈と無関係ではあるまいし、さらに澹泊が「書大石家譜後」に主君の仇を討つことに関して、奥羽を乱したことは論ずるに足らないけれども「其の言は則ち未だ嘗て善ならずんばあらざるなり。君（注、赤穂事件の大石君のこと）変に治世に処して、其の経を失はず。声色を大にせずして、従容として義に就く。亦兼任が輩、蹩躄《へつへき》雄と為す者の能く其の風概を冀ふ所ならんや」と評してゐることも注目してよいであらう。

平康盛伝は『東鑑』に拠る。義経の女婿である源有綱の家臣である。主が頼朝によつて派遣された北条時定に敗れたため、鎌倉に至つて復讐を図つたが、梶原景時に捕へられた。その時姓名は問はれても答へずに、頼朝の面前で名乗り、志果たさずここに至ると述べ、腰越にて梟首となつた。

関信兼伝と平田家継伝は『平家物語』『源平盛衰記』『東鑑』『玉海』その他に拠るが記述は一体である。二人とも平氏の一族であり、源氏方と戦つて敗死した。その後、信兼の四子等がみえることはすでに述べた。

左中太常澄伝は『東鑑』に拠る。常澄は長狭常伴の家臣で頼朝に対抗し敗れたが、復讐のため頼朝に接近し捕へられた。復讐を堂々と告げたので、頼朝は梶原景時をして殺さしめようとしたが、鶴岡の土木担当により天野光家に変更した。常澄はそれを「事何ぞ前定めせずして、急遽此に至るや」と嘲り、遂に斬られた。

村上義光・義隆伝は『太平記』を主とした叙述であり、父子ともに護良親王を吉野に護つた忠烈を説き、論賛も「志、風霜より烈しく、誠、金石を貫く」と讃へてゐる。分量は関信兼・平田家継伝には及ばないが、この伝の末尾には先述のやうに別伝も含むから信兼・家継伝の本文のみと比べれば最大となり、それは義烈伝における重要視を物語るものといへよう。

ところで、義光伝に関して是非ともふれておかねばならないことがある。それは「西山随筆」儒学の項にみえる左の一条である。

司馬遷が史記を見るに、忠臣義士功名高き人の伝、くはしくこれを載す、然れは漢の紀信は高祖の身かはりに立て身を火に亡せり、当時紀信なかりせは高祖の命保がたからん、かほとの大忠臣を何そ列伝に特にのせざるや、或人紀信はたゞこの一事のミにて、其外事実しれさるゆへに特に伝をたてずといふ、大なる誤なるべし、一事とても天下無双の大忠節、誠に百戦百勝の功よりもすくれたり、如此の人ハ蕭曹張陳か伝とならへ立へきものなり、伝短とて省べからず、万世の教

を垂る史記、此一伝を欠こと残り多し、後の史晋書唐書の類にさのみ功名も無き短き伝とも多くあり、省にはしかし、

ここで義公は『史記』に紀信の伝がないことを批判したのであるが、それとともに列伝に収めるべき人物観が窺へる。恐らくは、これをふまへて義光伝を立てたといふことも可能ではあらう。事実、『大日本史』列伝にはわづかに一行程度の伝があり、また名が不明の伝さへもが立てられてゐるのである。

三　千任丸の取り扱ひ

次に千任《ちとう》丸について検討してみよう。糸口は『修史始末』享保五年の条にみえる、

五月、安積覚議して、千任丸を義烈伝より出し、武衡伝末に帯入す。

といふ記載である。これによれば、澹泊によつて千任丸は義烈伝から除外されたのであるから、それまでは義烈伝に収められてゐたことになる。そこで武衡伝を探らねばならないのであるが、あいにくと武衡伝は独立の伝として立てられてゐない。武衡は清原武則の子であるから、その付随としてみえるのみである。兄武貞の子家衡を助けて源義家と戦ひ敗れたことが武貞伝の後半にみえ、その中に家衡の兵である千任のことが叙述されてゐるのである。この点、『修史始末』にみえる通りである。

千任丸の義烈伝からの除外については往復書案（享保五年五月廿五日付の澹泊宛大井・小池書簡）でも確認できる。すなはち、

千任丸義烈伝ニ入可申詮無之と今度思召付、先年序論ニも御書加被成候へ共、義家武衡末へ帯入可然旨杢大夫へ被仰遣候処、杢大夫も兼々左様ニ存寄申候旨、別紙之通、及御答弥義烈ハ除去武衡伝へ帯入ニ成候筈ニ罷成候、此儀此方ニハ預り不申候事ニ御坐候へ共、両館一致之儀杢大夫多事申様も仕間敷ケ様之事も御坐候而、論賛御下見御手間入申候段奉察候様ニと思召候而被仰聞候由承知仕候、

（『茨城県史料』近世思想編、三五六頁）

とみえるからである。ただ序には何もみえてゐないが、これによれば元来は序にも関係の記述があったとすべきなのであらうか。杢大夫（神代）も賛成してゐるといふのだから、澹泊の独断ではなかったわけである。武衡伝といふのは、もともと独立した伝があったのか、それとも武則伝に付随する記述のことなのかは不明としなければならないが、いづれにしても千任丸の義烈に関する記述が武則伝末にみえてゐる。

それでは千任丸の義烈はいかなるものであったらうか。源義家が清原氏を沼柵に攻め、家衡（武則の孫）が捕へられた時のことである。以下には武則伝から引用しよう。

初め義家の柵を囲むや、家衡の兵千任楼に登りて義家を罵りて曰く、汝が父頼義、安倍貞任に困められる所と為り、名簿を故清将軍に奉りて救を請ひ、終に其の力に頼りて、賊を殲すことを獲たり。汝は我が家の臣僕なり。今恩を忘れ、本に背く。天譴焉ぞ逭れんと。義家大に怒る。千任の言を聞いた義家は、家衡に対して汝が千任をして言はしめたのであり、汝こそ恩を忘れ、妄

言をなしたのは誅罪に当たるとし斬に処した。千任については再び武則伝から引用しよう。

千任亦虜に就く。義家吏に命じて其の舌を断たしむ。吏手を以て之を探る。義家叱りて曰く、汝手を以て虎口に触るるかと。更に別人に命じて鉄箸を以てその歯を抉り、舌を抽きて之を断ち、樹枝に撃縛し、武衡の首を其の下に置きて、之を踏ましむ。千任脚を屈めて肯て踏まず。力殫きて、足遂に首に及べりと云ふ。

典拠は『後三年軍記』であるが、千任の忠烈を余すところなく述べてゐるといふべきであらう。

四　義烈伝の意義と問題点

義烈伝収録の人物は、末尾の村上義光・義隆を除けば必ずしも史上に知られた人物とはいひがたいと思はれる。ここで義烈伝の主要な十三名を確認してみると、初めの調伊企儺と最後の村上義光・義隆を除けば大きく頼朝と義仲に関係する人物に二分される。

義仲の味方……杵淵重光・越後能景

義仲の敵方……源仲頼

頼朝の味方……文三家安

頼朝の敵方……藤原忠光・大河兼任・平康盛・関信兼・平田家継・左中太常澄

これらは『源平盛衰記』『平家物語』『東鑑』を主として各伝が構成されてゐるが、頼朝に与する人物がわづかに一名といふ事実にも注目してよい。また、中世の初頭が義烈の探索に適してゐたといふことでもあらう。『大日本史』はいはゆる南北朝時代も含むから、この時代も探索の対象ではあつたらうが、結果は村上父子のみとなつた。それはこの時代には数多くの事例が存在するが、序にみえる通り元弘・建武の忠烈は本伝（諸臣伝）に収めたからである。したがつて、壬申や承久のそれも本伝であるから国史の中枢を成す人物はこの義烈伝には含まれてをらず、それが史上に知られた人物ではない理由なのであらう。しかし、本伝には収め得なかつた人物の忠烈を探つた結果であり、いはば人物の発掘といふことになる。そこに義烈伝の意義を認めることができるやうに思はれる。

ところで、千任丸の一件はどのやうに考へればよいのであらうか。澹泊の措置は果たして適切であつたのだらうか。義烈伝に収められた、とりわけ義仲と頼朝に関連する十名と比べて千任の忠烈が必ずしも劣つてゐるとはいひがたいのではなからうか。それは序に「事ふる所に忠なるは、則ち取るべきなり」と記したところであり、記載分量からみても短い伝を成すのに特別の支障はなかつたと考へざるをえないのである。さらにいへば、主要な人物である調伊企儺・越後能景・関信兼・平田家継の伝には付随する人物が記載されてゐることからみても独立の千任伝、もしくは付随する伝を立てることは十分に可能ではなかつたかと思はれる。

しひて武衡伝帯入の理由付けを探れば、千任の一件を武衡伝から省くとすると確かに武衡伝の構成に何らかの影響が出ることは認めなければならないとはいへよう。しかし、それが重要な問題なのかどうか、その辺の事情をどのやうに捉へるかによつて、人物の立伝や部分けが決定されたと考へてよいのであらうか。あるいは叛臣伝の場合にも窺へるやうに、事実さへ押さへておけば必ずしも部分けにこだはらないといふ側面があつたのであらうか。もしさうだとすると、水戸史学上からは澹泊の措置に対して不十分さを認めないわけにはいかない。

ところで、先に引いた序には「下、北条高時の将士に至るまで」と述べられてゐるが、実際には「高時の将士」が収められてゐるわけではない。序にわざわざふれたところからすれば当初は関係の伝が含まれてゐたのであらうか。それとも単なる文章のアヤなのか、あるいは序文が修正されなかつただけなのか、疑問が残る。

いづれにしても、このやうに義烈伝をみてくると、そこには『大日本史』の多様な性格の一端が窺はれるやうに思はれるのである。

第九章　『大日本史』列伝の構成（7）——列女伝——

はじめに

列女伝は列伝の第百五十一、巻二百二十四に収める一巻である。冒頭の伝序に梗概を説明してゐる。もとより、儒教的婦女観とはなるけれども、『易』の「中饋に在りて貞なれば吉」を引いて「女子の才を以て称せらるるものは、其れ殆ど徳の衰へたるか」とし、源頼朝の妻を例示し、楠正成の妻と瓜生保の母を称へてゐる。末尾に「孝女を先とし、節婦を次とし、母則を挙げ、才芸を表す」との順序立てを示したのは他の序にみられない特長といへよう。以下、列女伝について考察を加へる。

一　列女伝の構成

列女伝はわづかに一巻構成であるが、嘉永の木版本によると次の四十一名が収録されてゐる。

衣縫金継女・福依売・橘逸勢女・夜叉女・微妙・上毛野形名妻・田道妻・多治比島妻家原音那・大伴御行妻紀音那・四比信紗・高橋波自采女・額田部蘇提売・他田千世売・真玉主売・藤原豊成

妻藤原百能・難波部安良売・伴富成女・刑部刀自咩・秦部正月満妻・和迩部広刀自・早部氏成売・守部秀刀自・安倍則任妻・鎌田政家妻長田氏・源渡妻袈裟・源義高妻源氏・小宰相・静・佐介貞俊妻・和気広虫・源頼朝妻北条氏・北条時頼母安達氏・楠正成妻・瓜生保母・山名氏清妻藤原氏・小野小町・紫式部・清少納言・赤染右衛門・和泉式部・小式部内侍

これらのうち、鎌田政家妻長田氏までの二十四名の伝は極めて短く、その殆どが六国史に拠つてをり、また多治比島妻家原音那と大伴御行妻紀音那の記述は一体である。序の分類に従つてみると、孝女は衣縫金継女から微妙までの五名、節婦は上毛野形名妻から源頼朝妻北条政子までの二十六名、母則を挙げたのは北条時頼母松下禅尼から山名氏清妻藤原氏までの四名、才芸を表したものは小野小町から小式部内侍までの六名となる。この順序立てには列伝の特長が表れてゐるが、その最たるものは孝の重視といへよう。末尾の小式部内侍伝の後半部分は伊勢大輔伝であるから実際の収録は四十二名としてよいが、このやうな構成は列伝にはままみられる。

各伝の記述分量をみると、多寡が著しく、とりわけ六国史を出典とした伝は極めて少量である。もつとも分量が多いのは源頼朝妻北条政子伝であり、それに次ぐのが静伝となるが、その静伝でも政子伝の半分にすぎない。政子伝の立伝の経緯については先に言及してゐるが（拙著『現代水戸学論批判』第八章）、ここでは『修史始末』に「列女伝。旧源頼朝妻政子不載。是冬。安積覚献議。為立伝」（是冬は宝永元年の冬）とみえる通り、安積澹泊の役割が大きかつたことを指摘するに止めておかう。

ところで、澹泊の論賛に大伴御行妻紀音那・藤原豊成妻藤原百能・秦部正月満妻・佐介貞俊妻・和気広虫・山名氏清妻藤原氏・清少納言・赤染右衛門・和泉式部・小式部内侍の十名に対する言及がみえないのは澹泊以後に改訂されたからであらう。

二　列女伝の叙述（1）

六国史に拠つた短い伝はともかくも、それ以外の典拠に拠つた伝を収録順に検討してみよう。まづは夜叉女であるが、これは『平治物語』を典拠とする。伝は、源義朝の女であつて異母兄頼朝が捕へられると、自らも頭殿（義朝）の子であるから兄と同じく刑せられるには及ばないとして出奔しようとしたが、止められ後に水に赴き死したとき十二であつたと述べてゐる。『参考平治物語』（以下参考本と称す）によると「頼朝下著青墓事」と「頼朝被生捕附常盤落事」の条が該当する。前条には頼朝が青墓を訪ふ場面について、

サテハ此御姿ニテハ叶ヒ難ク候トテ、女ノ形ニ出立モ奉リ、持給ヘル太刀ヲハ菅ニ包テ我持テ、男ノ女ヲ具シタル体ニテ、青墓ヘコソ下リケレ、大炊カ許ヘ行給ヒ、頼朝ナリト宣ヘハ、延寿斜ナラヌ悦テ、夜叉御前ノ御方ニ入進ラセテ、様々ニモテナシ奉リケレトモ、東国ヘ御下リ有ヘシトテ、急キ出給フカ、髭切ヲハ大炊ニ預置テ下給フ、

と叙述するが、大炊は美濃国青墓の駅長、その女が延寿で夜叉の母、髭切は義家以来の重代の太刀の

とである。後条には、

其時延寿腹ノ姫君、兵衛佐ノ召捕レ給ヒテ都へ上ラレケレハ、我モ義朝ノ子ナレハ、女子ナリトモ終ニハヨモ助ラレシ、一人一人失ハレンヨリハ、佐殿ト同道ニコソ、セメテナラメトテ伏沈給ヒケルヲ、大炊延寿色々ニ慰メテ取留奉リケリ、其瀬過ケレハ、サリトモ思ヒ心ユルシケルニヤ、二月十一日夜、夜叉御前只一人青墓宿ヲ出、遙ニ隔リタル杭瀬河ニ身ヲ投テコソ失給へ、十一歳トソ聞ヘシ、武士ノ子ハナドカ幼キ女子モ猛カルラントテ、哀ヲ催サヌ者モナカリケリ、

とみえてゐる。夜叉伝は亡くなつた年齢を十二とするが、参考本は十一とし、諸本にも「御歳十一ニテ身ヲ投給フ」とみえることを注記してゐる。

続く微妙は『東鑑』に拠る伝である。微妙は京の人で鎌倉に寓してゐた。比企能員の家に宴を開いた時能員は微妙をして歌舞せしめ、将軍頼家に微妙の事情を問はしめた。舞女となつたのは譏により蝦夷に流された父を尋ねるためであり、そこで幕府に訴へる旨を語つた。頼家の母政子がその孝志に感じ、陸奥に探索させたところすでに父は亡くなつてゐた。それを知つた微妙は尼となつたが、これを政子が憐れみ居宅を授けて撫したといふのである。この記事は『東鑑』に忠実であり、建仁二年三月八日から八月十五日の記事によつてゐることが確認できる。

安倍則任妻は『陸奥話記』と『十訓抄』により、「今昔物語に貞任の妻と為せるは誤なり」と注記してゐる。

鎌田政家妻長田氏は『平治物語』に拠るが、参考本では「義朝野間下向并忠致心替事」の条にみえる左の記事が該当する。

鎌田カ妻女是ヲ聞（割注略）、討レシ所ニ尋行、我ハ女ノ身ナレトモ、全ク弐ハナキ物ヲ、如何恨敷思ヒ給ラン、親子中ト申セ共、我モ左コソ思ヒ侍レ、アカヌ中ニハ今日既ニ別レヌ、情ナキ親ニ添ナラハ、又モ憂目ヤ見スラン、同シ道ニ具シ給ヘトテ、須臾ハ泣居タリケルカ、夫ノ刀ヲ抜儘ニ、心モトニ指アテ、ウツフシ様ニ伏ケレハ、貫レテソ失ニケル、

三　列女伝の叙述（2）

鎌田政家妻長田氏の次に収めるのは源渡妻袈裟であるが、伝は『源平盛衰記』と『平家物語』に拠つてゐる。袈裟はよく知られた人物であり、伝は北条政子、静に次ぐ分量となつてゐる。

源義高妻源氏は頼朝の女である。伝は『東鑑』に拠るが、義仲の反に際して義高が誅された後、頼朝は外甥に嫁がしめようとしたが拒み、憂愁のうちに死んだ。この短い伝の中に母北条氏が頼朝を諫めたことを記述してゐることは注目してよいであらう。

小宰相は平通盛の妻である。平氏の西奔に従ひ、通盛が兵死するや慟哭し水に投じて死んだ。『源平盛衰記』と『平家物語』に拠つた短い伝となる。

次が静伝である。主な典拠は『東鑑』であり、分量は北条政子伝に次ぐ。事績は著名であるが、和

歌二首を引いてゐるのが注目される。

続いて佐介貞俊妻を収めるが、これは『太平記』に拠つた叙述である。貞俊は北条方ではあつたが、夫亡き後届けられた遺品の衣と刀を見て悲咽に堪えず和歌を書き記して自殺したといふ。伝は極めて短いがその和歌を引いてゐる。

次に収める和気広虫伝は典拠や年代からみても、また節婦の分類としても、続くのが北条政子伝であるから、ここに収めるのには奇異の感が否めない。政子伝は『東鑑』を主とするが、先にみた源義高妻源氏伝と同様に頼朝に対する戒めを記述してゐる。澹泊は「平政子」論をものし、館僚を説き伏せて立伝を成し遂げたのであるが、政治的役割以外では全面的に高く評価した記述とはいひがたいやうである。

北条時頼母安達氏はすなはち松下禅尼のことであるが、『徒然草』第一八四段から勤倹の逸話を引いてゐる。

続く楠正成妻と瓜生保母の二伝は『太平記』に拠るが、前者は巻第十六の「正成下向兵庫事」と「正成首送故郷事」、後者は巻第十八の「瓜生判官老母事」に忠実な記述である。

山名氏清妻藤原氏は『明徳記』を主とする記述である。夫に殉じたこともみえるが、二子を諫めたことによる評価である。

列女伝の末尾は「才芸」を以て知られる女性の伝記であるが、いはば女流歌人伝としての性格を窺ふことができる。本来の歌人伝は四巻であるが女流歌人はまつたく含まれてゐないからである。収める小野小町・紫式部・清少納言・赤染右衛門・和泉式部・小式部内侍（伊勢大輔を含む）の六（七）名はすべて歌人才女として知られるが、和泉式部・小式部内侍・伊勢大輔の三伝には和歌を引いてゐる。式部の「暗きより暗き道にぞいりぬべきはるかに照らせ山の端の月」、内侍の「大江山いくのの道の遠ければまだふみも見ず天の橋立」、大輔の「古の奈良の都の八重桜今日九重に匂ひぬるかな」が、それである。いづれも人口に膾炙する名歌といへようが、伝はそれぞれに「世以て精妙と為す」「此より才名大に著はる」「道長大に感賞す」との評を加へてゐる。

また、清紫と並び称されてゐる二人についての記述をみると、清少納言では「才学ありて紫式部と名を斉しくす」とし、有名な香炉峰の雪の逸話を記したのみであるが、紫式部では清少納言の二倍の記述分量であり、「上東門院の父道長、其の才色を悦びて之に私せんと欲せしが式部拒みて従はざりき」とし「人となり婉順淑嫕もして自ら長ずる所に矜らず。其の謹飭身を持するの大較は著す所の日記に見えたり」としてゐる。

このやうな記述は安積澹泊の義公の侍女である左近の局（村上吉子）の歌集『蝶夢集』に寄せた跋文（『年山紀聞』巻四収録）と通ずるものがある。それには冒頭に閨閤の才子として世には清少納言と紫式部を並び称するが、その実は式部が少納言に優つてゐるとし、さらにその理由にふれては徳を浮薄なものとせず、古くは才を称するのではなく徳を称してゐる、と論じてゐるからである。論賛には、このやうな式部優位がみえないが、清少納言への言及がないことは暗にそれを示したものといへるのかもしれない。

四　列女伝序と「貞婦伝序」の関係

「貞婦伝序」は『澹泊史論』のみに拠つて伝へられてゐるが、おそらくはその名称からして列伝の一つの序として書かれたものに相違ないであらう。そして、安積澹泊の惣吟味の際にも序として採用されなかつた文章であることが『澹泊史論』に収録されることになつた理由なのであらう。序では紫式部と清少納言を皇朝の才女として挙げてはゐるが、「閨閣之教」に益がないとし「婦徳之操」を害するとしてゐる。しかし、婦徳が衰へたのではないとして「州民伊平太之妻佐璵」の婦道を具体的に述べ称へてゐる。次いで忠孝と婦の夫への順従は天理の常であり、それが青史を輝かして綱常を振るひ倫理を正すのであつて、政府は彰考館の諸子をして伝を作らしめて標榜するのである。末尾には孟子や真西山を引いて綱常倫理の意義を述べてゐる。

列女伝序と比べると文章構成にはかなりの相違がみられるから、必ずしも列伝の序として執筆されたものとはいひがたいと思はれる。特に「州民伊平太之妻」の事績にふれてゐることは『大日本史』列伝の序としては適切とはいへないからである。それは『大日本史』がいはゆる南北合一までを記述対象としてをり、序の記述が現代（執筆者である澹泊の時代）に及ぶのは逸脱だからである。さうはいふものの、彰考館の諸子に伝を作らせたといふのであるから、伝そのものは列伝を念頭に置いてゐたであらうことは疑ひがない。

ところで、論賛の序には孔子の引用がみられ、「源頼朝の妻・瓜生保の母の若きは」とあるが、嘉永の木版本では『易』からの引用となり、頼朝の妻を分離し、「楠正成の妻・瓜生保の母」と新たに正成の妻を加へてゐる。「貞婦伝序」は木版本の序と比べても澹泊自らの女性観が色濃く表明されてゐるといふことができよう。

第十章 『大日本史』列伝の構成（8）――隠逸伝――

はじめに

隠逸伝は列伝の第百五十二、巻二百二十五に収める一巻である。序には、わが国の特性に及んで「異邦革命の世、或は二世に事ふるを恥ぢて、其の事を高尚にするものあり。史伝之を美とす。皇朝は神裔相承けて、万世易らず」とし、「隠逸の士も称するに足らざるに似たり」と述べつつも、知られざるものもあるからその高尚を記す、とする。以下、隠逸伝に関して若干の言及を試みることとしよう。

一 隠逸伝の構成

隠逸伝は一巻構成であり、嘉永の木版本によると、藤原高光・源成信・藤原重家・源顕基・藤原為業・佐藤義清・鴨長明の七名が収録されてゐる。このうち源成信と藤原重家は一体の伝であり、顕基伝には子資綱、為業伝には頼業と為隆が含まれてゐるところからすれば十名ともいひ得よう。全体に末尾の二名を除けば記述分量は短い。圧倒的に分量が多いのは佐藤義清、すなはち西行であるが、鴨長明がこれに次ぐ。また、序に「藤原藤房の諫行はれずして去りたるが如きは、象に所謂志則るべくして進退道に合へるものなり。事、本伝に在りて、茲に列せず」とみえるところからすれば、藤房も該当人物との位置付けだつたといふことにならう。

さて、収める人物のすべて（附伝としての資綱を除く）が出家して仏門に入つた遁世者であり、歌文を善くした者が多い。和歌を引いた伝は藤原高光と佐藤義清であり、歌文の業績を記してゐるのは佐藤義清と鴨長明である。出家の理由を検討しておかねばならないのは源顕基であらう。顕基は才人ではあるが、常々出家の志があり、帝（後一条天皇）の崩御に際して「古より忠臣は二君に事へず。吾復た朝に立つことを欲せず」とし、比叡山に登つて祝髪したといふのである。問題は「二君に事へず」であるが、それは序文にみえる立伝の意図からしても明らかであらう。論賛にもこれを評して「則ち異姓革命の謂にして、紹襲の世に施すべからず。其の義乖けり」とする。さらに解説して、

異日、結城朝光、此の語を引き、梶原景時の讒する所と為れるは、亦其の繆りを承くるなり。

と述べてゐる。ここにみえる一事は『吾妻鑑』によつて確認できるが、この言を景時が讒訴したのである。それを景時伝の論賛は「結城朝光を譖《しん》するに及び、竟に諸将の訟ふる所と為る」とし、景時父子の「身首、横分」した末路にふれて「讒夫の戒」とすべきことを叙してゐる。

叙述の上で注目しなければならないのは佐藤義清伝である。それは叙述量の多さもさながら前半部と後半部での人名の表記が異なつてゐる点を重視するからである。すなはち、前半部（記述量は三分の

二）の末尾には「其の夜遂に妻子を棄てて、嵯峨に往きて僧と為り、西行と名づけ、又円位と号す。時に年二十三」とみえるが、それ以前は義清と記述されてゐるのである。後半部（記述量は三分の二）は冒頭にこそ義清とみえるが、それ以後はすべて西行と記述されてゐるのである。列伝の叙述は基本的に人名は諱によるのであるから、義清伝は異例といふことができよう。隠逸伝の他の人物はすべて諱を基本としてゐることもその実例として挙げられるし、また諸臣伝に収める篠塚某伝が姓である篠塚で記述してゐるのは諱が不明のためであることもその証左といへよう。さらにいへば、列伝は僧侶伝を立ててゐないからでもある。

二　鴨長明伝の検討

次に、隠逸伝の例として末尾に収める鴨長明伝を取り上げてみよう。典拠の箇所で区切つて掲げると十四項目となる。

①鴨長明は菊大夫と称す。世々鴨社の氏人にして、祖季継、父長継は、皆禰宜と為る。
②長明管絃に通じ、和歌を善くす。
③応保中、従五位下に叙せらる。
④後鳥羽上皇召して、和歌所寄人と為せり。
⑤一時の和歌に名あるものに勅して、肥大・枯細・豔雅《えんが》三体の和歌を献ぜしめ、以て其の才を試み

しに、衆皆之を難しとす。唯々長明及び摂政良経・僧慈円等六人のみ勅を奉ぜり。
⑥長明嘗て奏請して、父祖を襲ぎて社司に補せられんとす。許されず。是より鞅々として楽まず。門を杜ぢ、交を息め、葵歌を作りて以て其の意を寓す。
⑦剃髪して僧と為り、名を蓮胤と改む。
⑧大原山に入る、時に年五十。
⑨建暦中、鎌倉に往くや、将軍源実朝素より其の名を聞き、数々延接せらる。
⑩幾もなく京師に還り、創意して室を作り、方一丈、高さ七尺に過ぎず、柱楹屋廂、皆鉤鎖を用ひて開闔に可ならしむ。或は意に適せざれば、移りて以て他に往くに、両車に載すべし。遂に日野の外山に入りてこれに居る。有る所は仏像及び書数軸、箏・琵琶、餘は貯蓄する所なく、山に登り、水に臨み、採擷《さいけつ》して自ら給し、方丈記を著ししが、其の耿介の気、其の中に概見したり。世之を伝誦す。
⑪後、上皇復た召して和歌所に入れんと欲したまひしが、長明和歌を上りて之を辞す。
⑫遺跡に石牀あり、世に方丈石と号す。初め藤原俊成、千載和歌集を撰進せしに、長明の歌を採ること僅かに一首のみなり。長明喜びて曰く、我は歌人の後に非ず、身亦才あるに非ず、而も勅撰集中に採録せらる。豈に至栄に非ずやと。或曰く、子の言甚だ理あり。他人は此の如くなること能はず。吾是の集を閲するに、庸流も多く収載せられ、多きものは十数首、少なきものも四五首

を下らず。吾以謂らく、子、内に平なること能はずと。初め子の言を信ぜざりしが、而も子、属言して措かざれば、今より後、子の実に之を喜べるを知る。心を存すること此の如くなれば、終に当に斯道に於て神助を得べきなりと。其の後、長明の声誉日に盛んにして、果して其の言の如し。

⑬新古今和歌集を撰ぶに当たり、一時和歌を進むるもの、多きは千百首に至りしが、撰人刪去するもの多し。長明は唯々十二首のみを進めたるも、而も皆取る所と為れりと云ふ。

⑭著す所、瑩玉集・無名鈔・発心集・文字鏁・四季物語・方丈記ありて、世に行はる。

このうち①と③は系図(「扶桑拾葉集作者系図」でも確認できる)によるところで特に問題はないが、『十訓鈔』に拠る記事が四箇所みられるので、これを確認しよう。②と⑥は、

和歌、管絃の道に、人に知られたりけり。社司を望みけるが、かなはざりければ、世を恨みで、出家してのち、同じくさきだちて、世を背きける人のもとへ、いひやりける、(新日本古典文学全集本による。以下同じ)

に拠り、④と⑪は、

そののち、もとのごとく和歌所の寄人にて候ふべき由を、後鳥羽院より仰せられければ、沈みにきいまさら和歌の浦波に寄せばや寄らむ海人の捨て舟と申して、ついに籠り居て、やみにけり。

に拠つてゐるから、その忠実な漢訳といふことができよう。

『無名鈔』に拠るのは⑤と⑫である。⑤は「春夏はふとくおほきに、秋冬はほそくからび、恋旅はえんにやさしくつかうまつれ」が「肥大・枯細・豔雅《えんが》三体の和歌を献ぜしめ」の根拠であり、「六人」は「殿下、大僧正御房、定家、家隆、寂蓮、予」で殿下は藤原良経、大僧正御房は慈円、予は長明を指す。和歌は各二首ずつ六首を提出したのであるが、『無名鈔』には愚詠として長明の六首がみえてゐる。⑫は冒頭の「遺跡に石牀あり、世に方丈石と号す」を除いて該当の箇所を確認することができる（梁瀬一雄編『校註鴨長明全集』収録本の（一二）千載集予一首入事）。ちなみに『千載集』入集の一首は、

思ひあまりうちぬる宵の幻も浪路を分けてゆき通ひけり

といふものである。

⑦と⑨は『東鑑』（吾妻鑑）であるが、建暦元年十月十三日の条に拠つてゐる。

⑧と⑩は『方丈記』であるが、特に問題はない。

⑬は『兼載雑談』であるが、『群書類従』本によれば「新古今撰せられし時、公卿諸太夫以下家集を五百首千首づつ出されしに、鴨長明はただ十二首出したりしに、其まま十二首ながら入しとなり」といふ条が根拠となる。

このやうにみれば、それぞれの典拠に忠実であることが判明するが、疑問とするのは伝に歿年が記されてゐないことである。これは一体何故であらうか。一般的にいへば、伝のすべてに歿年が記されてゐるわけではないから長明伝に歿年がみえなくとも怪しむには及ばないかもしれない。しかし、直

前の西行伝には歿年が記されてゐるのであるから記されてゐても不思議ではない。それでは水戸の史臣は歿年を探索できなかつたからなのであらうか。ところが、さうではないのである。先に編集が完了してゐる『扶桑拾葉集』の作者系図には、次のやうな記載が確認できるのである。

従五位下。応保元年十月十七日中宮御給。叙爵号菊大夫。建保四年六月八日卒。年六十四

したがつて、拾葉集系図の研究成果を取り入れれば歿年を記すことは可能であつたはずなのである。記されなかつたのには何か理由があつたのであらうか。もつとも今日では建保四年には六十二歳といふのが定説であるが、日にちについてはなほ異論があり、九日、十日といふ説がある（柳瀬氏は八日説から九日説に改められてゐる。『方丈記全注釈』による）。

三 「海上隠者」について

隠逸伝の検討にあたつては是非ともふれておかねばならない史料がある。それは安積澹泊の「海上隠者」といふ一文である。概要は以下の通りとなる。慶長十六年十月に神祖、すなはち徳川家康が河越での放鷹の際に新庄直頼に対して、海上邑に隠者がゐると聞く。汝の父は江口の戦ひに戦死したが、そのことを隠者に探れと命じた。そこで直頼は草庵の隠者を探し当てて座談し、江口の戦ひで死んだのはまさしく自分の父であると語ると隠者は驚嘆したが、つひに姓名は名乗らなかつた。その旨を報告すると神祖はこれを異としたといふのである。趣旨は以上であるが、そのあとに次のやうな文が付

されてゐる。

外史氏曰く、古の幽人高士、嘉遁して以て志を正うする者、皆故有り。或は二君に事ふるを恥て、其の禄を食はず。或は忠を君に尽し、反て以て不忠と為し、已むを得ずして、然して後に光を埋め采を鏟り、巌棲谷飲、以て其の身を終る。所謂世を遁れて悶無き者なり。若し其の身を潔くせんと欲して、大倫を乱るは、則ち亦貴ぶに足らざるのみ。国朝は皇統万世、絶て革命の事無し。烏ぞ二君に事ふるを恥る者あらんや。戦争の世に曁んで、州郡瓜裂、勝国の士、其の勇を賈り以て其の功を衒ひ、滔々皆是なり。亦烏ぞ王侯に事へずして、其の事を高尚にする者あらんや。海上隠者の若きは則ち此に異なる。京畿は敵国なり。宜しく身を容るるの地無かるべし。関東は僻遠なり。牧伯守令、一士を得て一夫を挙げ、以て隊伍を補はんと欲するの秋なり。居士の材武を以て、之を関東の諸将に售《う》れば、則ち釜鐘の禄、立どころに得べし。而して居士は之を為すを屑しとせず。去て東海の浜に処し、仏経を日課として、口を編畛に餬し終に其の姓名を言はず。之を古の幽人高士に擬するに、亦愧づる所無きなり。事実を考究するに、江口の戦ひは天文十八年に在り。其の春三好筑前守長慶、兵を摂州に起こし、新荘《ママ》駿河守直昌は細川右京大夫晴元に属して数戦功あり。夏、大に江口に戦ひ、晴元敗衂し、直昌奮撃して死す。宗党死する者十二人、蓋し居士闔を潰して脱去す。魏の文奮の流なり。近世読耕林子は遁史を著し、釈元政は隠逸伝を作るも、皆採摭の及ばざる所、余列祖成績を修るに因て、偶其の事を得、既に居士の棲遅考槃を歎じ、

又神祖の明幽微を燭するを欽ず。亦世を励まし鈍を磨かんと欲するなり。(『澹泊史論』収録)

「海上隠者」本文の二倍ほどの分量となるが、海上隠者の伝に付した澹泊の評論ともいふべきものであらう。末尾に「余烈祖成績を修るに因て、偶其の事を得」とみえるが、『烈祖成績』には放鷹のことのみがあつて隠者については記すところがない。それはともかく、この一文は『烈祖成績』執筆の余慶といへようが、隠逸伝序と相通ずるものが窺へる。それは、一般論としては二君に仕へないことが賞賛されるけれども、わが国は革命がなく万古不易であるから当てはまらず隠逸の士は必ずしも称するに足らない、といふ趣旨である。しかしながら士は一ならず、海上隠者などは同列に論ずることはできないといふ。『大日本史』隠逸伝が海上隠者を収録しないのは当然であるが、澹泊は『遁史』(林読耕斎の本朝遁史)や『隠逸伝』(元政の扶桑隠逸伝)に収録されてゐなかつたからこの一文を成したのだといふ。さうとすれば、海上隠者の事跡はこの一文によつて明らかになつたといふことができよう。

なほ、新庄直頼は常陸の麻生藩祖であり、徳川家康から三万三千石を与へられ麻生を居所とする外様の小大名として明治維新を迎へる(植田敏雄氏『常陸国麻生藩の研究』)。

四　藤原藤房伝について

最後に列伝第九十に収める藤原藤房伝について検討しよう。藤房はすでにふれたやうに序には収録しない理由がみえてゐるが、これから判断すれば隠逸伝相当の人物とも考へられるからである。論賛は

「象に所謂志則るべくして進退道に合へるものなり」とするが、これは王侯に仕へないといふ志は模範とするに足りるとの評価である。それでは藤房はいかなる人物であつたのか。伝は前半に権大納言宣房の長子で官職を叙し正三位とした後、元弘元年以降の状況にふれてゐる。後醍醐天皇を奉じて笠置に至つたが、やがて六波羅南方に御せざるをえなかつた。一時、藤房は天皇に侍すことを許されたが常陸に流罪となつた。幕府が倒れると、都に帰り恩賞等の処理等新政に尽力したが、必ずしも順調には進まず病と称して出仕しなかつた。そこで、天皇は民部卿光経を代はりとした。初政は天下無事であつたが、段々矛盾が生じたことを叙述する。

後半は建武元年以降の状況である。出雲守塩冶高貞が千里の馬を献上したが、それを天馬と称して悦ばれ、諸臣は之を賀した。ところが、藤房はこれを諫め、さらにしばしば上言したが聴許されなかつた。そこで、藤房は臣たるの道を尽くしたとして北山に入つて僧となつた。天皇は父宣房をして探索させたが、すでに去つたあとだつた。そして、伝末には「足利尊氏の反くに及び、勅して人をして天馬に乗りて、新田義貞を尾張より召さしむ。半道にして斃れ、果たして藤房の言の如し」と述べてゐる。後半部のほとんどは諫めの言であり、末尾の割注を除けば伝全体の半分近くが諫言が占める叙述となる。これらの叙述は『太平記』巻十三に拠つてゐるが、藤房の史上の役割を叙して余りあるものといへよう。

このやうな伝の叙述をみると、他の伝とは事情が異なつてゐることは明かであらう。確かに僧となつたことは共通するけれども、諌言のための隠遁といふ点では大きな相違がみられるからである。当初は隠逸を広く解釈したのかもしれないが、最終的に隠逸伝から除外され平伝に収められたことは当を得た改訂であつたといふことができよう。

をはりに

井上敏幸氏は「隠逸伝の盛行――十七世紀の文学思潮――」といふ講演において、

> また、光圀の『大日本史』では、隠逸伝は実は六名に限られております。六名ということで掲出されてはいますが、内容的には、実質九名となっております。この九名について安積澹泊は、その論纂《ママ》書の『大日本史賛藪』の中で、人間が天賦のものに従って生を尽くすことなく、世間を離れて自ら高しとすることを否定し、また万世変わらざる日本において隠逸の士は称するに足らないものだと非常に厳しく論断しております。（古典講演シリーズ7『芭蕉と元政』）

と述べられてゐる。人数把握に相違がみられるものの、この趣旨は「隠逸の否定」であり、この直前に「水戸光圀のあの彰考館における歴史研究の進展が、おのずから隠逸者の歴史的意義づけを決定したこと、それがやはり大きいのではないかと思います。」と述べたことの詳細である。否定の意義づけとはなるが、文学的観点からの『大日本史』への注目とすることができようし、また近世の文学思潮の隠逸への関心の一端としても位置づけることができよう。

第十一章　『大日本史』列伝の構成（9）――叛臣伝――

はじめに

叛臣伝は列伝の百五十四から百五十七に至る四巻から成るが、冒頭に序が付されてゐる。序には葦原中国の平定、神武天皇の東征、そして中世以降の奸臣猖獗にふれ、筆誅を加へる例を挙げてゐる。叛臣はいはゆる謀叛人といふことになるが、末尾に「夫の足利尊氏・北条義時・北条高時等の若き、兵を挙げて闕を犯したるに、今、之を将軍及び家臣に列ねたるは、時勢の変を見はす所以なり」（木版本による。明治の完成本―以下明治本と略称する―では高氏の表記）とみえるところからすれば、尊氏・義時・高時らも謀叛人といふことにならう。いつたい、どのやうな人物がこの四巻に収録されたのであらうか。以下、叛臣伝四巻を検討してみよう。

一　叛臣伝の構成

まづ、叛臣伝四巻の構成を掲げる（木版本による）。

巻二二七(列伝一五四)　序・吉備田狭・藤原仲麻呂・弓削道鏡
巻二二八(列伝一五五)　平将門・藤原純友・平忠常・安倍頼時・貞任・源義親
巻二二九(列伝一五六)　藤原信頼(源師仲)・源義朝・源義平・鎌田政家
巻二三〇(列伝一五七)　源義仲・樋口兼光・今井兼平・根井幸親・浅原為頼・藤原公宗

都合十九名ではあるが(師仲を加へれば二十名)、「叛乱の臣は、其の迹、一に非ず」と論賛にみえるやうにその性格は一様ではない。おほよそを述べれば、吉備田狭は雄略天皇に妻を奪はれたことによる叛乱、仲麻呂と道鏡は奈良時代の政治を恣にした人物、平将門から根井幸親は争乱を起こした人物とその子孫・兄弟・家臣、浅原為頼と藤原公宗は直接に「闕を犯した」謀叛人といふことになる。ところが叛臣伝に収める人物には変遷があり、性格のみならず一様ではないのである。差し当たつて安積澹泊の論賛序文をみると、吉備田狭・藤原仲麻呂・弓削道鏡・橘逸勢・平将門・藤原純友・安倍頼時・貞任・源義親・藤原信頼・源義仲・浅原為頼の十二名が言及の対象となつてゐるが、注目すべきは橘逸勢が入り源義朝(序には信頼のところに名がみえるので紛らはしい)と藤原公宗がみえないことであらう。これをみただけでも変遷の存在は明らかである。

さらに旧本(論賛が附されてゐた大日本史)の構成をみると、

巻二二八　吉備田狭・藤原仲麻呂・弓削道鏡
巻二二九　平将門・藤原純友・安倍頼時・源義親

巻二三〇　　藤原信頼・源義仲・浅原為頼

となるが（日本思想大系『近世史論集』の解題による）、いづれにしても附伝の人物はともかく主要人物の異同が確認されるのである。

次に異同のある人物をみてみよう。初めに橘逸勢であるが、最終的には叛臣伝から除外されて巻一一七に収録されてゐる。論賛によれば「伴健岑と不軌を謀る。事、春宮に連なり、終に此を以て廃せらる。其の、厲階を生じて梗と為ること深し」といふことになるが、最終的には平伝に収められたのである。源義朝と藤原公宗は旧本には収められてをらず木版本及び明治本には収録されてゐるが、この二名の収録事情については項を改めて言及することとしよう。

二　源義朝伝と藤原公宗伝の成立事情

源義朝伝と藤原公宗伝が特に注目されるのは安積澹泊の意見によつて一時叛臣伝から除外されたことがあるからである。この事情の一端については、私も次の二論、

A　「水戸学」の連続性について――前後期「断絶」論批判――
（『芸林』第五十一巻第二号所載、後『現代水戸学論批判』収録）

B　『修史始末』の出典註記――特に安積澹泊関連記事をめぐつて――
（『芸林』第五十五巻第一号所載）

でふれてゐるので、以下それを要約しながら問題となつた経緯を整理してみよう。Aは野口武彦氏がいはゆる水戸学における前後期「断絶」論の根拠として澹泊による除外が藤田幽谷により復活されたことを提示されたことに対し、それが事実誤認であることを指摘したものである。Bは幽谷の『修史始末』にみえる澹泊関連記述の検討を通じて澹泊に対する幽谷の見解を考察したものである。

Aでは、吉田一徳氏『大日本史紀伝志表撰者考』から、

文政九年藤田一正総裁が江戸在邸の時、江館総裁青山延于と相談して源義朝・源義仲・藤原公宗は之を叛臣伝に入れることに決定した処に、文政十年史臣川口長孺が免されて江戸史館に復帰したので、青山は川口とも話合い、更に水館の会沢安・大竹親従の意見を求めて、叛臣へ入れることに決定したのである。

と引き、さらに、

元来義朝は正徳の古本叛臣伝に入れてあったが、その後将軍源頼朝の父たるの理由で享保本大日本史巻一百五十一、列伝第七十八に掲げた。立原万総裁は寛政年間重校の際、義朝は叛逆弑父、干紀乱常之人也とて叛臣伝に復し、源義仲だけは新井白石等の論に鑑みて平伝に置いたのである。

と引いて、当時の史館の総意であつたことを述べた。続いて、藤原公宗伝については澹泊が室鳩巣に対して意見を聴取した際の返答である、

高慮一々御尤奉存候。なる程被仰下候通、先年、公宗も逆臣伝《(ママ)》に入有之を、拙者愚意を江戸・水

戸物裁どもまで申述、致議論、逆臣伝を除き列伝公経之附伝に仕候。其詮は、皇朝百王不易之史、異朝革命之史とは違申候。公宗子孫歴々相続き、西園寺を徳大寺より継、清華之家にて御坐候。然るを先祖逆臣伝に入申候ては、決して公共之書には罷成間敷候。事実さへ没し不申候へばよく候間、列伝に入置候方、為当世諱之の道理にも叶可申候由申達、左様罷成候。即公経・公宗之賛にも其気味を書載申候。

といふ一節（小倉芳彦氏の『近世史論集』解題に引用）を掲げて、今日の状況（公宗の子孫であることへの配慮）への妥協といふべきものであつたとした。この返答に逆臣伝とみえるのは鳩巣が公宗を逆臣伝に入れることを提案してゐたので、それをふまへての意見開陳であつたために叛臣伝と混同したものであらう。

公宗除外の具体的理由については、酒泉・佐治両総裁の書簡に、

西園寺公宗弑逆ヲ謀伏誅顕然之事ニ候間、反《ママ》臣伝へ収申事至当之事と我々共も元来存寄罷在候所、此ハ安子被申候ハ、公宗ハ世家在廷之歴々今出川家ノ御先世ニ而御坐候ヲ反臣伝へ組合候ハ不遠慮ニ御坐候間、常躰ノ伝へ組合可然由被申候、太平記時代御組合ノ所無御坐候ハヽ、七世之祖公経附伝なとへ御入可被成候や、とかく穏当に相聞へ候方能御坐候、此段御料見可被成候（『茨城県史料』近世思想編、三〇五頁）

とみえるところから明らかとなる。「安子」すなはち澹泊のいふところは、公宗は今日の「世家在廷之

歴々」が今出川の先祖だから「常躰ノ伝」へ、要するに平伝に組み入れることがよい、しかし太平記時代には組み入れるところがないから先祖である公経伝の附伝としてはどうか、といふのである。当時総裁たちは叛臣伝に収めたことは「至当」であると認識してゐたのであるから必ずしも澹泊の意見と同じではなかつたと思はれる。

しかしながら澹泊は自らの意見を押し通し、つひに平伝に収めることを成し遂げた。それは論賛に公宗の言及が公経のあとにみえることからも確認できる。それでは、論賛の評価はいかなるものであつたのか。

裔孫の公宗は、不軌を図るを以て、其の宗を覆へす。豈、貽謀《いぼう》の噱《よ》からざるに非ずや。基通の子孫蕃衍し、摂籙《ろく》の首に居りて、世々名臣多きを観れば、載籍淪亡して徴するに足るもの無しと雖も、其の雅量・徳望、或は人に過ぐる者有らん。然らざれば、天の佑《たす》くる所、何ぞ其れ厚からんや。

多少の語釈をしながら、この評価を考へてみよう。貽謀《いぼう》は子孫のために謀を残すこと、摂籙は天子に代はつて籙をとること、籙は政策・まつりごとのことで、すなはち摂政である。一応は前段で非難するけれども後段では弁護の言を綴つてゐるといへよう。ところが、この直前には公経について述べてゐるのである。

承久の変に、後鳥羽上皇の忌む所の者は、唯だ公経一人のみ。而して王師撓敗《とうはい》するや、禍を転じて福と為して、関東に弐《じ》し、告ぐるに機密を以てす。其の不臣たる甚だし。

ここでは明確に不忠の臣たることを述べてゐるので叛臣伝に収めたとしても支障はないと思はれるが、あへて公宗を弁護する必要があつたのかどうかは疑問とせざるをえない。もつとも、澹泊にすれば「事実さへ没し不申候へばよく候」だから叛臣伝にはこだはらないといふのであらう。

次に義朝を確認しよう。Aでは『近世史論集』の小倉芳彦氏の解説の、

また源義朝は叛臣伝に入れて然るべき人物だが、頼朝の父だから叛臣伝から外そうと提議している（同五年五月）。いずれも進献という目的のために、少しでも抵抗を少くしておこうという配慮の産物であろう。（引用の前半は省略）

を引用して「右のやうな状況は純史学的な問題でもなく、ましてや道義的名分論的議論ではない。単に表面的体裁を繕ふための政治的理由によることを示してゐよう。幽谷の意見ならば筋は通つてをり名分論的といへようが、澹泊の意見では何ら現実に妥協したのみで名分論によつたものとはいへまい。」と述べた。

以上みたやうに義朝伝と公宗伝の成立事情には紆余曲折があるが、『大日本史紀伝志表撰者考』から立原万総裁の、

古本叛臣伝に入候処、後に列伝（注、平伝のこと）に出し候事何の故といふことをしらず。若当時同家の人朝廷に在るを以て忌諱するとならば、直筆といふべからず。因て今古本に従ひ、叛臣伝に

入申候。

といふ見解を引いて、Aではこの問題を締めくくつたのである。幽谷の見解は一部両論にもふれてゐるが、これについては後述することとしよう。

三　叛臣伝の叙述（1）

それでは叛臣伝はどのやうに叙述されてゐるのであらうか。その具体相を探つてみることとしよう。まづは、源義朝伝から検討しよう。義朝伝は最終的に列伝一五六に収められたが、頼朝の父であることもあづかつてかかなりの分量となる。伝は『保元物語』『平治物語』『愚管抄』『東鑑』を主とし、補助的に『尊卑分脈』と『公卿補任』を使ひながら淡々と叙述してゐる。末尾には子についてもやや詳しく述べ、長男義平、そして家臣鎌田政家の伝を付してゐる。注目すべきは平治の乱における義朝は賊軍として描かれ、長田荘司平忠致に討たれる様を『平治物語』に拠つて記してゐることである。澹泊が叛臣伝から除外して平伝に収めたのは小倉氏の指摘も重要な要素であると思はれるが、澹泊自らの義朝評を確認しておかう。論賛は次のやうに述べる。

其の君を無みするの心を原《たづ》ぬれば、旗鼓未だ交はらざるに戎服して殿に昇ると、禍乱既に平ぐや左馬頭を争ふとに在り。是の心を推せば、何の至らざる所ぞ。故に朝廷、之をして父を殺さしむれば則ち之を殺し、藤原信頼、之を誘ひて反せしむれば則ち反す。既に父を殺すの逆たるを知りて、而も故に之を犯す。則ち、紀を干《をか》し常を乱すの事、為さざる所靡《な》し。皇天・后土、豈能く容れんや。内海の誅死は、天特だ手を平忠致に仮りしのみ。

冒頭の若干と義平・鎌田政家への言及は省略したが、この論及をみれば明らかに義朝を反逆の徒としてゐることが読み取れる。「戎服」は武装したままといふことであるが、伝にも「戎服して進み殿階に昇る」とみえてゐる。義朝は恩賞としての左馬頭を不服としてゐたのである。それを論賛は「紀を干《をか》し常を乱すの事、為さざる所靡《な》し」といふのであるから最大級の謀叛人としての位置付けとしてよいであらうし、さらに平忠致による刺殺は天誅だともいふ。このやうな見方は栗山潜鋒とも通ずるところがある。すなはち、潜鋒の『保建大記』に左のやうにみえるからである。

古より逆賊は世々有れども、未だ義朝有らざるなり。……忠致誅するに忍びずと雖も、天下将に忍びて誅せんとす。世、浄海（注、清盛のこと）を悪むの甚だしきを以て、義朝に至りては則ち之を罪せず。反つて曰く、忠致は源氏の世臣なるに、其の君義朝を弑す。故に頼朝に逮《およ》びて、仇を復し、遺族無しと。名義の明らかならざるや其れ此の如きか。以て長太息を為す可きなり。

とし、続いて忠致は高望王の子孫であり、その世系・位禄が必ずしも義朝に下るわけではないから、臣ではあるが邦のために賊を誅するを聞くことがあつても下が上を弑することは聞いたことがないのであると述べる。そして、

義朝は乃ち人を食ふの虎にして、之を執《とら》ふる者禁《とど》むる無く、之を阱《せい》にする者功有り。

今将《な》ほ、人を噬《か》むを悪まずして、之が阱《せい》を為すを悪むは、亦悖らずや。

と結論する。この主張を澹泊は当然にして知つてゐた（跋文を書いてゐる）のであるから、類似してゐても怪しむに足りない。問題は、それにもかかはらず叛臣としての扱ひをしないことなのである。その理由の一端は頼朝への配慮、ひいては徳川将軍家への配慮のためであらうことはすでに指摘したが、さらにAでもふれたやうに公宗の議論とセットで考へなければならないことを再確認する必要があると思ふ。

四　叛臣伝の叙述（2）

次に、叛臣伝の最末尾の二名、すなはち浅原為頼と藤原公宗の伝について検討してみよう。両伝とも簡潔な文章で叙述され、特別に分量が多いわけではない。浅原為頼からみると、主として『保暦間記』と『増鏡』に拠り、『増鏡』の引用は五カ所であるが『増鏡』のみは二カ所となる。順次『増鏡』に拠つた記述を検討しよう。

①女嬬に就きて問ひて曰く、主上は何処に臥したまへると、給きて曰く、寝殿に御したまへりと。また問ふ、寝殿は何処ぞと。曰く、南殿の艮の隅なりと。為頼言の如くにして入りしかば、女嬬急に内に入りて、長姫に因りて変を告ぐ。時に、帝実は中宮に在せしが、乃ち婦人の服を著て、春日殿に幸したまふ。宮人或は宝器を携へて帝に従ひ、或は皇太子を抱きて常磐井殿に避く。

②為頼已に寝殿に入る。中宮衛士景政格闘して創を被れり。（景政姓闕く）二条京極の篝兵五十餘人、外よりして入り、闥を排して継ぎて進みしかば、為頼自ら免れざるを知り、二子と倶に紫宸殿に至り、各腹を割きて死せり。三屍を并せて六波羅に送る。

③又其の佩刀は即ち前参議藤原実盛の家蔵の宝刀、名は鯰尾なりしかば、実盛父子因りて坐して収繫せられたり。

④初め伏見帝の登阼したまふや、亀山上皇、後嵯峨帝の遺詔の意に称はざるを以て之を慍りたまふ。

⑤為頼の宮闕を犯すや、世言ふ、上皇の為しむる所ならんと。権大納言公衡後深草帝に奏して、上皇を六波羅に遷さんことを請ふ。聴したまはず。因りて伏見帝の詔を矯めて、咎を上皇に帰せり。是に於て、上皇誓書を作りて北条時宗に賜ひ、以て自ら洗雪したりしかば、事是に由りて解くることを得たり。

①の前には『保暦間記』と『歴代皇紀』に拠つた記述があり、続く①は『増鏡』のみ、②は他に『島津家・今川家本太平記』、②と③の間に『保暦間記』に拠つた一文を挟み、次の③は他に『保暦間記』『島津家・今川家本太平記』『歴代皇紀』、④は『増鏡』のみ、⑤は他に『島津家・今川家本太平記』を典拠としてゐる。したがつて、叛臣としての事由を述べた記述はすべて『増鏡』に拠つてゐることが知られるから、次に『増鏡』の叙述を確認してみよう。『増鏡』では下巻冒頭の「第十一　さしぐし」（日本古典文学大系本）の段に該当の記事がみえる。

それは正応三年三月のことで、「衛門の陣より、恐ろしげなる武士三、四人、馬に乗りながら九重の中へ馳せ入」ったことから始まる。①の箇所がそれであるが、ここは『中務内侍日記』にもみえてゐる。『中務内侍日記』は『扶桑拾葉集』に収められてゐるから史臣は知ってゐたはずなのであるが、典拠として掲げられてゐないのは何故であらうか。②の部分は次の叙述に拠ってゐる。

此男をば、浅原のなにがしとかいひけり。からくして、夜の御殿へ尋ねまいりたれども、大かた人もなし。中宮の御方の侍の長景政といふ物、名のりまいりて、いみじく戦い防きければ、疵かうぶりなどしてひしめく。かゝる程に、二条京極の篝屋備後の守とかや、五十餘騎にて馳せ参て時をつくるに、合はする声、はつかに聞こえければ、心やすくて内にまいる。御殿どもの格子ひきかなぐりて乱れ入に、かなはじと思ひて、夜の御殿の御しとねの上にて浅原自害しぬ。太郎なりける男は南殿の御帳の内にて自害しぬ。弟の八郎といひて十九になりけるは、大床子のあしの下にふして、寄る者の足を斬り〳〵しけれども、さすが、あまたしてからめんとすれば、かなはで自害すとても、腸をばみな繰り出だして、手にぞ持たりける。そのまゝながら、いづれをも六波羅へかき続けて出だしけり。

③から⑤の典拠箇所は右の引用に続く部分であり二倍ほどの分量となるが、ここを漢訳したのである。いづれにしても為頼伝の主要部分は『増鏡』に拠ってゐるのである。

五　叛臣伝の叙述（3）

続いて藤原公宗伝を検討しよう。公宗伝は大きく二段からなり、前段は冒頭に『公卿補任』と『尊卑分脈』に拠つて経歴を述べた箇所があり、続いて『太平記』に拠つて反逆を叙した主要部分となる。後段には『公卿補任』と『尊卑分脈』も掲げられてはゐるが、主として『太平記』に拠つてゐる。後段から検討してみよう。ここでは妻の様子と公宗の琵琶についてふれてゐるが、大きく二段に分けられる。（　）は割注部分である。

①時に、公宗の妻身《はら》めるあり。数月にして免し、仁和寺の側に匿れたりしが、定平に勅して居る所に就きて之を索めしむ。侍女春日局出でて使者を見て詭《いつは》り対へて曰く、夫人憂思して終に破胎に至り、児生れて育たざりき、と。因りて誓ふに和歌を以てして曰く、いつはりを糺の森におく露の消えしにつけてぬるる袖かな、と。帝、其の言を憫み、寝めて問ひたまはず。児後長じて実俊と名け（公卿補任・尊卑分脈・太平記）、後光厳院に仕へて、官右大臣に至る（公卿補任・尊卑分脈）。

②公宗善く琵琶を弾ぜしが、其の逆を謀るに方りて、北野社に詣でて、祈ること七日、適々玉樹を奏せしに、木工頭孝重（姓闕く）之を聞きて曰く、玉樹は亡国の音、且つ其の弾ずる所又何ぞ殺声の多きと。未だ幾ならず、果して敗れたりと云ふ（太平記）。

①の末尾にみえる実俊は『公卿補任』と『尊卑分脈』に拠つて、後光厳院に仕へ貞治五年八月に内

大臣から右大臣に任じられたことが確認できるが、『参考太平記』には「右大将、毛利家本、誤作左大将、今川家本、北条家、金勝院、南都本作中納言、西源院本作大納言右大将、終正二位右大臣」との考察を割注してゐる。妻のことは全面的に『太平記』に拠つてをり、引用の和歌も同様である。帝の憫みの叙述とともに和歌を引いてゐるのはよほどのことといつてよく、謀叛人の妻とはいふものの史臣の同情を窺ふに足るであらう。ただ、典拠として「公卿補任・尊卑分脈・太平記」を掲げてゐるが「公卿補任・尊卑分脈」は履歴のみで記述内容には直接に関与しないから『太平記』のみで十分と思はれる。

②も『太平記』に拠つてゐるが、天正本では「公宗卿琵琶の秘曲を弾く事」の条を立て、より詳細な記述となつてゐる。『太平記』では「北山殿謀叛事」の条の末尾にみえるが、玉樹が不吉をもたらす曲として認識されてゐたことが窺へるのである。そして、この曲が遣唐使によつて伝へられたことについて、

唐ノ末ノ代ニ当テ、我朝ノ楽人掃部頭貞敏、遣唐使ニテ渡タリシカ、大唐ノ琵琶ノ博士廉婕夫ニ逢テ、此曲ヲ我朝ニ伝来セリ。然ドモ此曲ニ不吉ノ声有トテ、一手ヲ略セル所アリ。(『参考太平記』巻第十三による。以下同じ)

と叙してゐるのである。ここにみえる楽人掃部頭貞敏については、巻一一四に収める藤原浜成伝に付随して記載されてゐる。浜成は不比等の孫であるから子の貞敏は曾孫となるが、貞敏伝には次のやう

に述べられてゐる。

子貞敏、少《わか》くして音楽を耽愛し、好みて琴を鼓し、最も琵琶を善《よ》くす。承和中、美作掾と為り、尋で遣唐使准判官を兼ねて唐に赴く。時に唐人劉二郎なる者琵琶を善くす。貞敏沙金二百両を贈りて業を受けんことを請ふ。二郎即ち両三調を授く。未だ幾ばくならずして殆ど其の妙を尽す。二郎重ねて譜数十巻を授け、女を以て之に妻とす。女も亦琴箏を善くす。貞敏新声数曲を習ひ、将に帰朝せんとするに及び、二郎為に祖筵を設け、贈るに紫檀・紫藤の琵琶各一張を以てす。貞敏持ち帰りて、終に朝廷の重器と為る。所謂玄象《げんじやう》青山是なり。

割注には『十訓抄』と『源平盛衰記』（巻三十一）がみえるが、この逸話は『今昔物語集』（巻二十四）や『平家物語』（巻七）にも収録されてゐる。序でながら玄象が「朝廷の重器」であつたことは、浅原為頼が禁裏に侵入した時には女官が持つて難を逃れたことが『増鏡』『中務内侍日記』等に記されてゐるところからも明らかである（平治の乱の際にも同様のことが知られる）。

さて、前段に戻ると、先にふれたやうに冒頭は特に問題がないが、謀叛について述べた主要部分はわづかに名和長年が誅した藤原氏光のことが天正本に拠つてゐるのみであるから『太平記』が唯一の典拠となつてゐる。『太平記』の該当箇所はかなりの長文であるが、それをコンパクトに漢訳して伝を構成した。例へば、公宗が捕へられた時の弁明をみてみよう。『太平記』には、

公宗不肖ノ身ナリトイヘトモ、故中宮ノ御好ニ依テ、官禄トモニ人ニ下ラス、是偏ニ明王慈恵ノ

恩幸ナレハ、争カ陰ニ居テ枝ヲ折、流ヲ汲テ源ヲ濁ス志ヲ存スヘク候、熟事ノ様ヲ按スルニ、当家数代ノ間、官爵人ニ越、恩禄身ニ餘レル間、或ハ清花ノ家是ヲ妬ミ、或ハ名家ノ輩是ヲ猜ミテ、如何様種々ノ讒言ヲ構ヘ、様々ノ虚説ヲ成テ、当家ヲ失ハント仕ルカトコソ覚テ候ヘ、去ナカラ天誠ヲ鑑ハ、虚名イツマテカ、上聞ヲ掠ムヘク候ナレハ、先召ニ従テ陣下ニ参シ、犯否ノ御糾明ヲ仰キ候ヘシ、但俊季ニ於ハ、今朝已ニ逐電候ヌル間、召具スルニ及ハス、(巻第十三)

といふ公宗の言がみえるが、これを典拠とした公宗伝は、「公宗泣きて曰く」とし、

我が家、累世寵渥く、辱なく葭《か》莩《ふ》を託せらる。何の觖望する所ありてか逆を謀らんや。顧ふに、我が家を娼疾せるものの構へたる所なるのみ

と簡潔に記したのみである。その他の箇所についても同様であり、公宗伝における『太平記』の役割は極めて大きいといへる。

六　藤田幽谷の見解

藤田幽谷が澹泊の措置に批判的であつたことは先の拙論A・Bでも若干ふれたが、『修史始末』に拠つて再度検証してみよう。

最初は元禄四年五月の条の按文の一節である。

安積先生建議して、藤原公宗を叛臣伝より出す。謑て云ふ、当時世家の右族の為に諱む。夫れ皇

統の正閏は臣子の輒く言ひ難きところ、義公南北の際に於いて、年を編み時を繋ぐ。竊に寓意有り。本紀すら既に然り。況や列伝においてをや。事に拠りて直書す。何の嫌ふところか之有らんや。天子の為に諱まずして公卿の為に諱む。豈に放飯流歠して歯決する無きを問ふにあらずや。人臣を是非する、之を何とか謂はん。

澹泊の措置を「天子の為に諱まずして公卿の為に諱む」行為として批判したのであるが、それは義公の「寓意」を推し量つて「事に拠りて直書す」ることの意義を「人臣を是非する」ことに凝結したといへよう。また、正徳五年五月の条では「安積覚議して、藤原公宗を叛臣伝より出し、之を其の七世の祖公経伝末に附す」とした後に、「此の議疑ふべきの甚だしき、当時の総裁敢へて争はざるは何ぞや」と述べ、さらに享保五年庚子の条に至るのである。本文は次の通りである。

六月、覚又議す。叛臣伝には源師仲・僧道鏡を載して藤原仲麻呂伝の末に附す。師仲は特に信頼の党のみにして乱魁の罪首に非ざるなり。宜しく信頼伝に帯入すべし。叛臣源義朝に過ぐるなし。而して其の頼朝の父為るを以て、已むを得ずして諸を叛臣伝に載せず。

前段の道鏡と師仲についてはは建議の通りであり、論賛には師仲への言及がみられないが、「往復書案抄」には「伏見源中納言師仲叛臣伝ニ立有之候得共、信頼へ党シ申候までニて叛逆之事迹見へ不申候、叛臣立申候而は義朝へ大ニ障り申候、……義朝よりはるかニ罪軽キ師仲ヲ叛臣ト立置候ハ公平ニ無之と思召候、一伝ニ立候程之事迹も無御坐候間、信頼伝帯入候而相済可申候」（『茨城県史料』近世思想編、三六六頁、六月五日付の安積宛小池・大井書簡）とみえるので、幽谷はこれを根拠としたのであらう。

後段では義朝が頼朝の父であることを理由として叛臣伝に収めなかつたことを述べてゐるが、この後に幽谷は、

按ずるに、此の説暁るべからず。叛臣の子、始めて覇業を興して、世道の大変を見るに足る。義朝の罪、実に誅を容れず。而るに頼朝の為に諱むは何ぞや。豈に此の書を以て覇府の諛史と為すか。

といふ割注を添へて澹泊の措置を批判したのである。この幽谷の指摘は「正名」の立場に拠るものであつて、まさに筋の通つた議論といへよう。先にあげたBにおいて私は澹泊の措置について「武家政権への配慮」及び「徳川氏が源氏を称したこと」の故であらうと述べた。いま、この推察の訂正の必要を認めないが、さらに『大日本史』の部分けの困難さもあつたのではないか、と思ふ。それは冒頭にも述べたところであるが、尊氏・義時・高時を叛臣相当と位置づけてはゐるけれども、それぞれの関連部署に収め、叛臣伝ではないことにも留意してよいのではないかと考へるからである。澹泊が配慮したかどうかは推測の域を出ないが、序との関連も考慮に入れてよいのではあるまいか、と思ふ。いづれにしても、そこに澹泊の学問の曖昧さは認めざるをえない、とすべきであらう。

をはりに

叛臣伝の成立はシナの史書を参照した結果といへようが、収める人物については様々な議論があり、

しかも編纂の時期によつて変遷があることが確認できたと思ふ。とりわけ私が重視するのは義朝伝と公宗伝の記述内容の比重である。すなはち義朝に厳しく公宗には弁護的であると読み取れることであり、そこに何らかの意図が込められてゐるのではないか、と考へるからである。

最後に、史館総裁の青山延于が水戸史館に送つた文政十年の書簡（吉田一徳氏『大日本史紀伝志表撰者考』六四五頁所引、割注略）を掲げつつ、澹泊の議論について若干の推論を提示してまとめとしよう。

藤原公宗伝為御登可被下候。源義朝・義仲・藤原公宗いつれも叛臣へ入候筈、去年中同役相談取極候処、此度助九郎罷登候付、右段話合候所、義朝は御同宗之事叛臣へ入候ては目立可申如何敷旨議論も御坐候間、尊慮をも伺ひ候所、義仲同様叛臣へ入候方得体候様被思召候旨御意御坐候。いつれにも史は天下の公論にかかはり候間、たとい御同族たり共、曲筆にては国史之甲斐も無之候。公宗も是迄今出川へ御遠慮にて平伝へ立候事と相見候得共、是又平伝にては不得体候。

右の書簡の末尾にみえる「公宗も是迄今出川へ御遠慮にて平伝へ立候」が澹泊にとつて叛臣伝からの除外に関する最大の重要事ではなかつたかと推察されるのである。澹泊にとつては目下の懸案として認識した故の配慮、すなはち当代藩主粛公綱条への配慮（室が今出川氏の出身によること。また、往復書案からは編纂史料提供の便宜のためも考慮してよいであらう）であり、そのために義朝伝の除外も合はせて実施することによつて、公宗伝への関心を薄める効果を意図したのではなからうか。しかしながら、その配慮が後年の水戸史学にとつて幸ひであつたかどうか、は極めて疑はしいと思ふ。

第十二章　『大日本史』列伝の構成（10）——諸蕃伝——

はじめに

『大日本史』列伝の、いはゆる臣下伝についてはすでに言及したが、以下には列伝末尾の諸蕃伝について ふれてみたいと思ふ。諸蕃伝は水戸藩時代を通じて外国伝としての構想が維持されたが、全体で十二巻の東アジア諸国・諸地域に関する記載であり、主としてわが国との関係を叙述してゐる。いはば、わが国からみた東アジアとの外交史といへる。明治期の編纂終末期に至つて、その構成に若干の変更がなされた。以下、構成の検討を通じて諸蕃伝(外国伝)の意義を考へてみたいと思ふ。

一　外国伝と諸蕃伝の構成

嘉永の木版本は外国伝として構成されてをり、いはば水戸藩時代の編纂事業としての完成本として考へてよいが、その構成は次のやうになつてゐる。また、巻頭には序が付されてゐる。

巻二三二(列伝一五九)　外国一　　序・隋・唐

巻二三三（列伝一六〇）　外国二　宋・元遼金・明
巻二三四（列伝一六一）　外国三　新羅上
巻二三五（列伝一六二）　外国四　新羅下
巻二三六（列伝一六三）　外国五　高句麗・高麗
巻二三七（列伝一六四）　外国六　百済上
巻二三八（列伝一六五）　外国七　百済下
巻二三九（列伝一六六）　外国八　任那・耽羅
巻二四〇（列伝一六七）　外国九　渤海上
巻二四一（列伝一六八）　外国十　渤海下
巻二四二（列伝一六九）　外国十一　蝦夷上
巻二四三（列伝一七〇）　外国十二　蝦夷下・粛真・女真・琉球・吐火羅・崑崙

この構成の成立時期は不明であるが、安積澹泊が執筆した論賛には外国伝が含まれてゐるところからすれば、少なくとも論賛執筆時においては成立してゐたのであらう。また正徳年間の往復書案に外国伝の名称が散見するから、これ以前に論議検討されてゐたことは明らかである。それが斉昭時代の刊行時に至つても外国伝として維持されてゐたわけである。

ところが、明治期になつて最終完成本として献上された従来の外国伝はその名称が諸蕃伝と改められ、構成も次のやうに改変されたのである。

巻二三二（列伝一五九）　諸蕃一　序・新羅上
巻二三三（列伝一六〇）　諸蕃二　新羅下
巻二三四（列伝一六一）　諸蕃三　高句麗・高麗
巻二三五（列伝一六二）　諸蕃四　百済上
巻二三六（列伝一六三）　諸蕃五　百済下
巻二三七（列伝一六四）　諸蕃六　任那・耽羅
巻二三八（列伝一六五）　諸蕃七　渤海上
巻二三九（列伝一六六）　諸蕃八　渤海下
巻二四〇（列伝一六七）　諸蕃九　蝦夷上
巻二四一（列伝一六八）　諸蕃十　蝦夷下・粛真・女真・琉球
巻二四二（列伝一六九）　諸蕃十一　序・隋・唐
巻二四三（列伝一七〇）　諸蕃十二　宋・元・遼金・明・吐火羅・崑崙

この十二巻のうち、巻二三二と巻二四二には序が付されをり、また各巻の叙述は長短が甚だしいが、本紀や臣下伝と同様の時期下限が設定されてゐる。特に新羅・百済・渤海・蝦夷が上下二巻編成を採つてゐるのは関係の深さはもとより、史料残存、とりわけ六国史の叙述の多さと無関係ではあるまい。

改変による大きな相違は大陸と朝鮮半島の国々を入れ替へたことであり、それによつて序も二分されたのであるが、叙述内容の改変は後述するやうにほとんどみられない。それでは改変は何のために行はれたのであらうか。

二　改変の理由と背景

改変は明治期の所産であるから江戸期と明治期の対外情勢の変化や相違をも考慮に入れなければならないであらうが、まづは『水藩修史事略』（昭和三年の大岡山書店刊行による。著者は栗田勤）明治二十七年一月の条に注目してみよう。

これより先、三韓、琉球、蝦夷を、紀伝に、外国として、隋唐宋元明の下に列記せしは、蓋し義公の意にあらず。殊にその体を得ざるを遺憾とせしが、国郡志を編するに当り、益々改正の必要ありとて、栗田寛、青山延寿と相議り、烈公の曾て青山延光に命ぜる書に本づき、先づ紀伝を改正せんと欲せしが、ここに至りて栗田寛その議を定公に上言せしに、公にも其議に従ひ、遂に書を土方宮内大臣（久元）に呈して、畏くも聖断を仰ぎ奉りしに、直に裁許の大命を拝せり。

ここでは「義公の意にあらず」とするだけであるが、続けて土方大臣（元土佐藩士、伊藤博文の後任として宮内大臣に就任。他に農商務大臣や皇典講究所所長等歴任）に呈した長文の書が引用されてゐる。この書には改変の経緯と理由が述べられてゐるので、その概要をみることとしよう。全文は大きく四段に分けることができるが、第一段から検討しよう。

先臣光圀、史稿を編修し、本紀列伝、草稿ほぼ成りしのみにて、考訂未だ終らざるに、元禄十三年を以て、薨去致されたる故、外国伝の委しき議論もなく、その後史臣に編纂を委し、十五年を経て、紀伝始めて脱稿の折、旧幕府に差出し、上木の許可を得、その後文化中に及び、紀伝二十六巻、刊本成功の時、天朝より大日本史の題号を賜はり、勅撰同様に相成り、編摩怠らざりしかば、嘉永四年に一百四十三巻、刻成りて、悉皆奏上する事を得たり。

この「土方大臣に呈せる書」の冒頭には「外国伝の委しき議論もなく」とみえるので、これだけでは「義公の意にあらず」とした著者栗田の見解を証することはできない。続けて第二段をみてみよう。

これより先、先臣斉昭、冤罪に罹り、国事多難の折柄、史臣も人に乏しく、何事も意の如くならざりし故、外国伝の如きも、或は討議の失ありしならんと、推測致され申候。何となれば、斉昭、兼ねての議論も、松前蝦夷を始め、千島は勿論、カムサツカまでは、日本の地にて、田村麿奥州へ中央の碑を建たりといへるは、既に日本の領国なること明かなるを、後世空しく捨て置きし故、自ら北狄に奪はれたり、今にては、外国の地といひても、日本の地と申しても、済むことなれども、日本の疆域に相違なければ、日本史へは、その由を認めたし。万一外国伝へ書き加へては相成らずと、史臣を誡めたる事も之れある故、蝦夷を外国伝に入るべき訳はなき筈なれども、既に奏上を経、進止を請ひ、一旦上木に附し、改刻するにも、巻数伸縮等、容易ならざる事故、その内改刪の時機もあらんと、暫く其旧に仍り、専ら志類編纂に従事し、その儘打過ぎ居し所、今般地理志（即ち国郡志）編修に付、段々取調べたるに、三韓蝦夷の如き、内属の国、羈縻の州は、これを隋唐の上に叙し申さずては、史体に於て、得と致さず。光圀、平生内外の弁を謹厳にせる旨意にも違ふを以て、本史外国伝草稿を検するに、一は新羅高麗等を叙し、一は隋唐宋元等を叙し、各その叙論を掲げて自ら区別を立てたるにて、当時用意の周密なりしを知るに足れり。

ここには煩をいとはず掲げたが、改変の理由を明確に記してゐる。傍線部に留意してみよう。蝦夷地を外国とするには無理が生じてゐたが（確かに、記述内容は白河帝までであるが江戸期には幕藩体制下にあつたから外国ではないといふことであらう）、上木改刻した後では改変も容易ではなかつた。だから時機を待ち、志類編纂に従事してゐる間に時が経つてしまつた、といふのである。そして、地理志編纂にともなつて三韓蝦夷を「隋唐の上」に叙す必要が生じたといふわけである。

さらに第三段を吟味しよう。ここは第二段の後半と考へてもよい部分である。

此に由つて之を視れば、後の史臣校訂の疎漏より、板本の如くに致したること判然せり。且つ支那歴代の史にも、宋史以後は、外国伝の名称はあれども、その以前史記以下唐書までは、外国伝の名これなく、唯、ずらと匈奴朝鮮など記されし類例に準拠し、外国の字面を省き、新羅列伝より琉球までは、従前の通りに順序致し、その次に隋唐宋元明を叙し、聊か巻次を改め、尚又斉昭訂正の文字を加へ、改刻致し度候、この書もと一家の私撰に属すと雖も、さきに光格天皇より題号をも賜はり、勅撰同様の史なれば、自由に改竄も恐入る事故、一応奏聞の上、万一にも御採用相成り、先臣斉昭素論の通り、改刻苦しからずとの、聖諭をも蒙らんには、独り篤敬の幸福のみならず、先臣斉昭に於ても、地下に欣然たるべくと奉存候。仍てこの段申上候間、宜しく御執奏相願候也。

ここは後世の史臣の「校訂の疎漏」を非難した箇所ではあるが、確かに宋史以後には外国伝がみられるけれども、それ以前にはみられない（安見隆雄氏『水戸光圀と京都』参照）。当然にして光圀時代の史臣がそれに気が付かないはずはないから、当初外国伝を立てたのにはそれなりの理由があつたとしなければならないであらう。ここにみえる「後の史臣」は斉昭時代の史臣といふことになるが、その史臣が当時の対外情勢をふまへて改刻すべきであつた、といふのであらう。それができなかつたので、今回改変を企てたわけである。その結果、どのやうな取り扱ひとなつたのか。これが第四段である。

かくて後、彰考館に於ても、種々考究の末、外国伝の称を除くときは、従来将軍伝以下、文学、歌人、孝子、義烈など表し来り、叛臣逆臣の表目の次より、その表目なしに、新羅高麗等を、ずらりと列するも、いかがあらんとの議もありて、終に姓氏録、令式、国史等を参考して、外国の文字に換ふるに、諸蕃を以てして、穏当ならんとの議に決し、諸蕃と表して、新羅上下を諸蕃の一とし、……その新羅より琉球までを、所謂羈縻と見なして、別に序論を附け、又隋唐以下へも、序論を附け、内外の弁、自ら明なるを得たり。又烈公訂正の文字加ふるの議は、已に志表には烈公補、順公校と署名することに定まりたれば、今新に訂正の文字加ふるの要なしとの、議に決せり。

かうして、外国伝から諸蕃伝へと改変がなされ、献上本となるのである。井川巴水氏『漢和両文大日本史論賛集』の凡例に、

> 本書に諸蕃伝とあるは、山陽抄本に総て外国伝と記せり。是れ大日本史に基くものなれど、大日本史は明治二十七年勅許を得、外国の二字を抹消して、代るに諸蕃の二字を以てし、且つ其の順序をも変更せり。

とみえるのは、このやうな改変の状況を端的に記したものとならう。ちなみに、後述の明治二年刊行本は山陽抄本に拠つたものである。

先に引いた「土方大臣に呈せる書」第二段に地理志編修のことがみえ、その中で三韓蝦夷は内属の国であるから「隋唐の上」に（すなはち先に、前に）叙する必要を述べてゐる。したがつて、地理志編修の際に改変がさらに意識されたといふことになるのである。地理志は後の国郡志であるが、それではいつたい国郡志にはどのやうな形で収録されてゐるのであらうか。

国郡志は巻二八五（志第四二）から巻三一七（志第七四）までの三十三巻に及んでゐるが、序の末尾に「附するに西蕃及び南北二島を以てし、国郡志を作る」とみえる。最終巻すなはち巻三一七の末尾には南島として阿児奈波（沖縄）、諸島（奄美島から与那国島）の、西蕃として任那、百済、高麗、新羅の、また

巻三〇二には北島として渡島（北海道）、千島、空子（樺太）の叙述がある。西蕃が国郡志に収録されたのは、序に「是より先、三韓臣属す。日本府を建てて之を鎮む。欽明以後、羈縻の国と為して、之を太宰府に隷す」とみえることが理由である。それは隋唐などの大陸の国家とは明らかにわが国との関係が異なるとの認識の故であらうし、また諸蕃伝明末に附属の吐火羅・崑崙が省略されてゐるのは「其の餘、流寓漂至せるものの如き」（諸蕃十一の序）であり、明治以降の国際情勢の変化、すなはち領土の確定といふ背景も考慮されねばならないと思はれる。

なほ付言すれば、幕末には豊田天功による『北島志』の著述もなされてゐるから（刊行は明治三年、吉澤義一氏『北方領土探検史の新研究』参照）、北辺の事情がより明らかとなり、単に外国伝の記述のみでは不備との認識が生じてゐたものと考へられよう。

三　序の二分について

嘉永の木版本の外国伝序は他と比べるとかなりの長文である。この序は刊行本の論賛（筆者架蔵は明治二年刊行で賛藪と題するもので、いはゆる山陽抄本。『近世史論集』所収本の底本）にみえる序としても知られ、四丁に及ぶものである。冒頭の部分をみると、

天地の覆載《ふうさい》する所、日月の昭臨する所、四海万国、棊布《きふ》・星聯す。民の其の間に生ずる者、万類・千種あり。其の殊風・異俗は、遍く挙げ悉く識る可からず。惟だ文軌の通ずる所、載籍の存する

所は、其の国地の物俗、君世の変代、得て考ふ可し。夫れ道徳至聖、以て民に莅《のぞ》み、神にして之を化し、変を通じて治むる者、是を唐・虞と称す。礼楽刑政、以て其の民を教化し、唐・虞に次いで作る、

と記され、以下諸国の興亡を略述し秦漢に至るのであるが、さらに末尾三分の一ほどの文章は次のようになる。

況や、秦・漢以来、世代逓変し、風俗一ならざれば、則ち此に宣究す可からず。今、約して之を論ずれば、地広く人多く、四方の中に居り、礼儀・文物、人材・財用、亦諸国の比す可きに非ず。其の詳らかなるは、則ち自ら一代の史有り。而して其の中、略々我が邦の風土・物俗を紀すれども、虚実相班《わか》つ。朝貢・封爵の如きに至りては、古今に亙りて無き所なるに、彼の史、其の事を載すること、一二に止まらず。此れ、深く疑ふ可き者有るなり。蓋し是の時に方《まさ》りて、国家方に三韓を以て内官家《うちつみやけ》と為し、任那日本府を置き、帥臣を分ちて之を鎮制せしむ。高麗は、臣と称して歳時朝貢すと雖も、世々彼の正朔を奉じ、彼の封爵を受く。意《おも》ふに、日本府の帥臣たる者、亦従つて其の封号を受けしか。抑《あるい》は、鎮西の奸民の、商貨を以て往来する者、名を朝使に仮り、貢調と称して封爵を受け、以て射利の資と為し、而して彼の史従つて之を録せしか、亦知る可からざるなり。推古帝始めて隋と通じ、自後、使聘交々《こもごも》往きて、史、書するを絶たず。此れ、以て録せざる可からざるなり。因りて諸書を拾綴《しふてつ》して、隋・唐・宋・元・明伝を作り、並びに、唐・虞

より陳・周に至るまでを序して、篇首に弁とす。

いふまでもないことではあるが、この序は外国伝のすべてに関はるものとして書かれてゐる。ところが、改変本では分離されたわけであるが、それは大別すれば朝鮮半島と大陸を分けて整理した結果といへる。次に、改変本の第二序をみてみよう。冒頭には、

天地の覆載《ふうさい》する所、日月の昭臨する所、四海万国、生類千種にして、風を殊にし、俗を異にし、遍く挙げ、悉く識すべからず。惟ふに文軌の通ずる所、載籍の存する所、其の国の最も大なるものを隋と為す。

と述べるから、ほぼ書き出しは同じである。隋に続いては高麗と任那にふれた後に、推古朝以前は信ずるに足らないことを叙し、

而して、其の実に使を通ぜしは、即ち推古帝の朝より始まる。自後使聘往来して、史、書することを絶たず。此れ以て録せざるべからざるなり。因りて諸書を収拾して、隋・唐・宋・元・明の伝を作る。

と結んでゐるが、さらに「其の餘、流寓漂至せるもの」として吐火羅・崑崙を付してゐる。したがつて、この序は全体に木版本序の冒頭と末尾の箇所によつて構成した文章といへよう。次に改変本の第一序であるが、

鴻荒の世、天神、中国を経営して、未だ外略に遑あらず。素盞嗚尊其の子五十猛命を率ゐて、韓

地に往来せしより、植樹を播殖す。而して稲飯命実に新羅国王の祖と為る。」と書き出し、木版本の序によつて朝鮮や東北との関係を述べ、末尾に「今其の載籍の徴すべきもの竝に列ねて伝を作る」としてゐる。いづれにしても、改変本においては構成の二分割とともに序も分離されたのである。

四　諸蕃伝(外国伝)の記述

まづは諸蕃の意味から考へてみよう。先に引いた「土方大臣に呈せる書」に「終に姓氏録、令式、国史等を参考して、外国の文字に換ふるに、諸蕃を以てし」とみえることからも使用の理由は知られるが、蕃は「いまだに教化されていない未開人」の意であるから、明らかに価値判断を含むとしてよいと思はれる。蕃夷や蕃国の語意はその例といへようが、諸蕃伝の序(巻二三二)には「西蕃」の文字がみえてゐる。ここでは高句麗と百済が一時降り、「西蕃たらんことを請ふ」たとし、渤海伝には「濫に諸蕃を総べ」とみえることから意味は明かである。

次に外国伝と諸蕃伝の記述を比較してみると、全くといつてよいほど同文である。要するに、順序を入れ替へただけにすぎないともいへるのである。その理由はすでにふれたやうに国内外情勢の変化の影響でもあつたと考へられるが、それは時代(時間)の経過の故でもあらう。ここで相違例を紹介すると、蝦夷下(嘉永木版本の第二三四巻、雄弁会本の第二四一巻)の冒頭であるが、「桓武帝延暦十一年」の

後に完成献上本（雄弁会本）では、

勅すらく、聞くならく、夷爾散南公阿破蘇化を慕ひて入朝すと。忠款嘉すべし。国司宜しく騎三百を発して、国界に送迎し、専ら威勢を示すべし。（割注は略、以下同じ）

といふ一文が挿入されてゐるくらゐである。その他には全く変更がない。

さて、具体的記述に注目すると、任那・耽羅・蝦夷・粛真・女真・琉球・吐火羅・崑崙等は国家としての扱ひではないが、その他の国々は王や主を中心とする本紀的記述でありわが国との関係の記述に終始してゐる。例へば、隋では建国に至る経緯のあとに楊堅について、

周に事へて相国と為り、隋王に封ぜられ、遂に周の禅を受けて、帝位に即き、本封に因りて国を隋と号し、元を開皇と改む。是の歳、敏達帝の十年辛丑歳なり。……

在位二十四年にして殂す。是を高祖と為す。

と叙し、続けて、

太子広立ちて、大業と改元す。実に推古帝の十三年なり。

とあり、わが国との外交関係を述べるのである。

唐については、

唐主、姓は李氏、名は淵、隋の禅を受けて、国を唐と号し、元を武徳と改めて、長安に都す。是の歳、推古帝の二十六年に当る。……淵殂す。是を高祖と為す。

とし、続けて、

子世民立つ。是を太宗と為す。元を貞観と改む。実に推古帝の三十五年なり。

と叙してゐる。注目すべきはシナの皇帝即位時には必ずわが国の年代を加へてゐることである。もとより、元号が建てられてからは元号をも書き加へてゐる。例示すれば、渤海伝に「元明帝の和銅六年」とか「元正帝の養老三年」とみえるがごときである。

さらに若干の例を加へておくと、宋の場合であるが、

宋主、姓は趙、名は匡胤、周に事へて殿前都点検たりしが、周恭帝の禅を受けて、帝位に即き、国号を改めて宋と曰ふ。是を太祖と為す。是の歳は村上帝の天徳四年なり。円融帝の貞元元年、宋主殂す。

とみえ、やはり同様の叙し方であるが、元の忽必烈のやうに必ずしも事績が明確でない時は相違がみられる。明の場合も元と同様の書き出しではあるが、それでも「元を洪武と建て、国を明と号す。是を太祖と為す。是の歳、後村上帝の正平二十三年なり。」と加へてゐる。ここでは正平が南朝年号であることを確認しておかう。

ところで、吉田一徳博士はこのやうな書法に関して「宋主姓は趙、名は匡胤と書し、諱の字を用いない。又宋主殂すと書き、崩ずとはしない。能く内外の分を審かにし、史筆に老練な者でなければ、出来ない事である。」とし「外国伝の大部分は青野叔元が草稿し、不完未稿の部分は中島平次が補撰した

のである。」（『大日本史紀伝志表撰者考』三五六頁）と述べられてゐる。さらに外国伝の撰、校合、読合等の情況を紹介されてゐる。

任那　青野叔元撰。三宅惣十郎・河合伝次校合。中島平次・河合伝次読合。

蝦夷・粛慎・吐火羅・舎衛・南天竺・林邑・崑崙・波斯　青野叔元撰。高山市衛門・相川左内校合。

栗山平蔵・小宮山次郎衛門再読。中島平次・依田喜左衛門三読。三宅惣十郎・村田勘左衛門校合。惣十郎・二郎衛門再読。平蔵・伝次三読。

これによると、外国伝は青野叔元の撰述であり、その後多くの史臣（とりわけ蒙古伝を撰した中島平次）の手を経てゐることが知られる。また、舎衛《しゃゑ》（インド）・南天竺（インド）・林邑（ベトナム）・波斯（ペルシア）などは名称のみで後年には削除された伝の項目も窺ふことができる。ただ、これらが全く記述の対象とならなかつたわけではない。それは吐火羅の伝に「吐火羅は隋国の西に在り。舎衛・古波斯、吐火羅と隣す。大月氏の別種なり。」「天竺も亦唐の西に在り。」とみえるからである。

これまでに年代の記述を中心にみてきたが、さらに唐伝にみえる天智帝の条を例示してみよう。記述は「天智帝の壬戌の歳、唐又百済を攻む」と始まるが、この条にみえる年代干支は次の通りである。参考までに西暦を併記する。

壬戌の歳（六六二）

癸亥の歳（六六三）
甲子の歳（六六四）
乙丑の歳（六六五）
丁卯の歳（六六七）
元年冬（六六八）
二年（六六九）
四年（六七一）

その後に「帝大友の元年春」、そして「天武帝の三年」と続く。天智帝の場合は干支表記と漢数字表記とがなされてゐるが、それは称制と即位後が明確に区別されてゐるといふことであり、続いて「帝大友の元年」とみえることは大友皇子の御即位を認めてゐる本紀の記述に忠実であるといふことを示すのである。

また、国家としての扱ひではない任那・耽羅・蝦夷・粛真・女真・琉球・吐火羅・崑崙では本紀的な書き方ではないけれども、わが国との関係を中心に叙述してゐる。

五　むすび——諸蕃伝（外国伝）と国郡志の関係——

国郡志は元来地理志として構想されたが、対外情勢の変動とともにその構成に変更が加へられた。それは叙述内容が時代の経過によつて改変せざるをえない部分が出来したからにほかならない。すなはち、近代国家の成立によつて領土の確定が進み、地名や行政区域の変更等がみられたからである。その代表的事例が外国伝に含まれてゐた蝦夷と琉球であり、それは明治以後では明らかにわが国の領土として確定したのであるから当然変更が加へられねばならなかつたわけである。換言すれば、国郡志の記述には国際情勢に対応した弾力的思考をみることができるといふことにならう。

いづれにしても、外国伝から諸蕃伝に改変される経緯、そして国郡志との関係をみてくると、そこには二百五十年に及ぶ『大日本史』編纂といふ大事業に伴ふ幾多の困難さを思はないわけにはいかないが、また一方義公光圀の遺志が見事に結実し、列伝としてのまとまりや編纂事業全体とのかかはりをみることができようし、さらには編纂事業の一貫性をも窺ふことができるであらう。

補論　藤田幽谷の外国伝研究

『貴重書解題　第十四巻書簡の部第三』は青山延于宛の藤田幽谷書簡を収録してゐるが、その中の一〇一文書は末尾に「十一月十一日認」とみえ、おそらくは文政七年の発信と推定される。少なくとも、収録状況からみて文政六年から九年の間であることには疑ひがない。文面は次の通りであるが、便宜八段に分けて掲げる。

①外国伝之内先達而粛慎之条へ女真補入いたし候事、御承知之通ニ御坐候。
②扨流求の無所見候も遺憾に御坐候間、補伝相立申度段、是亦御相談申置候へども、鬼界十二島之内沖縄の名目、長門本平家に相見へ候迄にて、白石ハ今琉球と相極候所、外ニ確証も無之、容易に従ひ兼候間、追而相考可申とのべ置候。
③然る所、中山の海港ニ那覇と申地名、只今に顕たる事に候。其那覇ハ即縄の仮字にて、沖トハ奥の方に有之故に称候事と存候。
④尚又中山伝信録之内琉球語を載候巻に、琉球ノ土人、居下郷者、不自称琉球国、自呼其地、曰屋其《ヲキ》惹《ナ》、蓋其旧土名也、ト有之を見出し申候。是にて沖縄の称呼、いよ〳〵琉球の事たる明白に相成候。然ハ平家鬼界の物語も書載候様ニ相成候間、いよ〳〵琉球伝相立可申存候。
⑤但元禄已後に出来候書ハ国史には採兼候間、其意味を含候迄ニて、為朝等之事さつと書入申度御坐候。左候へハ、義家附伝の為朝の条注文薩州釈玄昌云々ノ一段ハ、刪去候様ニ可致存候。
⑥琉球ハ隋書ニ始て見へ候処、幸ひに我国使人の彼に在て其布甲を見云々の事有之、其後元亨釈書ニも流求ト有之候間、流求の字相用可申存候。
⑦蝦夷の巻ニ粛慎ハ附し候間、蝦夷の次ニ流求を標し、其次ニ西南夷国漂流人等之事ヲ載候へバ、都合も宜相成候、吐火羅・舎衛・崑崙・波斯等いつれも、唐人の書に其国の地方風土等くはし（マヽ）相分り候処、此方へハ漂流人の来り候斗にて、詳なる事ハ唐の書に譲候事勿論に候へ共、あまり疎略に過

候様ニ御坐候間、是亦此間中外国の事共考究いたし置候分、可然程に書入申度御坐候。
⑧右之次第、心付候通豊田生へ指図いたし、試に書立させ候筈ニ御坐候。当時最中取懸候間、出来次第為差登、御相談可申候。今日ハまづ為朝伝注文删去の儀ニ付、為御心得申述候。以上。

順次、考察を試みることとしよう。

①は木版本も明治の完成本もその通りであるが、この文面からすると「先達而」以前はさうではなかつたのであらう。

②では「流求」の文字から検討しよう。琉球伝の冒頭に「琉球国。旧流求に作る」とみえ、割注の按文に「性霊集には留求に作り、三善清行が撰びし所の僧円珍伝には流梂に作り、書する所往往一ならず。今隋書に拠り、流求を以て定めて旧名と為す」と考察してゐる。吉田東伍博士の『大日本地名辞書』(以下『辞書』と略記する)の琉球の項には「琉球の文字古へ一ならず。隋書、流虬また流求に作り、新唐書、流鬼に作り、元史、瑠求に作り、明史以後に至りて琉球の文字汎く行る。瑠球(粤志)、留仇(続文章正宗)、留求(性霊集)、琉球(三善清行の智証太師伝)亦夫々用ふる所あり。」とみえ、さらに『隋書』『元史』等の該当箇所を掲げてゐる。「鬼界十二島」については伝に「後、南島と白石・阿甑・黒島・硫黄等の島嶼と総て之を称して鬼界島と曰ふ。凡て十二島」とみえ、典拠として「源平盛衰記・長門本平家物語」をあげてゐるが、「長門本平家物語」で沖縄の名称を確認してゐることにも注目して

よい。その後の「白石」は『南島志』のことであらうが、確証はなく後考に回すといふのである。

南島については『辞書』に「古来概称して南島と呼だのは、今の琉球諸島を」中心として、西南は台湾に連り、東北は奄美諸島、薩南諸島を持以て、九州南端に接する所の一帯の列島を指したるので、此列島は約八百海里の海上に於て、地脈断続して緩く遠く一の弧状をなしてをる」とみえてゐる。

③は那覇の地名についてであるが、『辞書』には「古来確説なし」とみえる。一般には漁場を意味するナバに由来すると言はれるが、また釣縄を置いたことが置縄となり、それが島名となつたといふ説もあるから幽谷の主張も一考に値するかもしれない。

④にみえる「中山伝信録」の引用は『辞書』にも載せられてをり、屋其惹はウチナと訓ずる。幽谷は沖縄は琉球のことであるとし、琉球伝の立伝を説いたのである。

⑤は為朝に関してであるが、伝末に『保元物語』に拠つた記述が若干みられる。為朝伝の注文の件は木版本及び完成本にみえてゐないのであるから、幽谷の意見によつて刪去された結果といへるかもしれない。

⑥の琉球については、確かに『隋書』(『辞書』によれば東夷伝)にみえ、また伝が典拠とする『元亨釈書』にもみえてゐる。

⑦に関して木版本をみると、外国伝の最終巻(第二百四十三巻、木版本の最終巻)の配列は蝦夷下・粛慎・女真・琉球・吐火羅(舎衛・波斯等を含む)・崑崙となつてゐる。ただ、本論で述べたやうに完成本

では構成に相違がみられる。幽谷は「粗略に過候様」と述べてゐるから、その後修訂されたのであらうか。木版本が幽谷の主張によつてどのやうな変遷をたどつたのかは遺憾ながら判然としない。⑧の「豊田生」は豊田天功を指すが、この書簡のもつとも重要な主張が「為朝伝注文刪去の儀」であり、またその主張の通りに修訂が進んだことが推定されるのである。

以上、わづかに一書簡ではあるが、幽谷の外国伝への関心と丹念な考証の一端を窺ふことができよう。なほ、今日では沖縄が固有の語で琉球は外国からの呼称であるとされてゐる(外間守善氏『沖縄の歴史と文化』)。

第十三章　『大日本史』の出典註記（1）——藤原長方伝——

はじめに

『大日本史』の出典註記は、それまでの史書とは異なる画期的な叙述方法として今日でも高く評価されてゐる。その指示が義公光圀から発してゐることも「御意覚書」にみえてよく知られた事実である。本章では藤原長方伝（以下長方伝と略記する）を例として出典註記の実態と長方伝の今日的価値を考察してみようと思ふ。藤原長方といつても知る人はまれであり、その伝記も注目されることはないであらう。管見の及ぶ限り、長方に関する言及は名越時正氏の「藤原長方——正論を直言した一人の貴族——」（『日本』昭和五十六年七月号、後『続々水戸の日本学』収録）のみである。以下、名越氏の所論に導かれながら長方伝について多少の考察を加へてみたいと思ふ。

一　藤原長方伝における註記例

長方伝は『大日本史』巻百五十八の列伝第八十五に収められてゐるが、その註記は次の二十箇所となり、すべて割註記載である。なほ、本文の引用は主として『訳文大日本史』に拠るが木版本も参照した。

①公卿補任・尊卑分脈
②玉海
③尊卑分脈○公卿補任、作正二位誤
④玉海
⑤源平盛衰記○按長方時為参議、此日中納言者、追称之也
⑥玉海、参取古今著聞集
⑦続古事談
⑧源平盛衰記
⑨玉海
⑩源平盛衰記
⑪玉海
⑫八阪本平家物語
⑬公卿補任
⑭玉海

⑮玉海・尊卑分脈・公卿補任
⑯公卿補任
⑰玉海・源平盛衰記
⑱玉海
⑲仁和寺書籍目録
⑳公卿補任・尊卑分脈。有文才拠分脈

⑤を除いて単に出典を註記したのみであるが、ここではどのやうに参考とされたのかを具体的に検討してみたいと思ふ。

まづ①は「藤原長方、初名は憲頼、権中納言顕長が長子なり」（①の註記までの箇所を註記の数字で示す。以下同じ）で『公卿補任』安元二年の条に「故権中納言従二位皇后宮権大夫顕長卿一男」とみえ、『尊卑分脈』顕隆卿等孫の条の系図による。

②の「頗る才学あり」は『玉海』（『玉葉』、以下同じ）の記事からは確認できないが、後引の建久二年三月十一日の条が参照されたかもしれない。

③の「累官して、従二位、権中納言に至る」は『尊卑分脈』に「従二位、権中納言」とみえることに拠るが、考察は『公卿補任』元暦二年の条に「権中納言正二位」とあり、「藤長方」の記載順からの判断により訂正したものであらう。

④の「人となり剛毅にして、事に当りて敢言し、回避する所なく、直方を以て称せらる。」は『玉海』治承四年十二月三日の条にみえる「或人云ふ、去る晦日院殿上定し、左弁長方法皇に宥し奉り、松殿に召し返さるべきの由、再三申さしむ、人々更に以て之に同ぜず云々、長方は猶公人なり、時勢に諛はず直言を吐く、感じて余り有り、誠に是れ諫諍之臣也、直と謂ふべし直と謂ふべし」に拠ったものである。

⑤の「平清盛、都を福原に遷すや、長方、怏々として、肯て駕に従はず、京師に留りければ、時人、留守中納言と曰へり。」は『源平盛衰記』第十七の「都の振舞忽に廃れて、ひたすら武士に不異、旧都には皇太后宮の大宮、八条中納言長方卿ばかりぞ残留給へる。長方卿は世を恨る事御座て、供奉し給はず、只一人留給たりければ、京童部は留守の中納言とぞ申ける。」に拠る。按文の考察は『公卿補任』によれば、中納言任官が治承五年十二月か寿永二年十二月となるので正しいであらう。

⑥の「是より先、清盛、法皇を別宮に幽し、関白基房を備前に流し、兇暴日に甚し。人、其の威焔を畏れて、敢言するものなし。源頼朝が兵を起すに及び、上皇、群臣を召して議す。長方、進言して曰く、頼朝、孤身にして兵を挙げ、数月の間、応ずるもの十餘国なるは、蓋し人心乱を思ひ、靡然として之に従ひしのみ。是他なし。政事の天意に協はざるの致す所なり。宜しく法皇に請ひて、政を聴くこと初の如くし、基房を召して京師に還らしめ、務て徳政を修むべし。則ち庶幾はくは、天意も回すべく、兵乱も弭むべしと。坐者、皆色を失ふ。清盛、聞きて内に懼れ、法皇を奉ずること初めの如

くし、基房を京師に還ししは、長方、力ありき。」は先にも引いた『玉海』治承四年十二月三日の条及び『古今著聞集』の「前右兵衛佐頼朝の謀反を群議の事」に次のやうにみえることに拠る。

頭弁経房朝臣、綸言の旨を仰けるに、左大弁発言して申けるは、偏可被行徳政、漢高被掠六国、承平年中有将門謀反、倭漢雖存先祖、於今度者、四ケ月中、十餘国皆反、当時之政若不叶天意歟、以之思之、法皇四代帝王父祖也、無故不知食天下、如元可聞食政務歟、又入道関白被沿帰朝之恩者、可為攘災之基哉と申たりけるを、諸卿ききて、みな色をうしなはれけり。他人は、ただ徳政を行はるべきおもむきをぞ申されける。彼両事には同ぜられざりけり。法皇去年冬より、政に御口入もなく、殿下ゆへなくながされさせたまひし事は、しかしながら平太政入道の張行にて侍けるに、左大弁おそるる所なくさだめ申されける、有がたき事なり。入道も、さすが道理をばはぢ思はれけるにや。其後程なく、十二月八日より法皇の御事をもなだめ申、同十六日入道殿下も、備前国より帰洛せさせ給けり。

文中の「左大弁」が長方、「入道関白」が基房であることはいふまでもないであらう。ただ、関連記事が『山槐記』にもみえてゐるが、註記しなかつたのは何か理由があつたのであらうか（安徳天皇紀等では『山槐記』が註記されてゐる）。

⑦の「清盛、百僚を会して両都の便宜を問ふ。衆、口を箝して肯て言はず。唯長方、弁析指陳して、極て新都の不便を言ふ。傍人、皆長方が為に懼れしが、俄にして策を決して都に還れり。或は、長方に

謂て曰く、新都は静海が極愛する所、卿、何ぞ譏ることの甚しきや、清盛が卿に聴きしは、意外の幸のみ。如し其の怒に触れなば、則ち卿将に之を若何せんとすると。長方曰く、然らず、人の常情、其の自ら是とする所は、意に任せて之を行ひ、復顧慮する所なければども、疑悔あるに及び、方に始て諸を人に謀る。静海が問を発する、我、既に其の意の潜に回れるを知れり。是を以て、従ひて之を導けるのみ。固より其の怒を冒さずと。聞くもの嘆服せり。清盛、雅より長方を重んず。除目あるごとに、必ず曰く、此の人、才識該博なり、人をして超越せしむべからずと。」は『続古事談』第二の臣節の次の記事に拠つてゐる。

六波羅ノ太政入道福原ノ京タテ、ミナワタリヰテ後コトノ外ニホドヘテ、古京ト新京トイヅレカマサレルト云サダメヲセントテ、古京ニノコリ居タルサモアル人ドモミナヨビクダシケルニ、人ミナ入道ノ心ヲオソレテ、思バカリモイヒヒラカザリケリ。長方卿ヒトリスコシモ所ヲヲカズ、コノ京ヲソシリテ、コトバモヲシマズ散々ニ云ケリ、サテモトノ京ノヨキヤウヲ云テ、ツイニソノ日ノ事、彼人ノサダメニヨリテ、古京ヘカヘルベキ儀ニナリニケリ、後ニ其座ニアリケル上達部ノ長方卿ニアヒテ、サテモアサマシカリシ事カナ、サバカリノ悪人ノイミジト思テタテタル京ヲサホドニハイカニイハレシゾ、イヒヲモムケテ帰京ノ儀アレバコソアレ、イフガヒナクハラダチナバ、イカゞシ給ハジト云ケレバ、此事我思ニハサル儀アリ、入道ノ心ニカナハムトテコソサハ云シカ、ソノ故ハ、ヒロク漢家本朝ヲカムガフルニ、ヨカラヌ新儀オコナヒタルモノ、ハジメニ思立ヲリハ、ナカ〳〵ニ云アハスルコトナシ、ソノシワザスコシクヤシムコ、ロアルトキ、人ニハトフナリ、コレモカノ京、コトノホカニヰツキテノチ、両京ノサダメヲオコナヒシカバ、ハヤコノ事クヤシウナリニケリトイフ事ヲシリニキ、サレバナジカハコトバヲオシムベキトゾイハレケル、マコトニ其後ニ人ニコエラレムトシケル時モ、コノ入道ヨキヤウニ申テ、長方卿ハ事ノ外ニ物オボエタル人也、タヤスク人ニ超越セシムベカラズトテ、後マデモ方人ヲセラレケル也、梅小路中納言ノ両京ノサダメトテ、其時ノ人ノ口ニアリケリ、（『群書類従』収録本による）

⑧の「寿永二年、平維盛・通盛等、源義仲を討ち、軍敗れて還り、京師、騒然たり、法皇、群臣を召して防禦の術を議す。長方曰く、源氏の兵を称げしより、勢日に猖獗して、官軍数々敗れ、復支ふべからず、国家の急なる、未だ此の如きものあらず、在昔、漢氏の匈奴に困みしとき、力、禦ぐ能はず、則ち和親を議して以て難を緩くせしは、権に達せりと謂ふべし、少しく朝憲を枉《ま》ぐると、民命を喪ふと、其の利害軽重、如何となす、宜しく早く庁使を遣はして其の罪を赦し、以て一方を救ふべしと、聴かず、義仲、進みて延暦寺に拠り、京師、守を失ひ、内大臣平宗盛、養和帝を奉じて西海に逃る。義仲等、京師に入りて法皇に謁す。」は『源平盛衰記』に拠った箇所である。すなはち第三十には「五日北国賊徒の事、院御所にて議定あり、左大臣経宗、右大臣兼実、内大臣実定、皇后宮大夫実房、堀川大納言忠親、梅小路中納言長方、此人々を召されけり」として、

長方卿は、今已に源氏等義兵を起さんと称するか、逆徒強大官軍敗績、更に本朝において比すべ

きの跡無し、承平の将門康平の貞任十の一に及ばず、同日の論に非ざるか、漢家匈奴を動かして或ひは辺郷を侵し、或ひは僭《せん》号有り、敵国の勢を窺ひて、和親の礼を致す、道に合ひ法に合ふか、早く庁使を遣はされ、尤も和仰せらるべきか、詔使を用ひざるか、官軍を敗られ、武将の恥朝家の釁、軽重如何、残る所の儀只此事在りと申されければ、当座の人々皆此儀に同ぜられけり、議奏の趣、誠に工にぞ聞えける、

とみえてゐるのである(引用は便宜明治四十四年再刊の国民文庫刊行会版により、書き下してゐる。以下同じ)。

⑨の「法皇、将に賞を行はんとす。議者、以為らく、戦功を論ぜば則ち、義仲、宜しく首賞たるべし。然れども、頼朝は実に唱義の最たり、則ち又義仲に後るべからずと、議久しくして決せず」は『玉海』に拠るが、寿永二年以降の記事が参照されてゐる。

⑩の「長方曰く、漢の諸呂を誅して文帝を立てしとき、陳平、謀主たりしかども、周勃は戦功を以て、賞、陳平に超えたり、援きて以て之を例とすれば、義仲が賞、頼朝に超ゆべし、而して、之を故事に稽ふるに、将門が誅に伏するや、戡《かん》定に功を成しし者は秀郷にして、戦闘に力を効しし者は貞盛なり、時に、秀郷を以て功第一となせり、此に拠れば、則ち頼朝、宜しく首賞たるべきなりと、之に従ふ」は『源平盛衰記』に拠つた箇所である。すなはち、第三十二には「梅小路中納言長方卿申されけるは、勲功之賞尤も行はるべきか、等差の事頼朝は本謀為り、義仲は戦功と称するか、昔諸呂を誅して文帝を立つ、陳平本謀為りと雖も、周勃戦功有るに依つて、周勃之賞已に陳平に超えたり、然ら

ば義仲之賞、頼朝に勝るべきか、但し承平に将門を討つ、秀郷は興衆平定之忠有り、貞盛は数度合戦之功を積む、公卿功を論じ、秀郷之賞貞盛を超えをはんぬ、今頼朝義兵を挙げて威勢を振ふ、旁々頼朝之賞勝るべし、義仲が除目の事、円融院大井河御遊の日、時中の卿参議に任ぜられ、其の後陣に於いて除目を行はるか、任件の例勧賞を仰がる、後日除目を行はるべきか、嘉承摂政の事、大上天皇の詔也、彼の例に准じて行はるべしとぞ申されける」とみえてゐる。

⑪の「義仲、法皇を擁して以て西海に赴かんと欲し、勧めて石清水社に詣でしむ。衆、皆危懼す、長方、使を遣はし義仲を諭して曰く、法皇、触穢あれば、未だ神を拝すべからず、仮令親ら拝礼せずとも、而も、猶神宮に近づくべからざるなりと、義仲、以て然りとなし、乃ち其の期を延しに、義仲、尋で誅に伏せり」は『玉海』寿永二年十二月九日の条に拠る。すなはち、同条後半に、

而る間、長方卿私に使者を以て義仲に触れて云く、穢中の八幡御幸は如何、縦へ御参社無しと雖も、猶神慮に恐れ有り、太だ以て然るべからず云々、茲に因て忽然として延引し、穢以後御幸候ひ給ふべきの由定め仰せ了ぬ云々、猶長方賢名の士なり、

とみえてゐる。

⑫の「文治元年、源頼朝、請ひて総追捕使となる。法皇、之を群臣に問ふ、長方、固く不可を陳べたれども、法皇、従はず」は『八阪本平家物語』に拠つた箇所であるが、確認の手段を持たないので便宜通常の『平家物語』巻第十二に拠れば、

さる程に鎌倉殿、日本国の惣追捕使を給はつて、反別に兵粮米を宛て行ふべきよし、公家へ申されけり。朝の怨敵をほろぼしたる者は、半国を給はるといふ事、無量義経に見えたり。されども我朝にはいまだその例なし。「是は過分の申状なり」と、法皇仰せなりけれども、公卿僉《せん》議あつて、「頼朝卿の申さるる所、道理なかばなり」とて、御ゆるされありけるとかや。

といふことになる。

⑬の「是の歳、薙髪して、更に中印と名づく」は『公卿補任』に拠るといふが、元暦二年（八月十四日改元して文治元年）の条には「六月〈廿五玉葉〉日出家、依俄中風也」とみえるのみである。

⑭の「右大臣藤原兼実、常に長方を推して一代の名士となししが、是に至りて、嘆じて曰く、朝廷の臣を失ふは、公家の巨損、誠に惜むべきなりと」は『玉海』に拠る。すなはち、元暦二年六月二十五日の条に、

伝へ聞く、長方今日出家入道云々、大震占文に云ふ、豪傑の士は之を慎むべし、長方豪傑に及ばずと雖も、当世の名士なり、朝廷の臣を失ふは公家の巨損、何事か之にしかんや、

とみえてゐる。『公卿補任』の出家の記事がこの条に拠ることはいふまでもない。

⑮の「三年、群臣に勅して、意見を上らしむ、問、長方に及ぶ、而れども、長方、朝家の事、為すべからざるを知りて、復建言せず、建久二年、薨ず」は『玉海』『尊卑分脈』『公卿補任』に拠つたとしてゐる。『玉海』建久二年三月十一日の条に、

去夜、入道中納言長方入滅云々、末代之才士也、又詩人也、惜むべし、哀むべし、とみえ、『尊卑分脈』には「建久二二十一薨」（二年二月十一日の意）とあるが、『公卿補任』建久二年の条では確認できない。

⑯は「年五十三」で『公卿補任』としてゐるが、確認できない。

⑰は「世に梅小路中納言と称し、又八条とも称せり」で『玉海』と『源平盛衰記』を挙げてゐる。

⑱は「長方、詩を能くし」で『玉海』を挙げてゐるが、先の三月十一日の条に拠るのであらう。

⑲は「著はす所、新選秀句あり」で『仁和寺書籍目録』を挙げてゐる。『群書類従』本には「長方卿撰」とみえる。

⑳は「子は宗隆・長兼・兼高、宗隆は権中納言、従二位。長兼は初名は頼房、文才あり、権中納言、正二位に至る。兼高は参議、正三位」は『公卿補任』『尊卑分脈』に拠り「文才有りは分脈に拠る」とともに特段の問題はないが、ただ『尊卑分脈』では兼高を正二位としてゐる。

以上のやうに長方伝の出典をみてくると、今日確認が困難な部分もあるが総じて依拠する史料に忠実であることが判明しよう。また、参考史料そのものも今日特に問題とするものではなく却つて蒐集の努力を讃へるべきであらうが、一応史料を概観しておかう。

二　藤原長方伝の参考史料

すでにふれた通り、長方伝が参考とする史料は『公卿補任』『尊卑分脈』『玉海』『源平盛衰記』『古今著聞集』『続古事談』『八阪本平家物語』『仁和寺書籍目録』の八つである。このうち『公卿補任』と『尊卑分脈』は、歴史研究の基礎史料であることは今日といへども変はりはなく『大日本史』の各伝でも参考としてゐる。『公卿補任』に関しては補欠を編纂したほどである。『玉海』すなはち『玉葉』は九条兼実の日記であるが、『立坊儀節』や『立后儀節』は主として『玉葉』からの抄出であるから重宝したことはいふまでもない（「跋立坊儀節後」「跋立后儀節後」に拠る）。

『源平盛衰記』は参考本を作成するほどの研究を重ねたものであるから重視したことは明らかである。伴信友の『比古婆衣』十六の巻に「その保元平治の物語太平記ははやく彫本にせられていとめでたきを、この盛衰記のおくれてあるはいとくちをし」とあり、『増補水戸の文籍』には、

凡四十八巻、凡例目録一巻を附す、其の凡例に盛衰記の記す所、年代事実、大抵平家物語と相類す、而して同異詳略、互に得失あり、蓋し平家物語の一本にして、其の名を異にするのみ、之を諸本に比較し、之を実録に質すに、次第本末の整ひて且詳なるは盛衰記に及ぶものなし、故に盛衰記を立てて本書となし、平家物語十一部を参互考訂し、闕漏を補ひ、訛謬を正し、逐段注記して覧者に便す、と見ゆ、其の旁書に備へしもの、凡一百十六部なり、

とみえてゐる。

『古今著聞集』は橘成季の著で建長六年に成立した説話集であつて、著名な古典であるから多くを記すまでもあるまい。

『八阪本平家物語』は名越氏によれば彰考館に「おそらくこのとき用ひたであらう古写本があ」り、該当の箇所はやはり巻十二にみえてゐるといふ（前掲論文）。

『仁和寺書籍目録』は『本朝書籍目録』のことであり、わが国で撰述された典籍を分類した図書目録で「国書の総合的な目録としては現存最古のもので、鎌倉時代以前の国書に関する貴重な資料」とされる（『国史大事典』飯田瑞穂氏稿）。

以上のやうに長方伝が参考とした史料は基礎史料として重要なものばかりであり、ほぼ正確に使はれてゐる。不備とはいへまいが、すでに註記した『山槐記』には長方に関する記載がみえるから引用することがあつてもよいかもしれない。

三　藤原長方伝の価値

次に長方伝の価値を考へてみよう。比較参考とするのは左の二文である。まづ『国史大辞典』「藤原長方」の項から掲げよう。

一一三九―九一　平安時代後期の公卿。保延五年（一一三九）に生まれる。本名憲頼。父は院の近臣藤原顕長。母は権中納言藤原俊忠の女。父の知行国の受領を歴任した後、平治の乱前後から蔵人・弁官となり、さらに検非違使に任ぜられて実務に長じ、蔵人頭を経て安元二年(一一七六)参議に任ぜられ、公卿となつた。「当世之名士」「末代之才士」と称され(『玉葉』)、治承四年(一一八〇)の源頼朝の謀反の議定では、平氏におもねらず後白河院政の復活や、流罪の藤原基房の帰京を主張した話は『古今著聞集』の政道忠臣として載せられたエピソードである。三条中納言と称した。建久二年(一一九一)三月十日没。五十三歳。

執筆は五味文彦氏、参考文献としては『大日本史料』四ノ三、建久二年三月十日の条を記されてゐるのみである。二つめは『国書人名辞典』第四巻の記事である。

公家・歌人・漢詩人 〔生没〕保延五年(一一三九)生、建久二年(一一九一)三月十日(三月十一日とも)没。五十三歳(五十二歳とも)。〔名号〕名、初め憲頼のち長方。八条中納言・三条中納言・梅小路中納言・留守中納言と称す。法名、中印。〔家系〕権中納言藤原顕長の男。母、権中納言藤原俊忠の女俊子。子、宗隆・長兼・兼高。定家の従兄。〔経歴〕安元二年(一一七六)参議。治承元年(一一七七)従三位。養和元年(一一八一)権中納言。寿永二年(一一八三)従二位。元暦二年(一一八五)出家。福原遷都の後、平清盛に意見して還都に導いたことは有名〈続古事談〉。当世の才子といわれた〈玉葉〉。元暦元年「別雷社後番歌合」などに参加するほか、自邸で歌合を主催している。『続詞花集』『月詣集』『玄玉集』『万代集』『雲葉集』『別本和漢兼作集』『和漢兼作集』『閑月集』の作者。

続いて著作を挙げ、次の参考を掲げてゐる。
大日本史料四ノ三　尊卑分脈　勅撰作者部類　平安時代史辞典　和歌大辞典　日本古典文学大辞典　国史大辞典

両者を比較すればやや後者が詳しいといへよう。エピソードは前者が『古今著聞集』から採用し、後者は『続古事談』に依拠したのであるが、ともに長方伝にはみえてゐる。『玉葉』の記事も前後者ともにみえてゐるが長方伝もふまへたものであるから、長方伝が特に劣つてゐるわけではない。しひて不備をいへば著作を『新選秀句』のみしか記してゐないことであらうか。しかし、これも文学伝の記述ではないから責めることには無理があらうし、それよりも『仁和寺書籍目録』（『本朝書籍目録』）のやうな貴重史料を採用してゐることにより注目すべきである。

以上の二文は、簡略な伝記ではあるが今日を代表するものであらう。これらと比較するとき、『大日本史』の長方伝はどのやうに位置づけられるであらうか。すでにみたやうに長方伝は当時蒐集の史料を活用してゐることは確認でき、しかもその史料は今日の伝記でも同様に活用使用され、大差はないといへよう。したがつて、二文よりも伝記としては長く詳細であることを考慮しなくとも、長方伝が決して劣つてゐるといふことはできない。むしろ、優れてゐるといふべきであらうし、先行研究として尊重されねばならないといへる。その意味で参考として掲げるくらゐは後世の研究者として当然の義務なのではあるまいか。

ところで、二文が掲げる『大日本史料』には「十日(戊午)前中納言従二位藤原長方薨ズ」といふ本文の後に『玉葉』『公卿補任』『尊卑分脈』『本朝書籍目録』『倭歌作者部類』『続和歌作者部類』『源平盛衰記』『続古事談』の記事を引き、かつ「藤原長方奉院宣」を収めてゐるが、写真版の院宣を例外とすれば二種の「作者部類」以外はすべて長方伝に引用されてゐる。『大日本史料』は原典史料のみであるから、それらを活用した長方伝は伝記としては嚆矢のものである。また、『大日本史料』の『公卿補任』には出家の条に「大日本史ニ、本書ヲ引キテ、更名中印トアリ」との注がみえるから、当然にして二文ともに『大日本史』長方伝の存在は承知してゐたはずである。さうとすれば、参考文献としての価値を認めなかつたといふことなのであらうか。

をはりに

名越氏は「行幸」の意義を正しく長方が捉へてゐたことに感嘆され、さらに『大日本史』との関連ではその収録順にも注目されてゐる(前掲論文)。

第八十五といふ順序は、関白九条兼実の次、同藤原(近衛)基通、内大臣源(土御門)通親ら五名の伝の前に置かれ、官位に関係なく、重く評価されてゐたのである。

そして、

『大日本史』が長方を重視したのは、その「人となり剛毅にして事に当たり敢言し、回避する所なく、直方を以て称せらる」といふ点を指摘されてゐる。確かに『大日本史』長方伝の叙述は名越氏の言はれる通りであり、そこに水戸の史臣（吉田一徳博士によると、執筆は契沖の甥にあたる松浦新之允であり、宝永六年に矢野好重と加藤宗伯が校訂といふ）が長方伝を作成した理由を窺ふことができるやうに思はれる（第八十五は長方伝のみ、第八十六は基通以下五名の伝を収める）。月日や没年齢に若干の異論があるかもしれないが、全体として今日においても史学的に優れた一文であることを認めることには何の支障もないであらう。

第十四章 『大日本史』の出典註記（2）——名和長年伝——

はじめに

『大日本史』が叙述に当たつていはゆる出典註記を方針としたことは実証的叙述の方法として今日でも高く評価されてゐる。その指示が直接に義公光圀から出てゐたことは「御意覚書」や「史館旧話」等によつて明らかである。例へば「御意覚書」には、

凡紀伝之出処付、縦ハ日本紀・古事記・旧事紀等ノ本拠ニ成候書ハ不及記。其外ノ雑書等より考出たる故事ハ、悉可記其出処。

とみえてゐる（『水戸義公伝記逸話集』及び但野正弘氏『新版佐々介三郎宗淳』参照）。本章ではこの光圀の指示が紀伝叙述にどのやうに生かされたのか、またその具体相はいかなるものであつたのか、について名和長年伝を例として考察しようと思ふ。

一　名和長年伝における註記例

名和長年伝は『大日本史』巻百七十の列伝第九十七の冒頭に収められてゐるが、その註記は次の二十八箇所（さらに長重伝に三箇所）となり、すべて割註記載である。

①名和家譜
②参取伯耆巻、船上録
③○梅松論作遺忠顕
④伯耆巻○太平記曰……
⑤伯耆巻、梅松論、南都本天正本太平記○見行本太平記作長重
⑥伯耆巻
⑦氏高拠伯耆巻○一作族人国高
⑧○姓名闕
⑨参取太平記、伯耆巻
⑩伯耆巻
⑪後醍醐帝賜長年宸翰
⑫太平記

⑬伯耆巻
⑭太平記
⑮太平記、伯耆巻
⑯太平記
⑰建武二年記
⑱○按西源院本云、……
⑲城耆与木訓読相通、種与草相通
⑳太平記、従弟信貞拠伯耆巻
㉑太平記
㉒建武二年記
㉓伯耆巻
㉔名和系図
㉕伯耆巻
㉖伯耆巻、名和系図○太平記云……
㉗従四位下拠系図
㉘名和家譜、正平十三年拠菊池武朝申状○本書係建武二年誤、……

以上の二十八箇所は段落の区切り目としても捉へて、以下の考察を進めることとしよう。

さて、これらの註記例を整理してみると次のやうになる。

1書名や史料名のみを記した場合……①⑥⑩～⑰㉑～㉕

2書名や史料からの「参取」と記した場合……②⑨

3文字等の異同を記した場合……③⑦㉗

4異説を記した場合……④

5考察（注釈等も含む）を記した場合……⑧⑱⑲⑤⑳㉖㉘のやうに組み合はせの場合もみられるが、基本は以上の五通りである。1は特に問題はあるまいが、2は1とどのやうな相違がみられるのであらうか。「参取」といふのはいつたいどのやうな場合なのであらうか。二例がみられるが②から検討してみよう。該当記事は次の通りである。なほ、（　）は割註記載の部分である（以下同じ）。

曾祖行秋は、承久の役に、王に勤めて、賊を宇治に禦ぎたり（伯耆巻・船上録を参取す）。

「参取」した「伯耆巻」（以下の引用はすべて国書刊行会刊行の『参考太平記』に引用されたものによる）には、長年の奉答としての「其由来ニヤ、承久ニ君ノ御方申テ、屋敷十七個所ヲ召レ候テ、末葉等皆々牢浪仕候テ、女子分ニ僅ナル所ヲ伝テ、数輩ノ者共ニテ候」といふ箇所と勅定の一部に「承久ノ古、長年カ先祖御方ニ参テ、家領ヲ失、其末葉牢浪ス」とみえてゐるから、この部分を根拠としたのであらう。

ただ「承久の役に、王に勤めて」についてのみである。

一方「船上録」(引用は『続群書類従』収録の「舟上記」による。「船上録」と「舟上記」は異名同本である。『国書総目録』参照)には末尾に次のやうにみえてゐるから、この箇所を本文の根拠としてよいであらう。

其子二方二郎三郎行秋ト云者。後ニ桜田ト改名ス。此人ノ代ニ承久兵乱有。但州ヨリ御所方ニ参。宇治ノ合戦ニ忠ヲ尽シ。関東ヨリ本領ノ上頭下頭両郷ヲ没収セラル。其子山徒ノ悪僧ト成シカ。……或時主上仰セケルハ。汝カ祖父二方二郎三郎。承久ノ乱ニ院方ニ候テ。忠功ヲ尽シケレトモ。不運ニシテ不遂ヨシ聞召ス。

これらの二つの出典を比較すると、主として「船上録」に拠り、合はせて「伯耆巻」をも参照したといふことになる。これだけでは1と2の相違が必ずしも明確とはいへず、単に出典名を記すだけで十分なのではないかとも思はれる。「参取」の意味合ひは他にあるのだらうか。そこで、さらに⑨を検討してみよう。⑨の部分の本文は次の通りとなる。

山後に陣せしが、兵八百を以て来り降る。清高、之を知らず、衆を麾《さしまね》きて競ひ進む。長年、四人を射殺す。日昏れて雷雨驟に至るに遇ひ、衆、之に乗じて突撃せしに、賊、崩潰して、死傷、谷を塡め、清高、僅に身を以て免る。是に於て、近国の将士数万、風を望みて来り集りければ、遂に源忠顕及び長年が子義高を遣はして、京師を収復せしめたり。

ところで⑦と⑧は出典の提示ではないから、ここにみえてゐる部分も実は「参取太平記、伯耆巻」

にかかると考へてよいのである。そこで、⑦と⑧の本文をも掲げてみよう。

⑦長年、邑民を募るに、能く我が倉穀を船上に運ぶ者には、人ごとに銭五百を給せんと。即日、五千餘石を致す。乃ち其の家を火《や》き、百五十人を以て船上を守り、木を伐りて寨となし、屋材を撤して楯に代《か》ふ。弟氏高、松煙を以て布を薫じ、近国将士の旗号を画き、以て疑兵を作る。

⑧翌日、佐々木清高、佐々木昌綱と、兵三千を以て来り攻めしが、旌旗《せいき》を望み見て、敢て進まず。長年、兵寡きを以て、皆樹陰に伏せしめ、数《しばしば》射手を出して矢を発《はな》たしめ、以て日の暮るるを待ちしに、命中せざるはなく、中《あた》れば必ず甲を洞《とほ》す。昌綱、矢に中りて死し、佐渡前司

「佐渡前司」の後が⑨につながるのである。注目すべきは⑦⑧⑨のほとんどが『太平記』の「先帝船上臨幸事」と「船上合戦事」（古典文学大系本による）に拠つてゐることであり、「伯耆巻」はわづかに⑦の註記にみられるのみであつて、いはば副次的なものである。これは「伯耆巻」の「長年弟竹万七郎入道氏高」に拠つたのであるが、すでに『参考太平記』が「長年カ一族名和七郎ト云ケル者」の箇所に「伯耆巻作長年舎弟竹万七郎入道氏高」と註記してゐたことなのである。したがつて、『太平記』研究の成果といふことにならう。

続いて⑤のやうに二つ（もしくはそれ以上）の出典を注記した場合を検討しよう。とりあへずここでは「伯耆巻」と「梅松論」を確認してみよう。長年伝の本文「長年、乃ち衆を率ゐて奉迎し」が拠つた箇所は「伯耆巻」の、

長年宣ヒケルハ、時刻ヲメクラサス、急キ御迎ニ参レトテ物具ヒシヒシトシテ、馬ニ打騎打騎馳参ス

及び「梅松論」の、

我身ハ鎧ヲ著シ、兄弟子供五十餘人、歩行ニテ御迎ニ参リケリ

であらう。多少は前後も該当するかもしれないが、ほぼこの箇所と考へてよい。さうすると出典には忠実であつて、しかも二つの出典は同じ比重で用ゐられてゐることになり、「参取」と註記した場合とは異なるやうである。⑤と②⑨を比べると、「参取」はどちらかの出典を主とし他の出典を副次的に参考とした場合であり、独自の註記といふことにならう（本紀列伝には多くの例がみられる）。

以上に若干の註記例を取り上げたが、なほ二・三を追加しよう。まづ④の「太平記曰」の箇所である。註記は次の通りである。

帝、使を遣はして長年が家を造らしめしに、長年、適《たまたま》族人を聚めて宴飲せしが、沈思して未だ対《こた》へざりしに、弟長重、進みて曰く、士の重んずる所は名なり。今、万乗の尊を以て、忝く我に委託し給ふ。我が輩、尸《しかばね》を戦場に横へ声を後昆に播《ま》かんのみ。度るに追兵当に至るべし。宜しく先に駕を奉じて船上山に入るべしと。衆皆奮ひて従へりと。未だ孰か是なるを知らず。

ここにみえる『太平記』の本文を便宜『参考太平記』巻第七から引けば、

名和又太郎ハ、折節一族共呼集テ、酒飲テ居タリケルカ、此由ヲ聞テ、案シ煩タル気色ニテ、兎モ

角モ申得サリケルヲ、舎弟小太郎左衛門長重、進出テ申ケルハ、古ヨリ今ニ至迄人ノ望所ハ、名ト利トノ二ツナリ、我等忝モ十善ノ君ニ頼レマイラセテ、尸ヲ軍門ニ暴ス共、名ヲ後代ニ残サン事、生前ノ思出、死後ノ名誉タルヘシ、唯一筋ニ思定サセ給フヨリ外ノ議有ヘシトモ存候ハスト申ケレハ、又太郎ヲ始トシテ、当座ニ候ケル一族共二十餘人議ニ同シテケリ、

であり、この部分の漢訳となる。『大日本史』は漢文の歴史書であるから漢訳するのに不思議はない。末尾に「未だ孰か是なるを知らず」とみえるけれども『太平記』よりも「伯耆巻」を重視したといふことにならう。

次に⑧であるが、『大日本史』では名を記すことを原則としてゐるからこの註記を挟んでゐることとなる。「佐渡前司」は「伯耆巻」にはみえず『太平記』に拠つた記述であるが、名が判明しなかつたわけである（名を記さない例としては「篠塚某」「僧某」などが知られる）。なほ、「船上録」と「伯耆巻」は列伝第百三の富士名義綱伝にも活用されてゐる。

このやうにみてくると、一つ一つの註記にも史書を形成する重要な役割が与へられてゐたことが窺へるやうに思はれる。

二　「伯耆巻」の水戸伝来について

次に、長年伝がもつとも重要視した「伯耆巻」の水戸伝来についての検討に入らう。いつたい「伯

耆巻」といふ史料はいかなるものであらうか。「伯耆巻」が水戸に知られるやうになつたのは延宝年間といはれる。そこで平泉澄博士が『史学雑誌』第五十六編第一号所載の「伯耆巻古写本の出現」（『名和世家』にも附録第二として収録）において紹介される二史料①②に注目してみよう。

①延宝七己未年十一月一日、鑑茂公立花三郎右衛門ヲ以被仰付候ハ、伯耆家の系図並ニ伯耆巻、水戸宰（相ノ字ヲ脱ス）様御覧被成之由候間、写可差上之由、則同月七日系図ノ写差上申候、同日江戸へ被差上、其後参考太平記板行、十二巻目ニ系図伯耆巻有、

②当秋伯耆巻、十左衛門より借候而、江戸写遣候、早々差返可申之処、我等手前にも写置度、たゞ今迄久々留置候、写し申候間、則指返し候、大事物久々留置満足候、右之通申、可指返候、最前之使、其方と覚候間、其元迄遣事候、尤不及返答候、已上、

飛騨

立花三郎右衛門殿

平泉博士によると、①は「名和家旧記」の記載であり、②の文書にみえる「飛騨」は飛騨守立花鑑虎で柳河藩主、有名な宗茂の孫に当たる人である。「立花三郎右衛門」は家老と推測され、「十左衛門」は名を長盛といひ、当時伯耆氏を称してゐた名和氏の嫡流とのことである。博士はこの二史料によつて知られることを次のやうにまとめられてゐる。

即ち筑後柳河の藩主立花飛騨守鑑虎は、水戸宰相徳川光圀の依頼により、延宝七年立花三郎右

衛門を介して、当時伯耆氏を称してゐたところの、名和氏の嫡流十左衛門長盛が、家に伝ふる系図ならびに伯耆巻を謄写せしめて、一部を水戸へ贈ると共に、伯耆巻は柳河藩にも一部謄写保存せしめたのである。而して其の場合に、系図は原本を家より出さず、名和家に於いて新に写したるものを藩へ提出し、柳河藩は之をそのまゝ水戸へ贈つたのであり、伯耆巻は名和家に伝ふる本を藩へ借用し、柳河藩に於いて二部之を謄写し、一を水戸へ贈り、一を柳河に留めたのである事は、右の文書及び記録によつて推定せられるのである。つまり系図といひ、伯耆巻といひ、水戸はたゞ其の写本を貰ひ受けたのみであつて、直接原本に就いて攻究する機会は、之をもたなかつたのである。即ち伯耆巻の学界に知られ、天下に聞ゆるに至つたのは、延宝七年よりの事であるが、それは原本に就いての精密なる研究を経ずして、写本によつて紹介せられたのであつた。

水戸に伝へられた「伯耆巻」は『参考太平記』に引用され『太平記』研究に活用されるが（以下、参考収録本と略記）、この「伯耆巻」はいはゆる「流布本伯耆巻」のことである。以下『群書類従』収録本（流布本。以下、類従本と略記。二段組の刊本）との比較を試みよう。

まづ『参考太平記』では四回に分けてそれぞれの該当部分に引用してゐるが、類従本でいへば冒頭の十行と末尾の十二行ほどが省略されてゐる。多少の文字使ひを除けば全く同一の内容といつてよい。ただ、類従本には初めの部分に「此間闕」と記した箇所があつて、その分量は六十三行（国書刊行会刊行本の引用、二段組）に及んでゐるが、参考収録本の引用に省略箇所はない。さうしてみると、類従本と参考収録本は同系統本ではあるが必ずしも同一の底本ではないやうである。類従本が収録の際に、この箇所を省略したとは内容からみても考へにくいからである。なほ、『扶桑拾葉集』参照の例からみても『参考太平記』を参照する機会はあつたと思はれるのであるが、その詳細を明らかにすることはできない。

類従本には、さらにもう一箇所異なる箇所がある。末尾の方に収める「後醍醐帝賜長年宸翰」（この宸翰については後述する）に御製がみえてゐるが、この御製の前にわざわざ「御製」との註釈を付けてゐるのである。もとより参考収録本にはみえてゐないから収録の際に編集者が挿入したものである。

いづれにしても、類従本・参考収録本ともにいはゆる流布本であるが、『続群書類従』には「異本伯耆巻」（以下、異本と略記）と「舟上記」が収録されてゐる。流布本と異本はもとより別本であり文も異なるが、異本の後半部分（すなはち下巻）と「舟上記」はほとんど同文である。おそらくは異本の抜き書きであらう。先引の長年伝が註記する「船上録」は「舟上記」を指すのであるから、水戸では「伯耆巻」と「船上録」のみを収集し得たといふことにならう。なほ、「伯耆巻」（流布本）の成立は田中義成博士以来近世初期の成立であるとされてゐるが（『南北朝時代史』）、平泉博士はさらに遡る「古本伯耆巻」の存在を指摘されてゐる（前掲書）。ただ、「古本伯耆巻」について村田正志博士のやうに近世初頭の作といふ見方もある（『国史大辞典』）。

さて、水戸が入手した流布本については平泉博士の考察の通りで付記すべきものがないけれども、富永源十郎氏の言及について若干の検討を加へておきたいと思ふ。富永氏は昭和六十一年発行の『名和長年』（米子市の立花書院から刊行）において水戸との関連を追及されてゐる。まづは「名和長年と大日本史」の末尾の一節に留意しよう。

以上の結果、隅東という人物は、さまざまな伯耆巻や系図をすべて一人で書いているが、船上録も隅東が書いたのではないかという気がする。名和家のこともこれほど詳しく熱心に研究しているものは他にはあるまい。敢えて言えば、隅東とは丸山可澄の別名ではないだろうか。だが隅東が諸書を書いたのは慶安・承応（一六五〇年代）であり、光圀が名和氏系図や伯耆巻を名和家から借り出し、可澄に書かせてたのは延宝七年（一六七九）以後のことである（一〇六頁）。

隅東といふのは「異本伯耆巻」の奥書にみえる人物であるが、その奥書は左の通りである。

右伯耆巻二局以百花庵所蔵本書写書中往々有他書所無見者誰不珍之乎

辛卯七月　隅東印

片見　池田氏所蔵

片見の池田氏が所蔵してゐた写本から筆写したのであるが、池田氏は方見神社の神官で今日では池本氏を称してゐるといふ。また、富永氏によると静嘉堂文庫が架蔵する「名和家記」中巻の末にも全く同様の奥書が記されてゐるといふ。そしてこの「名和家記」中巻は「異本伯耆巻」下巻や「船上録」と同文といふのである。さらに筆跡も同じであり、筑波大学本伯耆巻や早稲田大学本伯耆巻も同筆と判断されてゐる。確かに掲載の写真からは同筆のやうにも思はれるが、特に注意すべきは「系図」も同筆としてゐることである。系図は後述することとして、隅東が丸山可澄《よしずみ》ではないかとされる点を考へてみよう。

丸山可澄は水戸の史臣で系図や花押の研究で知られる学者である。その生年は明暦三年であり、没年は享保十六年であつて七十五歳の長命を保つた。富永氏の言及の慶安・承応年間であれば可澄は十歳に満たない年齢である。その年齢で書写することには無理があらうし、第一に水戸領に生まれ、義公に仕へたのが十八歳なのだからこれ以前に異本に接する環境にあつたとは考へにくいのである。しかも、可澄の自筆である『筑紫巡遊日録』や『奥羽道記』(但野正弘氏のご提供による複写。また可澄に関しても同氏の『水戸史学先賢伝』所収「活堂丸山可澄」を参照した)とは明らかに筆跡が異なるのである。延宝七年であれば仕官後で二十二歳となり、史館物書(江戸住み)になつてゐたから年齢上は特段問題がないけれども、やはり富永氏の推定は成立しないといはざるをえない。

なほ、後年のことであるが、藤田幽谷の義兄弟にあたる丹就道が次のやうな歌を詠んでゐる(拙編『幕末の水戸歌壇・其八』収録の「丹就道詠草」)。

舟上録をよみはへりける時すゝろに涙すゝミけるを宇佐美公実見をこせて「いにしへもいまもかよへる誠こそ君かなミたの程にハありけめ」といへりけれハ

つなてひくみふねのうへをなミ〴〵に思はん人の袖やひつへき

就道は文政八年に没してゐるから、これ以前に「舟上録」（舟か録のいづれかが誤りであらう）が水戸の人々の間で読まれてゐたことは明かである。さらに幕末、吉成信貞が「読伯耆巻」といふ一文を著してゐることを付加してしておかう（仲田昭一氏『水戸史学』第三十六号収録「名和長年公と水戸藩の顕彰」）。

三　「後醍醐帝賜長年宸翰」について

長年伝に註記の「後醍醐帝賜長年宸翰」は「名和長年に下し給ふ勅書」の題で『扶桑拾葉集』に収録される一文であり、収録の中では後醍醐天皇唯一のものとなる。南朝に関はる文章は決して多くはないが、ここではこの文章の『扶桑拾葉集』収録の意義を考へてみよう。この文章は巻十三に収められ、後伏見天皇の願書等三文章の後に、そして宗良親王の「李花集の内」から選択された一連の文章の直前にみえてゐる。全文を木版本によつて左に掲げよう（以下、拾葉集本と略記する）。

漫々たる海上に、いつくともなく漂ひて、四日はかりハ過ぬ、二十七日の夕かたにや、杵築の浦にて、西風はけしく吹て、いかなるへきにかと心さはきせしかとも風にまかせしに、夜より海上もしつかにて、明ぬれは爰かしこも見ゆるに、伯耆の湊に着ぬ、檝とりも今はちからつきぬといふを、とかくして大坂といふところへつきぬ、こゝはあら礒にて、釣舟たにもまれなり、この所の主といふものも都に有けれは、よしあしにつけてことゝふへきものもなし、ともなるひと一人二人、猶人求めにとて出ぬ、檝とりもにけうせぬれは、あやしき笘の下に、只独うつもれ居たる心の中、いはんかたなし、なをしなんと引つくろひて、今はかきりと待ゐたるに、舟のもとに人ひとり来り、荒々しくもなきはいかなるにやとあやしきに、忠顕を尋ねて御迎ひのよしを奏す、うれしなんとはかゝるためしをそ云へかんめる、中々其時は心もことはも及へきにあらす、思ひいつるたひことに、其気味猶むねにあり、忠を致す輩、いつれも疎なるへきにはあらねとも、指あたりて待出たりし心地なん、たとふへきかたそなかりし、

忘れめやよるへも波のあら礒を御舟の上にとめし心を

長年か忠功、後代の人にもしらせんかために、しるしをく也、すゑ〳〵の君にもこれを見せたてまつらは、いかゝをろかならん、私の子孫まても此忠は朽しとおもへは、正直を以報国として、行末久しくつかへたてまつるへし

二丁ほどの文章であるが、『群書類従』巻第三百七十二収録の「伯耆之巻」と巻五百七十四収録の「異本伯耆巻」にも同じ箇所がみえてゐる。ただ、異本には御製までで其の後の一文がみえておらず、刊本では行間に「伯耆巻ニアリ」と註記してゐる。

漫々たる海上に、いつくともなく漂て、四日計は過ぬ。廿七日之夕方にや。杵築之浦にて西風はけしく吹て。いかなるへきにかと心騒せしかとも。任風せしに、夜より波の上も静にて。明ぬれは此彼も見ゆるに。伯耆之湊に着ぬ。楫取も今は力尽ぬと云を。兎角して大坂と云所へ着ぬ。爰荒礒にて釣舟たにもまれなり。此所の主と云者も都に有けれは。よしあしにつけてこたふへき者

もなし。ともなる人。一人二人は猶人求めにとて出ぬ。楫取もにけうせぬれは。あやしき笘の下に只独うつもれ居たる心の中いはんかたなし。なをしなんと引刷て今は限りと待居たるに。船のもとに人独来り。荒々鋪もなきはいかなるにやとあやしきに。忠顕を尋て御迎の由を奏す。うれしなんとはかゝるためしをそ云へかんめる。中々其時は心も詞も可及限にあらす。思出たる度ことに其気味猶むねにあり。致忠輩いつれも疎そかなるへきにはあらね共。指当て待出たりし心ちなんたとふへき方そなかりし、

御製

　忘めやよるへも波のあら礒を御舟の上にとめし心を

長年か忠功。後代の人にもしらせんかためにしるし置也。末々の君にも是を見せ奉らは。いかゝをろかならん。私の子孫までも此忠は朽しと思へは。以正直報国として行末久敷つかへ奉るへし。

両本を比べてみると、全体に類従本は漢字への置き換へが多く、また漢文の箇所を書き下さずにそのままの形を維持してゐる。ただ、先にも述べたやうに「御製」の文字は拾葉集本や異本にもみえてゐないから編集時の書き加へであらう。

この宸翰は長年伝にも一部が漢訳して引かれてゐる。関係部分は⑪である。

又文及び和歌を製し、具に風濤漂泊の艱を述べ、以て長年が功を称して曰く、朕、将に卿が忠を万世に垂示せんとす。子孫、正直にして以て国に報いんことを忘るること勿れ。

宸翰の末尾の部分に拠つた引用であり、もつとも重要な箇所との判断と考へてよいであらう。

ところで、この宸翰は平泉博士が論じてをられるやうに異例のものであるが、博士が紹介される「古本伯耆巻」にもみえ、『続群書類従』に収録の系図二部にもそれぞれの巻末に収めてゐるのである。さうすると、流布本が近世の成立であつたとしてもこの宸翰は後醍醐天皇から長年に下されたものと認めてよいといふことにならう。宸翰そのものの詳細は博士の『名和世家』に詳しく論証されてゐるので参照されたいが、『拾葉集』収録の経過について若干の言及をしておきたいと思ふ（その他、『拾葉集』については拙著『大日本史と扶桑拾葉集』を参照されたい）。

『拾葉集』の完成は「義公行実」や「桃源遺事」によつて延宝六年正月と知られ、さらに八年に後西院に献上されたことが窺へる。したがつて、六年に完成した三十巻のうちに宸翰は収められてゐなかつたはずである。なぜならば、宸翰は「伯耆巻」にみえてをり、その「伯耆巻」が水戸に伝へられたのは延宝七年十一月のことだからである。しかし「往復書案」を精査された松本純郎氏は『水戸学の源流』において『拾葉集』が三十巻に整へられたのは七年暮のことであり、さらにこの頃になつても盛んに増補改訂が行はれてゐたとされてゐる。おそらくは三十巻の成立が七年の暮であつてもこの中に宸翰が収められてゐたとすることは時間的に無理であつて、その後の増補とすべきであらう。ただ、「新葉和歌集序」収録の問題と合はせて吉野正統思想の自覚に迫る重要な視点を提供するものといへるかもしれない。

いづれにしても、宸翰は元禄三年成立（翌年刊行）の『参考太平記』に引用された「伯耆巻」と元禄六年に刊行された『扶桑拾葉集』に収録され、かつ『大日本史』の史料として用ゐられたのである。

四　長年伝本文の検討

さて次には、長年伝の本文を検討しよう。系図との関係で言及するのは②である。再度掲げれば、

曾祖行秋は、承久の役に、王に勤めて、賊を宇治に禦ぎたり

である。検討を要するのは「曾祖行秋」であるが、これが「船上録」（『続群書類従』収録の「舟上記」）に拠つてゐることはすでにふれた。ところが、『続群書類従』収録の「村上源氏那波系図」によると曾祖父は行明となつてゐるのである。要するに行明―行盛―行高―長高（長年）といふ系譜なのである。同じく類従収録のもう一つの系図では行盛からでそれ以前が記されてをらず、また平泉博士が『名和世家』に紹介されたものも同様である。「承久の役に」以降の本文も「船上録」に拠つたのではあるが、先に引用したやうに「伯耆巻」をも参照して作成されたことは疑ひがない。問題は「村上源氏那波系図」の行明の項にみえる「承久乱依忠賞、伯州長田之領主」といふ記載である。刊行本は掲載の写真でみる限り誤植はないから、これをどのやうに解釈すればよいのであらうか。ふつうに文意をとれば承久の乱の恩賞として長田の領主となつた、といふことであらう。さうすると、長年伝の記述とは齟齬をきたすことになるが、長年伝は「伯耆巻」と「船上録」を採用した結果である。ただ「名和系図」

冒頭の行盛の項目に「但馬禅師。伯耆国へ被流、長田給」とみえることをも検討しなければならない。平泉博士は「禅師」を前司であらうとされ、また建久から元応にかけては藤原泰頼とその子孫が長田庄を領有してゐたと『吾妻鑑』等によつて述べられ、「名和氏は會て長田庄を領し、それが泰頼の為に奪はれたのであつて、彼の泰頼が頼朝に訴へ出でた時、被告となつたものは、名和氏に外ならなかつたのであらう」（『名和世家』）とされてゐる。さうすると、承久年間に名和氏は長田庄を押さへ得なかつたのであつて「村上源氏那波系図」の方にかへつて疑問が生ずることになるのである。

後年のことではあるが、「志」二十八皇別にみえる「名和氏」の項では、

昌明は行明を生み、承久中、伯耆長田邑に食し、長田氏を称す。其の孫行高伯耆守長年を生み、本国名和荘の地頭となる。

と述べ、「本国以下伯耆巻」と註記してゐる。本国以前は註記がないのでわからないが、おそらくは「村上源氏那波系図」の記載に忠実であるからこれに拠つたのであらう。

ただ、富永氏の次の記述には検討の余地があらう（前掲書九八頁）。

光圀が丸山可澄に命じて編纂させた「諸家系図纂」（静嘉堂蔵）には、名和家から提出された「村上源氏那波系図」がのっているから、光圀も可澄も名和氏が、承久の乱では幕府側だったことはよく知っているはずである。

確かに「村上源氏那波系図」によれば成り立つけれども「那波系図」そのものが必ずしも十分とは

いへないのであるから、考証としては不備といはざるを得ない。また行秋と行明はともに「ユキアキ」と訓すれば同人としてよいから、取り立てて問題とはならないであらう。

ところで、実際に長年伝を執筆したのは楠正成伝を撰した三宅観瀾であるから可澄ではない（『修史始末』宝永三年の条按文に「正成長年諸伝を作る」とみえる。吉田一徳博士『大日本史紀伝志表撰者考』も参照、なほ博士は「新八・彦太夫一見了。正徳二年中村彦五郎・小池伊之助対読」との奥書をも紹介されてゐる）。実際にどの史料を採用するかは主として草稿執筆者の力量による部分が多かつたと思はれる（『大日本史と扶桑拾葉集』に若干の実例を紹介した）。可澄が『諸家系図纂』を編纂したのは事実であるが、それが直接に執筆の参考となつたかどうかは不明なのである。したがつて、「那波系図を調べ平家物語、吾妻鏡でその傍証、史実を知り、このままでは名和長年の勤皇にきずがつくと思ってか、意識的に行明を行秋に変え、宇治の戦では京方だったという筋にしている。」（前掲書九六頁）といふのもまつたくの独断にすぎず、史学的には成立しないといはなければならない。

もう少し系図を検討してみよう。註記の㉔と㉖の「名和系図」といふのは「村上源氏那波系図」のことではない（『続群書類従』や『諸家系図纂』にはともに収録されてゐる。富永氏にしたがへば平泉博士が紹介された「文明の古系図」を第一系図、「村上源氏那波系図」を第二系図、「名和系図」を第三系図と呼ぶことになる）。そこで㉔の本文を確認してみよう。

基長、後僧となり、高野山に居る。

この文は「名和系図」にみえる「三十歳出家。法名心阿。高野山宝幢院細谷庵室住」に拠つてをり、また㉖の本文である、

後、正六位上に叙せられ、父と駕に従ひて延暦寺に戦歿せり。

は基長の弟高光についてであるが、やはり「名和系図」の「童名乙童丸四郎左衛門尉正六位上」「建武三十一於山門西坂本逝去。廿二歳。」といふ記載に拠つたのである。「村上源氏那波系図」にも高光に関して「建武三年七月於山門西坂本討死。廿二歳。」とあるが、位階のことはみえてゐない。

また㉗にも系図の註記がみえるが、この本文である、

義高が子顕興は、実は基長が生める所、従四位下に叙せられ、検非違使・弾正大弼・伯耆守となる

は「名和系図」に拠つたのであり、「村上源氏那波系図」ではないのである。

このやうな状況をみると、長年伝が出典としたのは「村上源氏那波系図」ではなく「名和系図」といふことになならう。さうすると三宅が長年伝を執筆する際に「村上源氏那波系図」を重視しなかつたといふことにならう。『諸家系図纂』は元禄五年の成立であり、三宅が水戸を去つて幕府に仕官するのは正徳六年のことであるから十分に参考とする機会が存在したはずなのである。

ところで、先に平泉博士が紹介された史料を引いたがその②にみえる「系図ノ写」とはどちらなのであらうか。あるいは両方（第二系図と第三系図）なのであらうか。また「其後参考太平記板行、十二巻

目ニ系図伯耆巻有」ともみえるが、刊行本で確認すると「伯耆巻」は巻第七に引かれ、系図の引用はみえない。このやうにみてくると、系図と長年伝の関係には解明すべき点がなほ存在するといふべきである。

をはりに

以上わづかな論述ではあるが、出典註記に関して少なくとも次のやうなことは指摘してよいであらう。

一、註記の方法には様々な形態があつて、出典のみでなく文字の異同や異説・考察・注釈等も含まれてをり、大きく五分類されること。
二、特に「参取」といふ註記は独自の用法であると思はれること。
三、註記には「御意覚書」の「其外ノ雑書等より考出たる故事ハ、悉可記其出処」といふ指示が十分に窺へること。
四、「後醍醐帝賜長年宸翰」のやうな和文や『太平記』等の史料は漢訳して用ゐられてゐること。
五、註記にみえる系図は「名和系図」（富永氏のいふ第三系図）であること。
六、『参考太平記』等の基礎史料編纂における成果も十分に活用されてゐること。
七、史料の採用は草稿担当者の力量に負ふところが大であること。

　また『大日本史』『扶桑拾葉集』『群書類従』等との相互関連についても解明すべきことが多く存在し、特に史料の採用や活用に関する研究はまだ緒についたばかりであつて、今後の研究にまつところが大きいと思はれる。

第十五章　『大日本史』の源義経伝

はじめに

源義経といへばいはば悲劇の英雄である。それは兄頼朝との確執がもたらした結果であることはいふまでもなく、判官贔屓の言葉通り多くの日本人に親しまれてきた人物であり、『おくのほそ道』飯塚の里や平泉の条にみられる芭蕉の義経観はその代表といつてもよいであらう。芭蕉と同時代に編纂が始まつてゐた『大日本史』の源義経伝にも義公をはじめとする水戸学派の義経観が如実に表明されてゐるのであるが、以下の叙述ではその記述の実際をたどつてみたいと思ふ。それは『大日本史』の歴史観や編纂の一様相を明らかにすることともなるであらうと確信するからである。考察に際して、

- 平泉澄博士『芭蕉の俤』判官の章
- 宮田正彦氏『日本』第三十五巻第五号所載「水戸黄門外伝――能楽の事――」（後『水戸光圀の遺猷』収録）
- 瀬谷義彦氏『茨城県史研究』第六十六・六十七号所載「義経旅情――義経伝説と『大日本史』」（後

『茨城地方史の断面』収録）
•但野正弘氏『水戸史学』第六十三号所載「源義経の元服の地は何処？」
•但野正弘氏『植草学園短期大学紀要』第六・七合併号所載「水戸光圀における「源義経」論――鴨越の坂落しと弓流しの逸話から――」
の論考を直接・間接に参考とさせていただいたので一括して掲げ、謝意を表しておきたいと思ふ。

一　安積澹泊の義経観

まづは往復書案・修史五（『茨城県史料』大日本史編纂記録による）中の次の一文に注目してみよう。老牛と称してゐた安積澹泊が小池・打越の両総裁に宛てたものである。便宜四段に区切つて掲げる。

①先年義経伝論賛書申候節、義経之始末委細ニ相考申候所、金へ被仕候と申事金史ニ沙汰も無御座候。金史小伝と申書ニ、義経金へ被渡将軍ニ被任候と有之由世々申伝候へ共、金史小伝偽書ニ而後人附会之説と相見へ候。一分愚案斗ニ無之其節新井筑後守殿へ致文通相尋候事ニ御座候。義経衣川ニ而討死ニ而ハ無之蝦夷へ渡られ候ハ正説と被存候。

②子細ハ義公御代拙者御小納戸役相勤候時分、中山故市正殿・松前兵庫殿と御懇意ニ御座候ニ付、兵庫殿より奥蝦夷大王夫婦之衣服・刀・脇指等御借り被成義公へ御指上被成、小野庄兵衛へ木形、内藤友貞・村岡宗寿へ絵図被仰付毎御取扱致出納、右三人へ相渡候付、よく覚候而罷在候。其中

ニくわさきと申候而、義経之神霊と申物有之、蝦夷人煩候時是へ祈候へハ必効験有之由、錫とも鈆とも見へ不見、蝦夷鉄《かね》ニ而作候物、形ハ全ク昔之鍬形ニ御座候。刀脇指之惣名ゑもしほと申候而、りうのゑもしほし、小まき作りのゑもしほなと、申候而、長短色々御座候。

③扨又、蝦夷之絵図ニ海辺岩ニ出張申候所有之、弁慶か鼻と書付有之、奥蝦夷ハ女真へ続キ候地、女真ハ即金ニ御座候。彼是取合セ見候へハ、蝦夷へ被渡候ハ、必定と被存金へ被渡候と申説もにくからぬ儀ニ御座候。

④論賛へ書申候通、義経程之名将、庸人之泰衡被討可申様ハ無之筈ニ被存候。此段竹雲へ被仰遣備前守殿御聴ニ被相達候様ニ御取斗可被成候。（一〇〇頁）

日付には「仲冬廿七日」とみえるが、あいにくと年次は不明である。収録状況からすると、元文二年十一月二十七日かもしれぬ。さうとすればまさに最晩年、しかも没する二週間ほど前に当たる。①にみえる白石との文通に関しては後述するが、この書簡の重要箇所は傍線部であつて、要するに義経生存渡海説であり『吾妻鏡』（『大日本史』では「東鑑」）にみえる「衣河」における最期の否定なのである。しかし、これは④に「論賛へ書申候通」とあるやうに澹泊にとつては特段新しい主張ではなかつたのである。

　それでは論賛にはどのやうに記されてゐたのであらうか。澹泊の意図はどこにあつたのであらうか。関連する箇所を引いてみよう。

⑤世に伝ふ、義経、衣川館に死せずして、遁れて蝦夷に至ると。其の果して是なるや否やを知らざるなり。
⑥六月辛丑、泰衡の使者、首を齎して腰越に至る。漆函に之を盛り、浸すに美酒を以てせり。頼朝、和田義盛・梶原景時をして之を検せしむ。己未より辛丑に至るまで、相距ること四十三日。天、時に暑熱なり。函して酒に浸すと雖も、焉んぞ壊爛腐敗せざるを得ん。孰か能く其の真偽を弁ぜんや。義経は機警、人に絶し、危に臨み険を踏むも、死せざること数々なり。其れ必ず、首を庸劣の泰衡に授けざらん。
⑦頼朝の奸雄なる、天下に揚言するに、其の首を獲たるを以てすれば、則ち以て人心を鎮圧するに足る。其の実を究詰するを必せざるなり。然らざれば、何ぞ其れ、稽緩すること此に至らんや。
⑧今に至るまで、夷人、義経を崇奉し、祀りて之を神とす。之を情理に揆《はか》るに、其れ或は然らん。

（日本思想大系『近世史論集』による）

論賛⑤では生存渡海説の伝承にふれるとともに、『吾妻鏡』にみえる義経の首の記事に疑問を投げ掛けてゐるのである。その疑問は、第一に四十三日間の暑熱では美酒中でも腐敗するから首の真偽を判断することはできない、第二に機警なる義経が凡庸の泰衡に首を渡すはずがない（以上⑥）、第三に奸雄なる頼朝が義経の首を早く得て天下に揚言すれば人心鎮圧に役立つのに何故稽緩《けいかん》（とどこほってゆつくりするの意）したのか（⑦）、の三点となり、⑧では今日夷人が義経を神として祀つてゐるのも理由があるのではないかとしたのである。そこで次には『大日本史』の叙述を探らねばならないであらう。

二 『大日本史』の義経伝

義経伝は将軍家族伝の一、すなはち列伝の百十四に兄範頼伝に続いて収められてゐるが、範頼伝よりははるかに多くの叙述量である。それは「源義経、小字は牛若、左馬頭義朝が第九子なり。人となり軀幹短小、白皙にして反歯、神彩秀発、趫捷なること人に軼ぎたり。」から始まり、「義経、兵を用ふること神速にして、人能く及ぶことなし。故に、義仲を翦り、平氏を殄すに、功效甚だ亟なりき。而れども、頼朝の忌むところと為りて、終に軀を喪ふに至れり。世、咸其の兵略を伝承せり。」で終はる。伝を構成した史料は『尊卑分脈』『吾妻鑑』『平家物語』『平治物語』『源平盛衰記』『玉海』『山槐記』等であり、同時代の紀伝とも通ずる基本的文献である。義経伝の中で澹泊の主張との関連で検討しなければならないのは義経最期の叙述であるから、本文から確認しておかう。

閏四月晦、泰衡、兵を遣はして衣川を襲ひしに、鷲尾経春等、力戦して死す。是に於て、義経、妻子を刺し殺して自殺す。時に年三十一。泰衡、首を鎌倉に伝へたるに、見る者、皆涙を堕せり。

この最期の部分は『源平盛衰記』と『八坂本平家物語』を参取しつつも、主として『吾妻鑑』に拠ったのであるが、一応確認してみると閏四月三十日の条には、

三十日己未。今日、陸奥国ニオイテ、泰衡源予州ヲ襲フ、コレ且ハ勅定ニ任セ、且ハ二品ノ仰セ

ニヨッテナリ。予州、民部少輔基成朝臣ノ衣河ノ館ニアリ、泰衡ハ兵数百騎ヲ従ヘテ、其ノ所ニ馳セ至リ合戦ス。予州ノ家人等相防グトイヘドモ、コトゴトク以テ敗績ス。予州ハ持仏堂ニ入リ、先ヅ妻(二十二歳)子(女子四歳)ヲ害シ、次デ自殺スト云々。

とみえてゐる。予州は義経、二品は頼朝のことである。また、五月二十二日の条には、

二十二日辛巳。申ノ刻、奥州ノ飛脚参着ス。申テ云ク、去月晦日、民部少輔ノ館ニオイテ予州ヲ誅ス。其ノ頸追ッテ進ムル所ナリト云々。(以上、原漢文)

とあるので、特に叙述上の問題はない。検討すべきは先の引用に続く長い割註である。

世に義経記といふもの有りて、事跡最も詳に、繁砕龐駁、傅会の説多しと雖も、而も、未だ必ずしも皆虚誕ならず。然れども、他に証すべきなく、真偽弁じ難し。故に、一切取らず。世に伝ふ、義経、衣川館に死せずして、遁れて蝦夷に至ると。今、東鑑を考ふるに、閏四月己未、藤原泰衡、義経を襲ひて之を殺す。五月辛巳、報至り、将に首を鎌倉に致さんとせしが、時に、源頼朝、鶴岡の浮図を慶したり。故に、使を遣はして之を止む。六月辛丑、泰衡の使者、首を齎して腰越に至り、漆函もて之を盛り、浸すに美酒を以てす。頼朝、和田義盛・梶原景時をして之を検せしむと。己未より辛丑に至るまで、相距ること四十三日。天、時に暑熱なり。函して酒に浸したりと雖も、焉んぞ壊爛腐敗せざることを得ん。孰か能く其の真偽を弁ぜんや。然らば則ち、義経は、偽り死して遁れ去りしか。今に至るまで、夷人、義経を崇奉し、祀りて之を神となせり。蓋し或は其の

故あらん。

右の傍線部を原文で比較すると、論賛との文字使ひが全く同じである。これは一体どういふことなのであらうか。一般的には義経伝が成立したあとに論賛が出来たとみるべきであらうから、義経伝の割註部分を論賛にもそのまま採用したのであらう。義経伝は神代鶴洞の執筆であり、それを澹泊が吟味校訂したのであるから、この割註部分は澹泊の手になるものと考へて誤りはあるまい。しひて両者の相違をいへば、割註では疑問への判断を推測に止め、夷人が義経を神として祀つてゐることにはやや肯定的であるが「蓋し或は其の故あらん」としてゐるのに対して、論賛では「之を情理に揆《はか》るに、其れ或は然らん」と一歩踏み込み、より肯定的であるといへよう。一歩踏み込んだ表現とするのは、先に引いた往復書案の傍線部①をふまへての判断である。澹泊は論賛執筆時に義経生存渡海説へ傾いてゐたのであり、それが晩年にはいつさう高まつて生存説そのものを懐くに至つたとして差し支へないと思はれる。ただ、割註では生存の望みを表明してゐるが、すでに引用したやうに本文では「頼朝が為に忌まれて、終に軀を喪ふに至れり。」として生存を述べるには至らず「世、咸其の兵略を伝承せり。」としたのみである。

三　義公光圀の義経観

このやうな義経伝の背景に義公光圀の判断が存在すると考へるのは必然であらうから、次には義公の義経観を確認しなければならない。義公の指示として最も重要なものは『御意覚書』己卯（元禄十二年）の条にみえる左の二条であらう。

一　義経弓流之事ヲ、平家盛衰記ニ義経手柄之様ニ書タルハ甚誤ナリ。大将ハ大功ヲ建ルヲ以干要トス。小節ニ不可拘。此議論列伝分註ニ書著シ、尤盛衰記参考ニも書載可申候事。

一　鵯越坂落ノ事、文華ノ虚飾也。此議論書著可申候事。

この二つの議論は後年の『西山遺聞』にもみえてゐるが、前者では同文が引かれてをり、末尾の割註に「元禄十二年己卯御物語の由、安積覚兵衛筆記に見ゆ」とあり、後者は「鵯越御物語の事」と題する一文で「佐々宗淳筆記」からの引用である。

又同日御物語。鵯越を馬にて落したるといふ事ハいつわりなるへし。城の後よりまハり敵の不意に乗する事ハ上々の謀なり。しかれとも城の中へ入りてハ歩行にてハたらくべき也。馬上にて働くべき様なし。されバ山を下るにはなるほど身をかろくして、つたかづらになりともとりつき、或は懸絶の所ならハ縄などをさげてすがりてもくたるへきなり。絶壁を馬上にておろす事何とてなるへきぞや。馬をのりハなしていつれも歩行にて下る事上策也。草子の説不可信用。

文中の同日は前段から貞享元年九月朔日と知られるが、さうとすれば十六年後にも義公はこれを語つてゐたことになる。この二条は奇しくも安積・佐々の二総裁によつて伝へられたのであるが、それでは『大日本史』本文にはどのやうに取り扱はれてゐるのであらうか。「弓流之事」から確認しよう。

（　）は出典註記である。

義経、刀を揮ひて之を禦ぎ、誤りて執る所の弓を墜し、将に之を収めんとするに、敵益々迫る。従騎、連呼して曰く、将軍、弓を舍てられよと。義経、右手にて捍蔽し、左手にて弓を挑げて之を収めんとす。将佐、皆曰く、将軍、奈何ぞ一弓の為に不貲《し》の軀を軽ぜらる、と（源平盛衰記）。義経曰く、吾、何為ぞ弓を愛まん。我が弓をして叔父為朝が執れる所の如くならしめば、則ち故に遺して以て敵に示さんも、亦可なり。我が弓弱し、之を遺さば、侮を受けん、是我が危を冒して取る所以なりと。将佐、嘆服す（平家物語）

これをみると、本文に記されてゐるから義公の指示は実行されなかつたといふことになる。『御意覚書』の割註からすると澹泊は直接に指示を受けたかもしれないが、直接ではなくても十分に知つてゐたのであるから、吟味校訂の際に直さうと思へば出来たはずなのである。それが為されなかつたのは生存説にかなりの思ひ入れを懐いてゐたほどの澹泊であつたから、削るには忍びなかつたといふことなのであらうか。

なほ、「弓流之事」については『西山随筆』（坤）に左のやうにみえることからも傍証されよう。

源義経頼朝を輔《タスケ》て亡父の讎を報《ホフ》じ、勅命を奉じて平族を平ぐ、義を重じて命をかろんず、忠孝の士と云ツへし、しかるに匹夫の勇にほこりて梶原を辱しめ、傾城の患《ウレイ》を慮《ハカラ》ずして時忠かむすめに私し、あるひは身を匹夫の矢さきにゆるしておとせる弓をひろひし事なと、しばらく武に似たり

といへとも、誠ハ将師に任をしらさるなるへし、

次に「鵯越坂落ノ事」をみよう。ここはかなりの叙述量であるが、鷲尾経春の件は除き、義経の一言を引けば、

是非に於て、義経、将士に令して曰く、鹿に四足あり、馬に又四足あり。其の異なる所は、鬣の有無と、蹄の円きと析けたるとのみ。西国の馬は、我、之を知らず。東国の如きは、則ち鹿の過ぐる所は、馬も亦行くと。

とあり、

七日、義経、晨を侵して、将に鵯越を下らんとし、先鞍馬数匹を下して之を試みたるに、或は傷き或は恙なし。義経、之を視て曰く、馬をして自ら下らしむるも、猶是の如し。騎者、意を加へなば、何ぞ墜傷を慮らんや。凡そ馬を険悪に馳するに四術あり。而して其の要は、専ら心に在り。汝等、我が騎するを以て準となせと。

とみえるのである。やはり「文華ノ虚飾」「いつはり」であれば書き直してしかるべきであつたと思はれるが、実際はさうはならなかつた。ここにも澹泊の思ひをみてよいかもしれない（執筆者の神代も含めてよい）。

ところで『御意覚書』の指示は史学上の問題が主であり、義経の批判や否定ではないであらう。さうとすれば、義公の義経への思ひはいかなるものであつたらうか。そこで『玄洞筆記』にみえる次の

一文に注目しよう。

御謡ハ御下世ちかき砌迄も被遊て、鍾馗と摂待の曲舞を御すきにて、毎度被為謡。摂待を被遊畢而ハ、是ハ我等かうたひ也と被仰。鍾馗を被遊てハ、人間の境界さハなき事歟とかならす被仰ける。

義公が能舞を能くしたことはよく知られてゐるが、この文中では「鍾馗《しょうき》」はともかくも「摂待」に注目しなければならない。一体「摂待」といふ謡曲はどういふものであつたのか。以下、宮田氏の解説を参考としよう。

「摂待」といふ曲は、都を落ちた義経主従が、偽《にせ》山伏となつて平泉をさして行く道すがら、山伏を接待するといふ館にさしかかる。此処は、彼《か》の佐藤継信忠信兄弟の生家であつた。草葉の音にも世をはばかる身の一行は、身分を秘して接待を受けるが、兄弟の母に、一人ひとり誰それと見破られてしまふ。判官主従がつくり山伏となつて奥へ下ると聞き、一人は屋嶋、一人は都で身代りとなつて果てた兄弟の最後《ママ》の様子を詳しく知りたい為に、山伏といへば摂待して待ち設けて居ましたに、御名をも明かされず、お弔ひの御言葉も無いとは、恨めしう存じます、とかき口説かれて、弁慶は屋嶋の戦ひでの継信の天晴れの働きを詳しく語り聞かせて母を慰さめ、義経も兄弟を追憶して共に涙にくれる。やがて夜もしらじらと明くる間に立ち出づる一行の、御供せんと張り切る継信の一子幼ない鶴若を、すかして留めつつ、老母は見送り、主従は奥へと旅立つてゆく、といふ曲である。

そして、宮田氏はなほも解説される。

義公が「これは我等がうたひなり」といはれたクセは、義経が老母に向つて、いまはの際の継信の言葉を伝へ、やがて世に出づれば、兄弟の子孫を尋ね出して、命の恩を報ぜんと思ひしことも空しくてかかる姿となり、〃その名さへ名のり得ぬ憂き身の果てぞ悲しき〃と、その思ひを吐露するところである。公が「我等」といはれたのは、複数ではなく単数で、「自分の」といふ意味である。従つて、「これは私の謡である」といはれたのである。

（『水戸光圀の遺猷』二七九〜二八〇頁）

このやうにみてくれば謡を通してとはいふものの、義公の義経一行に対する切実な思ひを窺ふことができるであらう。なほ、『西山遺事俚老雑話』の「御在国中御能ノ節御水主某褒め奉りし事」といふ条にも「船弁慶の御能」のことがみえてゐる。

四　新井白石との文通にみる澹泊の義経観

新井白石の「与安積澹泊書」（『白石全集』第五巻収録）に義経に関する議論が散見するので、これによつて澹泊の義経観を再度考へてみることとしよう。第一には「十月」（荒川久寿男氏『新井白石の学問思想の研究』によれば享保七年、白石は享保十年に没するから晩年の文通となる）との肩書のある書簡である。

義経の事東鑑に付て思召寄られ候。御事御尤の至奉存候。是も近き世に仕候ものとは見えず候。高館の草紙と申物には義経より先に泉三郎は討たれ候と有之候。東鑑には遙に義経の事候ひし後に泉三郎はうたれ候よし見え候。愚存なきに非ず候。

澹泊の問ひ合はせに対する返書であることが知られるが、白石独自の考へもあつたわけである。続いて白石の考へをみよう。

是等を以考候にも義経は泉が城へ逃れられ泉三郎の事の後に発覚し候て軍も有之候か。東鑑は実説たるべく候。又高館草紙には義経は自殺の後に家に火を放たれ候と見え候。焼首にて程を経候などいかにも慥ならぬ様の事頼朝もそらしらずにて気遣なしに東伐と見え候か。御文章の事いかにも〳〵是又御尤至極に候御事に候。……

建夷奴児の辺の人家の門々にこなたにて元三大師の像を札に貼し候如く義経の像との如きもの二枚づゝ貼し候を慥に見候と申事に候。韃靼部へ後には避られ候か。蝦夷よりは建夷の辺遠からぬ境と承及候。是も一奇説に候故次手に申述候。

前段は特に問題はないが、後段では義経の韃靼部への渡海説を「一奇説」としたのである。荒川氏は「義経渡海説では寛永年中満州漂着の越前漁民がかの地で義経と弁慶の像らしきものを戸毎にみたといふ記事を掲げてゐる。老白石も大分この問題にのめり込んでゐたとみえる」（前掲書二六六頁）と述べられてゐる。「次手」は第四としてふれる書簡のことであらうか。

第二は「十一月朔日」(荒川氏前掲書によれば享保七年)との肩書の書簡であるが、「義経の事申上候に付蒙仰候次第一々承知候毎門貼戸との事は」とある。

第三は「七月十二日」(荒川氏前掲書によれば享保八年)との肩書の書簡の二条めである。

金逸史の事何とぞ御才覚も調候へかしと奉存候。金小史と申は承も及候へ共逸史尚又珍しく候。せめて義行一伝も写し出し度事に御座候。誰某見候とばかりにて写しも得られず候事俗人の疎放にやと不及是非候。

この書簡はかなりの長文で、八条めにも次のやうな記述がみえる。

金史に義経の事候由いかにも〳〵六七年以前に此方へも僧家より伝聞の事候て金史一行も不残くらせたる事に候。兎角見え候はぬ故伝聞の訛と打捨さし置候き。……

義行の伝許り成り共抄出し来り候様には何卒雪菴才覚に有之事に候

「義行」といふのは義経のことであるが、白石は「金逸史」についての知識を澹泊から得てせめて「義行の伝許り成り共」是非とも入手したいと考へたのである。

第四は日付のない書簡であるが、冒頭に「義行伝」のことがみえる。

義行伝初より疑はしき事に存候へ共、金逸史に出候と承候へば金小史と申も有之上は、逸史と申も可有之候ものと心ゆかしく方々尋候へ共、いまだ見へ来らず候に御蔭にて初て見る事を得、年来の疑を決し候事大幸此事に候、最初より疑しき事に存候と申子細は義行義顕の如きは、当時或は避諱、或は厭勝の術によりて朝家鎌倉より推て称せられ所に候、義経いかでか其称を奉じて自ら改名の事あるべく候はんや、自らはいづこ迄も義経とこそ称せられ候はんに、踏海の日に自称して義行と申され候は心得ぬ事と存じたるに候、然るに此度伝の全文を観る事を得候に、先初に金史別本と有之候にて具に業を卒候迄もなく其妄作を存じやり候き、地名官号はさておき文字の拙き一句として見るに足るべくも候所なく覚候、世にはかゝる妄人も候て誣世欺人候事いかなる事歟、叔世の俗兎角と可申様もなく存候事に候、

内容からすれば四通のうちでは最後のものであらう(荒川氏前掲書は「八年暮か九年にかけて」とされる)。「義行義顕」は「朝家鎌倉」からの称名で義経自らのものではなく、ましてや渡海の際に自称するはずがないといふのである。それは澹泊から提供された「金逸史」の「義行伝」による考察の結果であるが、ここに至つて白石は生存渡海説を否定したのであつた。先述の往復書案(関係箇所は①はこの文通よりも後年のこととなるが、澹泊は依然として生存渡海説を捨て去ることはできなかつたのである。なほ、「金史別本」は白石の指摘の通り「妄作」であり、今日では偽作とされてゐる。

往復書案について付加しておくと、②③と同内容の書簡が『白石全集』の付録として収められてゐる。それは「澹泊与白石書」と題するものであるが、関係部分を引いておかう。

野拙弱齢之時、小納戸役仕候て取扱申候故あらまし覚申候、成程仰之通に御座候と覚申候、蝦夷詞はすべてこなたの刀脇指類をエモシホと申候、其中次第有之、リウノエモシホ、シ、コサマツ

クリノエモシホ抔と申候類、外にもいろ〳〵名は有之候て皆エモシホと申候、其外蝦夷の神体と申物有之候、蝦夷かねにて作候物金色は錫にもあらず鉛にもあらぬ一種の金にて御座候、形は彷彿として冑の鍬形に似申候、夷人甚致尊崇候よし、蝦夷の地図を見申候に海辺の岩山に弁慶が鼻と申所有之候、彼是取合せ見候へば義経蝦夷へ被渡候と申説荒唐の談にも有之間鋪と被存候、蝦夷刀之儀被仰下候、序に此段申上候、

文中の「仰之通」といふのは白石に対してである。「蝦夷詞」に関する議論は四通に具体的記述がみられない。澹泊の「蝦夷詞」に対する関心も興味深いが、遺憾ながらその詳細を明らかにすることはできない。ともかくも傍線部にみられるやうに澹泊にとつては白石との文通の中に生存渡海説がいつそう高められ、それは「正説」として維持し続けたと考へてよいであらう。

蛇足ながら『読史余論』には「義経みづから首を刎」たとあり、「義経すでにうたれぬ」とみえるから白石の考へは明らかである。しかしながら、さらに

世に伝ふ、此時義経死なずと。おもふに忠衡がもとにのがれしなるべし。かつ義経すでに自殺して館に火をはなちしともいふ歟。泰衡が献ぜし首、真なるにはあらじ。泰衡も始は義経すでに死しぬとおもひしに、其首を得ざれば、似たるものの首きりて酒にひたし、日数歴てのち鎌倉に送れるにや。……義経、手を束ねて死に就くべき人にあらず。不審の事也。今も蝦夷の地に義経の家のあとあり。又、夷人飲食に、必まつるそのいはゆるヲキクルミといふは、即、義経の事にて、

義経のちには、奥へゆきしなどいひ伝しともいふ也。

と付加してゐることも指摘しておかう。

五　『義経記』不採用の理由

結局のところ『大日本史』は『義経記』を採用しなかつた。何故であつたのか。再度該当の割註を掲げて検討しよう。

世に義経記といふものありて、事跡最も詳に、繁砕龐駁、傅会の説多しと雖も、而も、未だ必ずしも皆虚誕ならず。然れども、他に証すべきなく、真偽弁じ難し。故に、一切取らず。

一応は認めながらも傍証なく真偽の判断がつかないから取らないといふのであるが、この引用の後に「世に伝ふ、義経、衣川館に死せずして、遁れて蝦夷に至ると。」とあつて義経生存渡海説を述べ、しかもかなりの分量に及んでゐる。これは一体どういふわけなのであらうか。割註にみえる「世に伝ふ」からすればこの部分も「傅会の説」であり、「他に証すべきなく、真偽弁じ難し」ではなからうか。

ところで澹泊の生存渡海説の立場から『義経記』をみるとどうなるのであらうか。注目すべきは巻第八の「衣川合戦の事」「判官御自害の事」「兼房が最期の事」といふ三条であるが、「衣川合戦の事」の末尾に、

立ちながら竦《すく》みたる事は、君の御自害の程、人を寄せじとて、守護の為かと覚えて、人々いよ〳〵

感じける。

とあり、「判官御自害の事」の末尾にも、

「早々宿所に火をかけよ」とばかりを最期の御言葉にて、こと切れ果てさせ給ひけり。

とみえてゐるのである。この二条は明らかに義経が衣川で自害したことを述べてをり、澹泊の生存渡海説と相容れない。また、「兼房が最期の事」では冒頭に、

十郎権頭、「今は中々に心に懸かる事なし」と独言し、予てこしらへたる事なれば、走り廻りて火をかけたり。折節西の風吹き、猛火は程なく御殿につきにけり。

とみえ、末尾近くには、

兼房走り違ふ様にして、馬より引落し、左の脇に掻挟みて、「独り越ゆべき死出の山、供して越えよや」とて、炎の中に飛び入りけり。

とあるので、これは先にみた論賛の疑問三点に対する援護のはずである。なぜなら、火が懸けられれば当然にして首は消失するか、もしくは判別が困難になるからである。さうすれは『吾妻鑑』との矛盾に気がつくはずであるし、少なくとも澹泊説への加担になるのではなからうか。ただ、前二条は不利に働くことになるから敢へて採用するまでには至らず、それが「未だ必ずしも皆虚誕ならず。然れども、他に証すべきなく、真偽弁じ難し」との理由に収斂されたといふことなのかもしれない。白石が「似たるものの首きりて酒にひたし、日数歴てのち鎌倉に送れるにや」とした大胆な説については

すでに紹介したが、さすがに澹泊はそこまでは主張しなかつたのである。

いづれにしても義経伝の基本的史料の中には『平家物語』をはじめ『平治物語』や『源平盛衰記』が含まれてゐるのであるから、成立時期の相違はあるにしても、これらの軍記物語と特別な差異のない『義経記』が採用されなかつた理由は必ずしも明確とはいへないやうに思はれる。

をはりに

『大日本史』の源義経伝には執筆の神代はいふまでもないが、主として澹泊の思ひが込められてをり、それはやがて論賛により鮮明に表明されたのである。その前後、澹泊は新井白石との文通によつて自らの義経観を確立させたといふことができよう。ただ、水戸学派が重要視した『源平盛衰記』第四十六の、

其男安衡を憑て有けるが、鎌倉に心を通して、義経を誅す。其時妻女申けるは、一人の子なれば思置事なし、残居て憂目を見んも心うし、我を先立て、死出山を共に越給へと云ければ、義経南無阿彌陀仏と唱へて、女房を左脇に挟かとすれば、頸を掻落して、右に持たる刀にて、我腹掻割て打臥にけり。

といふ箇所に澹泊がどのやうな思ひを抱いたのかは知るよしもない。

また一方、義公の指示は必ずしも伝の本文には表はれてゐないけれども、行間に義経への哀惜の念

を汲み取るべきであらうし、またそれは周辺にも及んでゐるとしてよい。一例として栗山潜鋒の「弁慶笺記録」（甘雨亭叢書『弊帚集』収録）に「今に至り君臣を言ふ者は必ず義経弁慶を称す」とみえることが指摘できるからである。ともかくも義経伝といふ一列伝ではあるが、その中には水戸学派の多くの思ひと伝を構成するための史料活用法の一端を窺ふことができるやうに思はれる。

付記

本論は冒頭に掲げた但野氏の後論と重複するところもあるが、安積澹泊の義経論に主眼をおいたものであり、両論を併読していただければ水戸学派の義経論がより明らかになると思ふ。

第十六章　『大日本史』の平教経伝

はじめに

『桃蹊雑話』に次のやうな一条がある。

義公御物語に、威公の仰ありしは、大事のしものをせんと思はゞ、大鳥の羽の矢にて射可由なり。常の羽の矢のあとは丸く、大鳥の羽のあとは三角なり。先年、大猷公の御時、尾州敬公とを板橋の先へ、鹿狩に仰付らる。其日、威公は御弓にて四五疋の猪を御とめなさる。敬公は御弓にてはとまり兼、鉄砲にて二疋御とめなさる。此時の御矢も大鳥の羽の矢の由、大猷公常に、水戸殿は、今の能登守なりと、御褒美これある由御物語なり。（以下省略）

この箇所は「義公遺事」からの引用であるが、彰考館蔵本（『水戸義公伝記逸話集』収録）では傍線部が欠けてゐる。実は、この傍線部にみえる「能登守」といふのが源平合戦に出てくる平教経なのである。教経は平正盛の孫であり、清盛の甥に当たる。知盛や重衡等とともに平家の中では武勇に秀で、強弓を以て聞こえた。この記事からは、威公頼房が教経の如き弓の名手として将軍家光から認められてゐたことが窺へる。以下、本章ではこの平教経に関する『大日本史』編纂の論議をたどつてみたいと思ふ。

一　水戸史館の教経論

平教経伝は『大日本史』の列伝第七十二の末尾に収められてゐるが、その教経に関する議論が元禄十五年の往復書案中にみえる二書簡であり、「教経事跡議」と題するものである。元禄十五年といへば義公薨去後となるが、義公晩年からいよいよ校合が本格的に進展してゐる様子が窺へる文面となつてゐる。検討に際しては『茨城県史料』近世思想編（以下、『県史料』と略記する）三九頁以降の収録文に拠るが、左に基本となる書簡の一節から引用しよう。この一節は「壬午九月」付で水戸の神代・小宅・市川から江戸史館宛（個人名は記されてゐない）の書簡三条のうちの第一条目である。適宜、区切つて掲げる。

①此度平家之諸伝校合仕候処、宗盛伝中教経事跡一谷敗後往々出シ不申候得は勢あしく候、教経一谷ニ而戦死と相究候へハ、本伝之外他伝へ入渉り候分皆除き申候、

②就夫此度玉海東鑑等具ニ考索仕候得は、東鑑は歴々として明文御座候間、疑可申様も無御座候、乍去玉海元暦元年二月十三日壬申云々、此日被渡平氏首（其数十）云々、十九日戊寅云々、此日中御門大納言被来伝聞平氏帰往八島其勢三千騎許云々、被渡之首中於教経者一定現存云々、被渡之首

中と書出シ申候、上ノ文と不続ニ而御座候、

③此上ニ何そ可有之様ニ相見へ申候、現存之文字意を逆へ現存《タシカニアリ》と読申候ても此文義之上ニ而とくと考申候得ハ、当時すでに教経之首ニ而無之なと、取沙汰有之ての上ならてハ、如此兼実記シ被申間敷候、現存字兼実ノ使イ被申候心は、まのあたりなからへ候心ニ而可有之候、

④其証拠ハ、治承四年十月八日云々伝聞高倉宮必定現存、去七月下着伊豆国云々、養和元年十月云々被糺問之処申宮在所不知之由但慥に現存之由ハ所承也云々、是皆まのあたりながらゑ候と申事ニ使被申候、

⑤乍去たしかにありと両方之心に往々被用候も知レ不申候得共東鑑と符合とは決して相見へ不申候、是は見損申候様ニ奉存候、教経一谷戦死之事慥成物は東鑑斗と相見へ候、皇帝記抄・帝王編年記ニ出申候得共、是等は東鑑と対揚可仕書とは不存候、然は盛衰記・諸平家と東鑑との齟齬と斗奉存候

以下、順次考察を進めよう。①にみえる「宗盛伝中教経事跡」を確認すると、現行本では屋島の戦ひまで記述されてゐるが、確かに一谷で戦死したとすればそれ以後の記述から除くのは当然である。これを前提として②以下の議論があるわけである。この第一条目には五箇所の貼紙(頭書)があつて、主として江戸史館の意見が付されてゐる。要するにこの書簡は水戸の江戸史館宛であるが、それに貼紙をして返送されたものなのである。①の箇所には次のやうな頭書1(朱書、以下番号は『県史料』による)

がある。

榊原玄輔榊巷談苑云、盛衰記・平家物語ニ平家壇浦ノ敗ノトキ能登守教経、安芸太郎兄弟ヲ左右ノ脇ニハサミテ海ニ飛入ケルト記セリ、サレト東鑑寿永三年二月七日ノ記ニ一谷ノ合戦ノヤウヲノセテ、但馬守経正・能登守教経・備中守師盛者遠江守義定獲之トアリ、又同十三日ノ記ニ平氏首聚于源九郎主六条室町亭所謂通盛・忠度・経正・教盛・教経・敦盛等也トアリ、コレヲミレハ教経ハ一谷ノ合戦ニ死シタリ、盛衰記・平家物語ハ何ニ拠テ記シケルニヤ、

この頭書は後述の頭書とは性格が異なるが、あいにくと筆者は不明である。『吾妻鑑』(『大日本史』等では「東鑑」)の記載は若干の文面の相違を除けばその通りではあるが、『盛衰記・平家物語』の典拠が問はれるとすると同様に『吾妻鑑』の典拠も問はれなければなるまい。壇ノ浦における教経の最期を宗盛伝は『盛衰記・平家物語』に拠つて「二人を雙挟して遂に海に歿す」とするが、安芸太郎兄弟のことはみえてゐない。参考までに『盛衰記』の記事を掲げておく。

能登守は源氏の郎等に、名もあり力あればこそ、教経には懸らめ、是ぞ軍の最後なると思ければ、閑々と相待処に、三人鼻を並、透間もなくつと寄。一人をば海中へたふと蹴入、二人をば左右の脇に掻挟で一凍々て、いざおのれら、教経が御伴申せ、南無阿彌陀仏〳〵とて、海の底へぞ沈ける。

二　江戸史館の教経論（1）

いよいよ②からが江水史館の間の議論となる。②の『玉海』（玉葉）の記事は同日の条で確認できるが、貼紙（頭書2）では「現存」を「現在之義」と解し、「若被渡之首ノ外と申候□□《ヘハカ》其人現存と可申候得共、被渡之首中と申時ハ首現存之儀奉存候中ノ字御看破可被成候」（圏点は朱）との見解を示した。これに対する水戸史館の反論は次の通りであった。反論は「午霜月十八日」付で神代・市川・小宅の連名によるもので、冒頭に「従江戸参候目安貼紙一々熟覧仕候」とみえる書簡である。

> 第一之貼紙被渡之首中ノ中字ノ了簡被申越候、先以我々共思案に曾テ落不申候、前に此方より申遣候き於ノ字ハ如何見分被申候哉、此於ノ字ニ当り見申候得ハ教経ノ首は其中に慥ニ有と見申候、而も相残九人皆うろんと聞へ申候、左様ニハ有之間敷儀ニ候、且又若被渡之首外と申候は其人現存と可申候得共と被申聞候、此文勢ニ被渡之首外と申事ハ曾テ有之間敷候、其人現存と聞へ候由たとへハ当時八島に居被申候平氏ハ皆現存ニて候、於教経ハ現存と何ニ依テ記可申候哉、於ノ字中ノ字随分看破致候と存スル了簡故及此不審候、

ここには中と外の解釈の相違がみてとれよう。また、②の末尾の「不続」に関する貼紙（頭書3）には、

> 被渡之首中云々、上之文と不続様ニ思召候由愚意ニハ成ほと接続仕候様ニ奉存候、当時教経戦死セさる之説有之と相聞候、依之兼実丁寧ニ教経戦死之事ヲ被載候様ニ奉存候

とみえる。「愚意」の表明者が不明ではあるが、兼実は教経が戦死したのではないといふ説の存在によつて戦死のことを論じたとするのである。これに対しての水戸の反論は、

第二貼紙被渡之首上文接続と見済被申候由、愚眼所見黒白之相違此上は不及言議候、乍去兼実公丁寧に記シ置被申候ハ、、今更不可及此議候

といふものであつた。接続するかしないかの議論はここでは決着しない。

③は「現存」に関する兼実の文字使ひの解釈であるが、その実例（証拠）を④に示してゐる。貼紙（頭書4）は「首現存之文義ハ首現在之義」との解釈を示したが、水戸の見解は「兼実公活シ用被申候証拠ニ而も被申越候ハ、成程屈服可仕候、此分にてハ心降り不申候」といふのであつて納得することはなかつた。

⑤の『東鑑』に関しては長文の貼紙（頭書5）で記事の信憑性を論じてゐる。「教経戦死之一事、東鑑玉海之二書符合仕候、就中東鑑尤詳ニ御座候」と書き出し、頼朝が斎院次官親能・土肥次郎実平・梶原を派遣してをり、当時の勢ひは鎌倉に伝はつてゐるとして『吾妻鑑』の信憑性を次のやうに説くのである。

然ル時ハ源平合戦之一事ハ東鑑之方切実詳審ニ奉存候、盛衰記・諸平家当時機密之事毎々実録ニ符合之所御座候得ハ、他ノ稗記蒭説と一例ニ難申候得共、元来盛衰記ハ一人ノ手ニ出不申候書故、前後錯乱齟齬重複枚挙すへからす候、武蔵三郎左衛門有国カコトキ戦死、已後二三度再生いたし合

戦仕候、此類多多ニ候、汗牛ノ妄説ヲ苅テ片言ノ実録ヲ採候事ハ史ノ正義ニテ御座候得ハ、取捨之事ハ御撰者ノ御見識次第御座候、盛衰記・諸平家ニ載候事コト〳〵クハ実録ニ無之候、此分ハ考可申文献無之候得ハ、ソレハ盛衰記・諸平家ヲ実録ト御覧可被成候、幸ニ教経戦死ノ一事、玉海・東鑑ニ載候得ハ、盛衰記・諸平家ニ一谷敗後教経出ス事ハ妄説ニ候、

「妄説」とした江戸の見解に対して水戸は猛烈に反駁を加へた。こちらも長文に及んでゐる。まづは「玉海・東鑑と符合之由、それハ相互に文義ノ見様ニより申候得ハ併臆断ニ而御座候」と判定し、

去レトモケ様之隠微ナル文義ハ畢竟臆断ならてハ究り申間敷候、是ハ各様御裁決次第ニ候、且又東鑑実録タルコト委細被申越候、誰も存候事ニ而御座候、如此慥なる書ニ記シ候を疑申候意趣玉海より出来り候故ニナそ及此議候き、盛衰記ハ一人之手に不出前後錯乱成事それも往々見及候、乍去可拠信事も数多御座候、此段は兼て御存之事ニ而可有之候、

と述べる。ここでは『吾妻鑑』が実録であり、また『盛衰記』に錯乱があることも認めた上で、いよいよ教経のことに及ぶのである。

教経之事ハ大段ニ而他伝へ交渉仕候間挙テ難没候、盛衰記・平家物語をハ平家ノ諸家ニ而通シテ引用度と申事ニ候、其上盛衰記・平家斗にて見申候得ハ教経之一事指て疑フ所も不相見候、盛衰記・平家之撰者何故に教経ニ限リテ此一段ノ無根ノ説話を粧撰可致候哉、此段能々御勘弁可被下候、全タク妄作と見捨申候ハ、各別ニ候、一向ニ妄説と決シ候てハ其余実録ニ不載分単ニ盛衰記・

平家を採テ紀伝を修シ候事所妨多可有御座候、教経之一事根拠有之も相知レ不申候ニ大段を挙テ妄説と究め候事刻薄之様ニ存候、

そして末尾に「片言ノ実録ニ従ヒ候事史ノ正義たるの由被申聞候、勿論それハ本色ノ事ニ而候、東鑑実録タルコト誰も存候、前ニ而候へハ最初より不可及議論候」と付加し、『吾妻鑑』の史的位置づけを確認してゐる。

以上が「壬午九月」付書簡の第一条目の江水のやりとりである。二条目には『盛衰記・平家物語』が『吾妻鑑』に比べれば「野史小説」の類ではあるが「機密之事」もみえ、採用しないと脈絡に支障がある旨を繰り返してゐる。『盛衰記・平家物語』の誤りは『吾妻鑑』で質し、また相互に質すべきことを述べてゐる。

三　江戸史館の教経論（2）

続いて「壬午九月」付書簡の三条目であるが、この条は一条目と同じくらゐの分量となる。冒頭には「教経事此已前議論御座候時、教経平家第一之猛将ニ而御座候間、為似首を以て教経と号し気勢をならし、且又功賞を求候哉と疑被申候人も有之様ニ承候」とみえ、「教経事跡」がこれまでにも議論されてゐたことが窺へる。さすがに「似首」は「臆断」とし、類例を『吾妻鑑』から指摘してゐる。貼紙（頭書6）はこの三条目にみられ、『吾妻鑑』を引きながら三点の疑問を示してゐる。いふまでもなく

これらの点に関してもでも反論してゐるが、大局の判断は「東鑑ハ歴史ノ如ク追テ修シタル書ノ体ニ而無御座候、当時記録を掌トル者記スルト記セザルトニ何之心不可有只見聞スル処ニ随テ記シタルニテ可有之候」といふにあつた。

さて、三条目の結論部分には次のやうにみえてゐる。

当時天下人東鑑を読候者教経一谷にて戦死候事ハ知リ可申候、若わたくしに武将伝なと撰申候ハ、必定東鑑を以て盛衰記を刪可申候、乍然それハ一家之私言ニ而開渉ひろく無御座候間、古書採用之意におゐて指て妨る所無之候、爰許之紀伝にてハ打反し盛衰記に従候方却テ編纂之体を得候と具眼之輩ハ存する事も可有之哉と乍慮外奉存候ニ付如此ニ御座候

「盛衰記に従候方却テ編纂之体を得候と具眼之輩ハ存する事も可有之哉」といふのはまさに自信の表明でもあるが、「午霜月十八日」付では貼紙への反論の後に五条にわたつて持論を述べてゐる。以下、大略を摘記しよう。

一、『盛衰記』は他の野史小説と同列に見ることができないことはすでに述べてあるけれども、『東鑑』と比べることはできない。『平家物語』と『盛衰記』の関係はよく分からないが、『盛衰記』は精しい『平家物語』、『平家物語』は略なる『盛衰記』といへる。『平家物語』には異本が多く従ひ難いところがあり、『盛衰記』には駁雑なるところがあるけれども元来は善書である。清盛の清水寺詣でなど後人の攙入した部分もあつて、また古書の引き誤りもみられ、わが国の典故に通暁

した人の撰ではない。後世の猥雑な部分は削除すべきであるが、清盛伝に採用したいところがあるにもかかはらず、見捨ててゐる。

二、『盛衰記』に、二位尼が剣璽とともに安徳帝を抱き入水と書き、下に八条殿も続いて入水とあるが、八条殿とは二位尼のことであつて文が続かない。これは攙入の例である。『参考』に諸実録には二位尼とあり『吾妻鑑』のみ按察局とみえる。当方では『百錬抄』に二位尼とみえることを確認してゐるが、諸実録とは何のことであらうか。宗盛伝では『吾妻鑑』を採り按察局としてゐる。以上の二件は『盛衰記』が必ずしも信用に足るものでないことを述べるために贅言したのである。要は『玉海』の文意が分明でないために議論が起こつたのである。

三、教経は平家の宗親である。もし壇ノ浦まで現存してゐれば『吾妻鑑』に記載が抜け落ちることはないのではないかと聞いてゐる。愚意は前にも述べてゐるが、もしさうならば小松維盛は何人であらうか。『吾妻鑑』には噂もみえてゐない。『太平記』には後熊野に隠れ、子孫が今日まで存在するとみえることを虚説とみなすのは格別のことである。しかし、『吾妻鑑』が記すべきことを記し洩らしたといふのではない。日記のやうに記す時は日記がなければ書くことができない。教経が一谷で戦死せず、源平の士卒が壇ノ浦で戦死したことを見聞したとしても、それは頼朝や義経の耳に達し詮議を経た後でなければ『吾妻鑑』には記されなかつたであらう。

四、『吾妻鑑』には明文があり、臆断で註とすることを誰が納得するであらうか。『盛衰記』は元来善書であつて、『玉海』にみえる現存の文字は戦死ではないからである。『平家』や『盛衰記』の撰者は何故に教経を一谷以後にも出してこの説話を作つたのであらうか。このことを考へてみると腑に落ちないのである。

五、以上、段々と私に関はつたことを申し上げたのである。すでに目安として述べた通り、しひて教経の死所を質すのが本意ではない。紀伝に採用する時、引用の書を如何にすべきかといふに『吾妻鑑』を註に入れる場合穏当か穏当でないかの問題であり、紛々の往復は無益の議論である。校合に当たり料見には及ばないが、ただともかくもそれぞれの決裁次第である。是非とも自説を立てるべきだといふのではない。

以上、平教経に関する江水の議論の大要をみた。このやうな議論の結果としての教経伝は如何様に叙述されてゐたのであらうか。

四　教経伝の引用史料の検討

まづは、教経伝に関連する「午霜月十八日」付の摘記二から検討してみよう。『盛衰記』第四十三には、

二位殿は兵共が御船に矢を進せ候へば、別の御舟へ行幸なし進せ候とて、今ぞしる御裳濯河の流には浪の下にも都ありとは

と宣ひもはてず海に入給ければ、八条殿同つづきて入給にけり。

とみえるので指摘の通りであり、『百錬抄』文治元年三月廿四日の条には、

前帝外祖母二品奉抱幼主没海中

とあつて「二位尼」ではないけれども、この「二品」は二位尼のことである。宗盛伝では宗盛が二位尼の実子でないことを『盛衰記』に拠つて述べた箇所の末尾に（『尊卑分脈』では宗盛の母を贈左大臣時信女（即ち従二位平時子）としてゐる）、

此に至りて、二位、悲憤し、始て之を言へりと云ふ（源平盛衰記）。乃ち按察局と、帝を抱き、剣璽を挟み、海に投じて死す。

と叙述し、左の割註を加へてゐる。

東鑑に曰く、二品禅尼、宝剣を持ち、按察局、先帝を抱き、共に海に没すと。又義経が注進状を載せて、按察局、先帝を抱き水に入ると雖も、身尚死せずとせり。源平盛衰記、二位尼海に赴くの下文に、又云ふ、八条殿、亦相継ぎて海に赴くと。按ずるに、八条殿と称するは、即ち二位尼なり。二人となせるは、誤なり。今、愚管抄・百錬抄・平家物語諸本に拠り、盛衰記の上文を取る。

ここにみえる『吾妻鑑』の部分は文治元年四月十一日の条に拠るものであり、先にふれた貼紙（頭書6）に引かれてゐる。この貼紙は教経が海に入つた人々の中に含まれてゐないことの証拠としたもので

あるが、「入海人々」として二位尼上はじめ六名、「生虜人々」として七名がまづ記され、その後「此外」七名、「女房」四名、「僧」四名がみえる。このうち「女房」のなかに「按察局」があり、註として「先帝を抱き奉りて入水すと雖も存命」とみえる。『百錬抄』についてはすでに引いたが、『愚管抄』（巻第五）には「主上ヲバムバノ二位宗盛母イダキマイラセテ、神璽・宝剣トリグシテ海ニ入リニケリ」とみえ、『平家物語』（巻第十二）には、

二位殿はこの有様を御らんじて、日ごろおぼしめしまうけたる事なれは、にぶ色のふたつぎぬうちかづき、ねりばかまのそばたかくはさみ、神璽をわきにはさみ、宝剣を腰にさし、主上をいだきたてま（ッ）て、「わが身は女なりとも、かたきの手にはかゝるまじ。君の御ともにまいるなり。御心ざしおもひまいらせ給はん人々は、いそぎつゞき給へ」とて、ふなばたへあゆみいでられけり。……二位殿やがていだき奉り、「浪のしたにも都のさぶらふうぞ」となぐさめたてま（ッ）て、ちいろの底へぞいり給ふ。

と記されてゐる。割註の「二品禅尼、宝剣を持ち、按察局、先帝を抱き」からすれば二品と按察局は別人としての記述のやうに思はれるが、如何であらうか。「入海人々」として二位尼上が記され、「生虜人々」の女房として「按察局」がみえるからなのかもしれないが、疑問なしとしない。一方では『盛衰記』の誤りを指摘しつつも疑問が存在するからこそ宗盛伝は『吾妻鑑』を採らず、『盛衰記』に拠ったといふことになる。さうすると、『吾妻鑑』にしかみえない「按察局」を採用したのは何故なのか、

疑問は残る。

ところで、すでに「二位尼」の海中歿入についてはふれたが、『盛衰記』をみると第四十三には義経の注進状が引いてあり、その中に「海中に入る人、先帝准后、八条局」とみえ、第四十六の時忠にふれた箇所で「八条二位殿も妹にて御座しかば」としてゐることをどのやうに解すればよいであらうか。前者は二人、後者は一人の意であらうから『盛衰記』には矛盾がみられるといふことになり、また「妹」は姉の誤りである。このあたりには考察が及ばなかつたのであらうか。

五　教経伝本文の検討

次いで教経伝の検討に移らう。教経伝は「平氏系図」『源平盛衰記』『平家物語』の三つを典拠史料として構成されてゐる。しかも、十七箇所の割註のうち「平氏系図」は冒頭の一箇所のみであり、『平家物語』のみが四箇所であつて、その他は『源平盛衰記』単独か『平家物語』との併用の箇所となつてゐる。したがつて、教経伝を構成する史料は『源平盛衰記』と『平家物語』のみといつてもよいが、それはこの二書が教経について詳しく叙述してゐるからである。

やはり検討すべき主たるところは戦死に関する記述であつて、教経伝末尾の割註であらう。海に歿した年齢を二十六とした後の部分である。

平家物語○源平盛衰記の一説、醍醐雑事記に、自刃して死すとなせり。未だ孰か是なるを知らず。

東鑑に、一谷の敗、教経、遠江守安田義定が為に獲らる所、諸将の首を并せて之を京師に伝へ、獄門に梟すと。平家物語・源平盛衰記に、並に云ふ、明年、壇浦に戦死すと。按ずるに、玉海寿永三年二月十九日の記に、教経現存の説を載せ、醍醐雑事記に、壇浦戦死の諸将を歴挙せるに、亦教経あり。此に拠れば則ち、義定が獲たる所は、真の教経に非ざること審なり。

『平家物語』は「能登殿最期」の章を指し、「源平盛衰記の一説」は「異説には、自害云云」との記載、また『醍醐雑事記』は元暦二年の条に、「自害」として中納言教盛・中納言知盛・能登守教経の三名がみえることがそれぞれ該当しよう。

さらに注目しなければならないのは『玉海』の記述であり、「現在」を「現存」の意に解釈し、『吾妻鑑』にみえる教経の首を偽者（別人）と解し、辻褄を合はせてゐるのである。

ところで、元文元年十一月付の往復書案に「此度老牛拙者共始而本度之吟味ニ懸り色々くい違之事共見出シ申候ニ付、大概ニハ改申候得共、大部之御書物吟味之人数二三人年数之二三年ニ而ハ精選ニハ成兼申候ニ付、大立申候分斗大概ニ改申候事ニ御座候」として『大日本史』の事実の矛盾を指摘した、

平教経卒年之所之註ニ、玉海之文ヲ引キ年月日ヲ出シ候而、本書と本伝と違申候事有之類（『県史料』九三頁）

といふ一節があるが、これは割註の記載のことを指してゐる。本書は即ち『玉海』、本伝は即ち宗盛伝

であらうから澹泊等が総吟味の際に改めたことが知られる。

このやうな江水の論議を藤田幽谷は『修史始末』元禄十五年の条に「平教経伝議有り」とした割註に「反覆論弁、卒に水館の議に従ふ」と述べてゐる。

いづれにしても今日宗盛伝が正確なのかどうか、俄かには判断できないが、『吾妻鑑』に対する疑問が『源平盛衰記』や『平家物語』を採ることとなつた経緯を窺ふことはできよう。また、そこに『大日本史』が叙述に払つた史的努力と史眼の一端をみることも可能であらう。

むすび

以上、教経伝に関する史館の論議をたどつてきたが、このやうな経過についての平泉澄博士の言及を紹介して「むすび」としよう。それは昭和三十二年に刊行された『大日本史の研究』の巻頭に収められた「大日本史概説」の一節である。

出典を明記して舞文曲筆を許さず、事によつて直筆して私意私見をさしはさむ餘地を与へないといふ大方針が確立せられたからこそ、二百五十年の長い歳月の間に、数百人の学者が之に従事して、しかも終始一貫、前後照応せる大著述が完成したのである。尤もその長い間には、編修の意見区々に分れて、論駁の行はれた事も無論あつた。たとへば元禄十五年平教経伝が問題となつた如き、その一例である。教経の事は、八島に奮闘して佐藤嗣信を射、更に壇浦に力戦し、自ら入水して歿したと平家物語に見え、源平盛衰記も同様に記してゐるのであるが、吾妻鏡に一谷に於いて既に戦死したとしてゐるのを採用して、平家物語の伝ふる所を虚伝浮説であると主張したのが、江戸に在る史臣であり、之に反して玉葉や醍醐雑事記によつて教経一谷に死せず、生きながらへて八島の戦にいで壇浦に入水したとするのが水戸の史臣であつて、相互討論する所があつたが、遂に後説に落着いた事が、修史始末に見えてゐる。（三〇～三一頁）

第十七章　『大日本史』の今川了俊伝

はじめに

今川了俊といへば、「南北朝時代の後半二十五年間を、北朝方の九州探題として、九州の南朝勢力を制圧し、室町幕府の基礎を築いた足利一門の武将であ」り、「応永二年（一三九五）譏にあって帰東し、歿するまでの約二十年間の隠遁生活を、主として歌論書の述作に捧げ、冷泉歌風の宣揚と連歌指導につとめた歌人でもあった」（川添昭二氏人物叢書のはしがき）人物である。この北朝方の今川了俊が、実は水戸学派の注目する存在であつたのである。本章では、『大日本史』の了俊伝を概観しながら『難太平記』の記述を検討し、注目に値する所以を探つてみたいと思ふ。

一　『大日本史』の今川了俊伝

今川了俊伝は巻二百五、列伝百三十二（将軍家臣十五）に収めるが、叙述内容からは凡そ四段に分けることができる。第一段は「貞世は左京亮・伊予守と為り、正四位下に叙せらる」から「後削髪して了俊と号す」までで、細川清氏（列伝百三十三に収める）に従つての南朝攻めや足利義詮との確執を述べる部分である。第二段は「建徳二年、足利義満貞世を以て鎮西探題と為し、菊池武光を撃たしめたれども兵寡きを以て進むことを得ず」から「応永の末、死す」までで、九州探題としての菊池攻めを述べつつ、大内義弘の離反と足利義満との確執に及び、末尾には『難太平記』の成立にふれてゐる。第三段は「貞世和歌を善くし、兼ねて文学を好む」から「貞世弐志有りと譖せしかば、義満命じて遠江を以て仲秋に与へたり」までで、著書をあげ、相続（すなはち領国継承）の経過を述べてゐる。第四段では四子貞臣・貞継・言世・貞兼についてふれてゐる。全体に、叙述の多くを『難太平記』『太平記』『尊卑分脈』に依拠してゐる。

これらの記述のうち第二段末尾の『難太平記』に関する記述から検討しよう。本文には、

貞世居常無聊にして、嘗て太平記の紕繆多きを歎き、書を著して之を駁し、号して難太平記と曰ふ。

とあり、割注には、

難太平記○按ずるに、諸書に貞世の死年月を詳にせざれども、本書の結末に其の中風を患ふるを言ふ。蓋し尋で死せるならん。

とみえてゐる。まづ、歿年からみると、通説では応永二十七年に九十六歳といはれる。確証はないが、応永二十五年成立の正徹『なぐさめ草』に「故伊予守入道了俊在世の時」とみえるところからこれ以

前に歿したのではないかとも推察される（川添氏人物叢書）。ちなみに『なぐさめ草』は『扶桑拾葉集』に収録されてゐるから考察の典拠とされたかもしれない。『難太平記』の成立に関しては「嘗て太平記の紕繆多きを歎き、書を著して之を駁し」た結果だといふのであるが、これは今日の『太平記』研究者一般に通ずるものであり、史臣の『難太平記』に対する直接の見解とならう。『難太平記』といふ書名はいかにもそれを窺ふものであり、了俊伝の構成には欠くことのできないものといへようが、『太平記』との関連は後述することとしよう。

蛇足ながら伝冒頭の一節にふれておくと、「正平十四年、義詮に従ひて吉野を犯し、尋で細川清氏に従ひて、官軍を東寺に拒ぎ、再び戦ひて再び勝ち、遂に之を破る」と叙する部分は必ずしも正確とはいひがたいのである。「官軍を東寺に拒ぎ」といふのが正平十四年ではなく、それ以前の十年のことだからである。また直接には関係しないが、源為朝伝の末尾に割注して「難太平記・足利系図に云ふ。足利義兼は実は為朝の季子にして、義康養ひて子と為す。……二書の説疑ふべし。故に取らず。」との考察がみえてゐるし、足利三代の将軍伝にも注記されてゐる。

二　今川了俊伝にみえる相続の問題

了俊伝中最も重要なのは第三段であり、その大部分を占めるのは相続に関する記述である。以下、原文を検討することとしよう。

○初め範国駿河を以て貞世に与へんと欲せしが、貞世兄範氏の嘗て之を欲したりしを以て、固く譲りて受けざりしが、範氏死するに及び、貞世復た範氏の子氏家に譲る。範国甚だ之を奇とし、終に臨み、遺言して貞世に命じて門族の事を幹掌せしめたり。氏家も亦深く貞世の恩に感じ、死に臨み遺命して、領国を以て貞世の子貞臣に与へしが、貞世固く其の志を執りて、肯て之を受けず。
○適々氏家に息胤無く、其の弟泰範僧と為りて建長寺に居る。貞世還俗して氏家の職を襲がしめんことを請ふ。足利義満為に駿河を分ちて、半を貞世に、半を泰範に給ふ。管領細川頼之其の廉譲を嘆じて及び難しと為せり。而るに泰範は反て貞世が自ら請ひて之を取りしかと疑へり。是に於て、更に遠江を奪はんと欲し、貞世弐志有りと譖せしかば、義満命じて遠江を以て仲秋に与へたり。

便宜二段に分けたが、末尾に典拠として『難太平記』があげられてゐる。『難太平記』ではその十六項目めの記事が該当するが、煩をいとはず掲げてみよう（引用は『群書類従』収録本による。以下同じ）。
○駿河国をば故殿は我等に譲給ふべき御志ありしを、総州の志浅からぬ事有しかば、たびたびいなみ申き。総州故殿に先立給ひし後亦被仰しをも、故中務大輔入道に申与し也。かやうの事を大輔入道ふかく思ひしりけるにや。一子もなくて身まかりし時、大輔入道いまだ孫松丸と云しに譲与てうせにき。
○猶総州の草の陰にもみ給ふ事かなしくて、今の上総入道泰範、僧にて建長寺に有しをめし上させて頭をつゝませて、国をも所領をも申与へしをば、時の管領細川武蔵守などは世にためしなうぞ申しか。其恩を更におもひしらで、此度遠江国執心故、我等猶野心有由上聞に達と云り。哀々其時駿河国事も泰範をめし出事もなからましかば、今かゝる内心の歎にはならざらまし。天のあたふるをとらざればと云事、誠なる哉〳〵。駿河国を半分わかち給ひし事を我等望申て預りたる様に云なして、其根に今遠江国の事も申給たるとかや。其時の事は世の知事なれば更恥侍らず。且はまた今も上としてしろしめすべければ、中々申に及ばざる事なり。

○かやうの親類等の不義兼て覧給ひけるにや。此一家の事も可奉行と故入道殿の御置文も有けるなれども、上の明にわたらせ給はぬ故に、かやうの不道不義の親類等も時にあひたるにや。おそらくはうたてしき御事也。前立て遠江国の事、仲高入道にも可去与との上意も難二意得一事共成しかども、任二上意去一よしも加様の御沙汰ゆへ有けるゆへにや。

両者を比べれば、相続の記事が『難太平記』に拠つたことは明らかであらう。『難太平記』にみえる「故殿」は父範国、「総州」は兄範氏、「故中務大輔入道」は範氏の子氏家を指す。注目すべきは了俊が兄の子に譲つたといふ点であり、これに義公光圀が注目しなかつたはずはないであらうし、またそれが了俊伝への特筆となつたのではあるまいか。いふまでもないけれども了俊伝は事実のみを記し、引用の三段めにみえるやうな今川氏の思ひを叙述することはない。実は水戸では貞享三年に『難太平記』を刊行してゐるのであるが（柳枝軒蔵版）、このことに注目されたのが平泉澄博士である。平泉博士は『大日本史の研究』に収められた巻頭論文「大日本史概説」において「仔細に見てゆくと、貞享三年の難太平記の出版が、義公の深意を婉曲に露呈してゐるが如く、国体護持の本意も亦、それ以前に、しばしば発露してゐるのである。」と述べられ、続いて、

一家相続に関する感動だけであれば、水戸家の系図を整備するとか、類似の例を求めて難太平記を出版せしめるとか（それは貞享三年に力石忠一をして校訂出版せしめたのであるが）、それだけに止まるのではあるまいか。

とされ、さらに、

難太平記は、前にも述べたやうに、家督相続の際推譲して私利を貪らなかつた美徳を顕彰する意味があつたであらう。

と家督相続に言及されてゐる（同様の趣旨は『父祖の足跡』にもみえる）。義公光圀は各方面への慎重な配慮を以て事業を遂行し、必ずしもその意図を明確にしてゐるわけではないけれども、博士の言及は『難太平記』の刊行についての義公の深奥に迫つたものといへるであらう。すなはち、この家督相続の一件が了俊に注目する大きな根拠となつてゐるのではないか、と私も考へるからである。それは安積澹泊の論賛に「貞世の国を以て兄に譲ること、既に難し。兄死して又兄の子に譲ること、益々難し。其の仲秋に遺訓せるを観るに、身を修め家を斉ふるの道に非ざるは莫し」とみえる高い評価を考慮すればなほさらのことであらう。

ちなみに、『群書類従』本は「瀬名貞如本」を底本とし、何故か水戸の刊行本は参照されてゐないのである。

なほ、付言すれば当時水戸藩が刊行したもので個人の著作に類するものはわづかであるから、この点からも『難太平記』への注目度は高いといへよう（『水戸文籍考』義公の項には多くの編纂物の他に「校刻」の文字を冠する刊行物が『難太平記』も含めて八部みえるが、このうち舜水文集・惺窩文集・菅家文草などは別格のものであらう）。

三　『難太平記』と『太平記』及び『参考太平記』との関係（1）

『難太平記』はその名称からも『太平記』の批判書であることは容易に察せられるが（既述のやうに了俊伝もこれを採用。『国史大辞典』の「難太平記」の項によれば名称は後人によるといふ）、成立に直接関与する主要な記事は実はわづか一条にすぎず、批判的な記事の多くは今川氏からの不満といふべきものである。したがつて、批判書といふよりは冒頭に「をのれが親祖はいかなりしもの、いかばかりにて世に有けるぞとしるべきなり」との立場で書かれた今川氏の歴史といふ性格を持つ書なのである（小学館、新編日本古典文学全集・太平記一の解説）。ともかくも『太平記』との関係を窺ふために七項めの有名な箇所を検討しなければならないであらう。

○六波羅合戦の時、大将名越うたれしかば、今一方の大将足利殿先皇に降参せられけりと太平記に書たり。かへす〲無念の事也。此記の作者は宮方深重の者にて、無案内にて押て如此書たるにや。寔に尾籠のいたりなり。尤切出さるべきをや。すべて此太平記事あやまりも空ごともおほきにや。

○昔等持寺にて法勝寺の恵珍上人此記を先三十餘巻持参し給ひて錦小路殿の御目にかけられしを、玄恵法印によませられしに、おほく悪ことも誤も有しかば、仰に云、是は且見及ぶ中にも以の外ちがひめおほし。追て書入、又切出すべき事等有。其程不可有外聞之由仰有し。後に中絶也。近代重て書続けり。次でに入筆共を多所望してかゝせければ、人高名数をしらず書り。さるから随分高名の人々も且勢ぞろへ計に書入たるもあり。一向略したるも有にや。今は御代重行て、此三四十年以来の事だにも無跡形事ども任雅意て申めれば、哀々其代の老者共在世に此記の御用捨あれかしと存也。平家は多分後徳記のたしかなるにて書たるなれども、それだにもかくちがひめありとかや。まして此記は十が八九はつくり事にや。大かたはちがふべからず。人々の高名などの偽りおほかるべし。まさしく錦小路殿の御所にて玄恵法印読て、其代の事どもむねとかの法勝寺上人の見聞給ひしにだに、如此悪言有しかば、唯をさへて難じ申にあらず。

以上が全文であるが、『太平記』研究史上の重要箇所といへよう。錦小路殿といふのは足利直義のことである。前段では「此記の作者は宮方深重の者にて」といふ一節が注目されるが、後段では傍線部が『太平記』成立の状況をみる重要な記述とされてゐる。一般に恵珍（恵鎮）が等持院に持参した年代は延元三年（暦応元年）から正平五年（観応元年）ころではないかとされ（前掲小学館本解説、荒川久寿男氏『皇學館論叢』十八の五収録「湊川合戦記事と太平記の構成（上）」では「正平四五年の交」とされる」）、この時の「三十餘巻」をもとに以後改訂が行はれたことは容易に推察される。

了俊からみれば「此記は十が八九はつくり事にや」となるのだらうが、実際はどのやうに考へればよいのであらうか。次に、それを『参考太平記』（以下、参考本と記す）との関係において探つてみることとしよう。まづは右に引用した『難太平記』の記事であるが、これは全文が参考本に収められてゐるのである。収められてゐるのは巻第九の「尊氏越大江山事」（天正本では「名越尾張守打死の事」）の条であるが、この記事に関連して参考本を検討してみよう（引用は国書刊行会本による。以下同じ）。

この条の本文の書き出しは、

追手ノ合戦ハ、今朝辰刻ヨリ始テ、馬烟東西ニ靡キ、鬨声天地ヲ響カシテ攻合ケレトモ、搦手ノ大将足利殿ハ、桂河ノ西ノ端ニ下居テ、酒盛シテオハシケル、

となるが、この後に「天正本云」として関連部分を引いてゐる。天正本（小学館版『太平記』による。底本は彰考館蔵。ルビ略、以下同じ）のこの箇所に相当する部分は次のやうに叙述されてゐる。

さる程に、大手の合戦は、今朝辰の刻より始まつて、馬烟東西になびき、時の声天地をひびかしけれども、搦手の大将足利殿は、大原野に陣を取つて、酒宴終日に及びけるが、寺僧を食され、寺号を尋ね給へば、「勝持寺と申す」とぞ答へける。「天下の闘ひに勝ちて持つは、名詮自性。目

出たし」とて、大庄一所永代寄附せられけり。

傍線部が参考本の引用であるが、冒頭の「高氏ハ」以外は若干の文字使ひが異なるのみでほぼ同文である。さらに、この条の末尾の部分を比較してみよう。参考本では、

彼等二人馳参テ、事ノ由ヲ申ケレハ、両六波羅ハ楯鉾トモ憑レタリケル名越尾張守ハ討レヌ、是ソ骨肉ノ如クナレハ、サリトモ弐心ハオハセシト、水魚ノ思ヒヲ成レツル足利殿サヘ、敵ニ成給ヒヌレハ、憑ム木ノ下ニ雨ノタマラヌ心地シテ、心細キニ就テモ、今マテ附纏タル兵共、又サコソハアラメト、心ノ置レヌ人モナシ、

とあり、天正本が引用されてゐる。そこで、天正本をみると、

彼等二人、事の由を申しければ、両六波羅は、楯鉾と憑まれたる名越殿は討たれぬ。これぞ骨肉の如くなれば、二心は御座せじと、水魚の思ひをなされつる足利殿さへ敵になり給ひぬれば、憑む樹の下に雨のたまらぬ心治して、心細くぞ思はれける。越前国にも、足利尾張孫三郎高経の長男幸鶴丸、旗を挙げて義兵を起すと聞えしかば、南方・西国・北陸道、穏かなる心もなし。これに付けても、今まで付き纏ひたる兵どもも、またさこそはあらんずらんと、心を置かぬ人もなし。

とあつて、やはり傍線部が引用部分となる。やはり「高氏ハ」以外はほぼ同文であるから、参考本では大きく異同する箇所を掲げたわけである。いふまでもなく、異同に関しては天正本のみではなく他本に及ぶ箇所もみられる。

さて、この「尊氏越大江山事」の条で注目されるのは、天正本の他に「梅松論云」と「難太平記云」との引用がみえることである。その『梅松論』ではこの条をはさむ「山崎久我畷合戦附名越高家討死事」と「尊氏著篠村国人馳参附六波羅構要害事」からその要点をまとめてゐるが、「今一方の大将足利殿先皇に降参せられけり」との記述はみえてゐない。また『難太平記』で引用されてゐるのは、先引の『太平記』の成立に関する七項めの箇所なのである。冒頭の「六波羅合戦の時、大将名越うたれしかば、今一方の大将足利殿先皇に降参せられけりと太平記に書たり。」といふ箇所が、実はこの部分に引用された理由であつて、これに続けて、無念といひ、誤りが多いとするが、それは今川氏の側からの見方である。要するに、今川のことが詳しく書かれてゐないことへの不満にすぎないといふべきなのである。ただ、少なくともこの箇所には足利殿が先皇に降参したとはみえてゐないのであるから、おそらくは了俊がみた草稿ともいふべき『太平記』は参考本や天正本とは異なるものであつたに相違あるまいと思はれる。

四　『難太平記』と『太平記』及び『参考太平記』との関係（2）

続けて、巻第三十六の「細川清氏背義詮附子息元服事」の条を検討しよう。この条は、

此等ヲコソスハヤ大地震ノ験ニ、国々ノ乱出来ヌルハト驚キ聞処ニ、京都ニ稀代ノ事有テ、将軍ノ執事細川相模守清氏、其弟左馬助、猶子仁木中務少輔三人共ニ都ヲ落テ、武家ノ怨敵ト成ニケ

り、

と書き出すが、天正本もまたほぼ同文である。この条は天正本では「細川相州子息石清水八幡宮元服の事」「志一上人吒祇尼天の法行ふ事」「新将軍不例細川相模守京都没落南方降参の事」に該当するが、最後の「新将軍」の条の後半三分の一ほど以降が参考本では他の条となる。両本はほぼ同文であるが、この条の末尾に「難太平記云」として十七項めと十八項めの全文が記載されてゐる。十七項めから確認しよう。

細川相模守御不審の時、故入道殿随分奉公忠節人に越給ひしかども、彼太平記には只新熊野に入御とばかり書たるにや。其時の事は既及御大事べかりける間、右御所にひそかに故入道殿申給ひて、貞世は清氏に無内外申承者也。かれをめし上せて清氏に差ちがへさせられば、御大事にも及べからず。人をもあまたうしなはるべからずと申請給ひて、其時は我等遠州に有しを、以飛脚めし上せ給ひしかば、参川の山中まで上りしに、清氏若狭国に落けるとて重て飛脚下き。上着の時こそか丶る御用にめされつるとは語給ひしか。言語道断の事なりき。此事を故殿申請給ひける故に、清氏野心の事は無実たる間、歎申さむために越州直世を清氏内々よびけるを依怖畏まからざりける時、貞世在京あらばさりとも可来物をと清氏楽所の信秋に申けると聞て、思ひ寄て申出られけるとかや。是は随分故入道忠と存て、子一人に替て此御大事を無為にと存給ひし事無隠しを、などや此太平記にか丶ざりけん。（後略）

ここでは細川相模守、すなはち清氏が佐々木道誉との確執の結果謀叛の疑ひを懸けられた際に父範国が斡旋したが不首尾に終はり、義詮が清氏を討たうとしたので、若狭に退き、やがて南朝に降つたのであるが、この折の事情に関して了俊は父の忠誠の記述が不備であると二度にわたつて指摘したわけである。川添氏によれば、「事の真実は更に深いところにあったようで」、本当は息子了俊が清氏との懇ろな仲を疑はれてゐることに対しての疑念をはらすためであつたといふ（前掲人物叢書）。さうであれば、先にもふれたやうに今川氏の側からの言ひ分であつて記述の客観的な誤りの指摘ではないことに留意しなければならない。むしろ、記載上の省略とでもいふべきものといへよう。

ついで、十八項めを検討しよう。

○細川清氏事、実には野心なかりけるにや。餘りに過分の思有て上意にそむきし処に、或人の仕落しけるや。一には子どもを八幡にまいらせて、於社頭烏帽子着て八幡八郎と号ける事、一には神殿に願文を納けるに、可執天下文言有けるを、従社家公方へ進ける故と云り。此願文は清氏が非筆か。判形も不審也けりとこそ故殿は語給ひしか。

○我等事は東寺合戦の時、清氏手に可同道由あながち申しかば、一所にて両度合戦せしかば、別て可申行の由堅申間頼入しに、静謐の後遠江国笠原庄、浜松庄等其時闕所なりしかば望申しを終不申行。みな清氏申給き。依無念遠州に在国せし間、此時は在京せざりき。御所清氏と一体の様に思召間、故殿了簡して給て被申行けると也。是によつて我等上意に叶て、故殿隠居のいとま申されて為跡続めしつかはれし也。

前段は『太平記』の記述に拠るともいへるが、願文にみえるといふ「可執天下文」との文言は確認できない。これは天正本でも同様であり、やはりその後に改訂されたからであらうが、冒頭に「実には野心なかりけるにや」とみえるやうに、その書きぶりは細川清氏に同情的であるといへよう。了俊伝の第一段はこの箇所によつて叙述されてをり、『大日本史』の『難太平記』重視が窺へるが、いづれにしても『太平記』の記述が「十が八九はつくり事にや」とは必ずしもいへないのである。それは『難太平記』の記述によつて『太平記』の記事が裏付けられることがあるからである。このやうにみてくると、日本古典文学大系本（岩波版）の解説がこの一言を「味うべき言葉である」とするのは妥当な評価とはいへないのではあるまいか。

五　歌人としての了俊の評価

了俊伝の第三段に「貞世和歌を善くし、兼ねて文学を好み、著す所落書鈔・落書露顕・今川双紙・九州合戦記有り」との記載がある。ここにみえる「落書露顕」は歌論書であるが、史臣の探索するところで彰考館蔵本の奥書には、

今川伊予入道徳翁　判

以了俊真筆本如本書写了

嘉慶元年十一月十二日
二条殿　准三后　御判
延宝戊午歳呂山本春正本写之
京師新謄本

とみえることが報告されてゐる（川添氏人物叢書）。徳翁は了俊の別号を指す。二条殿は良基のことで、いまここでは直接の関係はないが、了俊の連歌の師であることを確認しておけばよいであらう。この彰考館本は山本春正が京都で書写したものといふことにならう。『群書類従』収録本は立原万（翠軒）本によつて校訂されてゐるが、立原本は彰考館蔵本を指すのではなからうか（その他彰考館には「歌林」といふ歌論書も所蔵されてゐる）。

次に『扶桑拾葉集』にも了俊の著作が収録されてゐるので、以下ふれておかう。了俊（収録名は源貞世）の著作で巻第十五に収められたのは「言塵集序」「落書露顕序」「鹿苑院准后義満公厳嶋詣記」「道ゆきふり」であるが（拙著『大日本史と扶桑拾葉集』参照）、後二編は長文であり、了俊の文学的才能を窺ふ作品となつてゐる。特に「道ゆきふり」は『群書類従』に収められ、近年は『中世日記紀行集』（小学館）にも収録され、その注目度が窺へるとともに閲覧も容易になつてゐる。

さて、「道ゆきふり」は了俊が九州探題に命ぜられて赴任する際の紀行文で、六十首の和歌を点綴した文章であり、凡そ九ヶ月に及ぶ旅程であつた。その叙述については、淡々としているが、その背後に、紊乱して統治困難な九州を鎮定するという、重大な使命を帯びた緊張した情感が流露している。それは所々の風物を見て、故郷に残した両親にはせる思慕の情や、死を念頭にした叙述に顕現している。とりわけ、道中の神社、特に源氏の氏神でもあった八幡宮への戦勝祈願が顕著であり、その点、この紀行文は祈りの文学の側面も有する。（小学館版、成立・内容の解説）

と評されてゐる。拾葉集に収録されたのは他の三編とともに優れた和文として評価された結果となるが、了俊伝にはみえてゐない。いづれにしても、彰考館における著書の架蔵と併せてみれば文人・歌人として評価したことは認めてよいであらう（なほ、拙著『大日本史と扶桑拾葉集』第七章に「扶桑拾葉集系図」中の伝記を検討してゐるが、了俊伝には及んでゐないのでこの点を訂正しておく）。

をはりに

了俊は足利方の武将であるから、文人・歌人として注目したとしても評価の一端にすぎない。それは了俊伝が将軍家臣伝に収録されてゐることによつても明らかである。ちなみに『難太平記』で同情弁護してゐる細川清氏はかつて了俊が仕へた武将であるが、清氏は諸臣伝に収められてゐる。それは清氏が最終的には官軍に属して逆に了俊とも戦つてゐるからであり、そこに『大日本史』の人物評価の一端をみることができよう。最後に、改めて水戸学派における了俊への注目と評価をまとめてみよう。

一、列伝の了俊伝に相続問題が大きく取り上げられてゐることは、それが義公光圀の境遇と一致することから派生し、関心の深さにつながつてゐること。

二、『難太平記』の刊行は『参考太平記』の関係史料としての役割のみでなく、内容からして今川氏の相続問題への関心と密接な関連があること。

三、『難太平記』の『太平記』批判は、今川氏の立場によるもので必ずしも根本的な史実の批判とはなりえないこと。

四、了俊の四著作が『扶桑拾葉集』に収録されてゐることは、文人・歌人としての評価と考へられること。

第十八章　『大日本史』巻二二九における『平治物語』

はじめに

『大日本史』巻二二九（列伝一五六）は叛臣三であり、藤原信頼と源義朝（子義平と家臣鎌田政家を付す）を収めてゐる。両人とも平治の乱の敗北者であり、それが叛臣伝に収める理由となつてゐる。本章では藤原通憲伝（以下、主として信西と表記する）と対比しつつも藤原信頼伝を主としてこの巻における『平治物語』の役割を考察してみたい。なほ、考察にあたつては刊行本『参考平治物語』（国書刊行会、以下参考本と称する）と彰考館蔵の五本（古典研究会上下二冊本に収録の半井本・鎌倉本・元和本・杉原本・京師本）によるところが大きいが、『平治物語』本文については日本古典文学大系本（印本、参考本が底本とした流布本の一）及び新日本古典文学大系本等も参照して検討する。

一　藤原信頼伝の注記

信頼伝には『平治物語』の注記が六箇所みえるが、そのうち単独の箇所と「京師・半井本平治物語」

の記載と『愚管抄』のみの箇所がそれぞれ一箇所であり、他の三箇所には複数の注記がみられる。信頼伝は『平治物語』の他に『公卿補任』『尊卑分脈』『一代要記』『百錬抄』『古事談』『愚管抄』を参照して執筆されてゐるが、信頼の伝記に関する限りほとんどが『平治物語』に拠つてゐるといへるのである。その詳細をみると、冒頭の履歴に関する部分と末尾の一族に関する部分のみに限られてをり、注記はみえないけれども叛臣としての事績はすべて『平治物語』に拠つてゐる。『平治物語』と伝本文の関係は次節に考察するとして、ここでは注記の実際を検討してみよう。

①関白道隆八世の孫にして、従三位忠隆の第三子なり。

この注記には「公卿補任・平治物語・尊卑分脈を参取す」とみえる。ここの『平治物語』を参考本でみると、「八代後胤、播磨三位季隆カ孫、伊予三位中隆カ子ナリ」とあり、季隆の注はともかく中隆の注に「中隆、京師、杉原、半井本、竝作忠隆、為是」とみえるが、これらは古典研究会本ですべて確認できる。

②人と為り庸闇にして、他の才能なかりしが、而も後白河上皇の嬖幸する所と為る。

ここの注記には『平治物語』とあるのみだが、参考本の該当記事は、

然レトモ文ニモアラス武ニモアラス、能モナク芸モナシ、只朝恩ニノミ誇テ昇進ニカ、ハラス、……信頼卿ノ寵愛モ猶弥珍カニシテ、肩ヲ双ル人モナシ

となつてゐる。

③累りに右兵衛佐・左近衛権中将を歴て、蔵人頭に補し、保元三年、参議に任じ……
検非違使の別当と為る。

ここは履歴のみであるからとりたてて問題はないが、参考本では②の引用に続く箇所である。末尾の三箇所は直接信頼伝に関するものではないが、『平治物語』との関連では六番目の「政家は杉原本平治物語に拠る」といふ割注についていへば、参考本は鎌田兵衛政清であるが「初名正清、後改政家、共見于前、此作政清」と割注を加へてゐるから「政家」は調査済みであつたわけである。ちなみに杉原本では「源氏勢太の事」の条で確認できるが、政家伝の冒頭には「本名は正清、二郎と称す」とみえ、典拠として『平治物語』を割注してゐる。参考までに述べれば、栗山潜鋒の『保建大記』をはじめとして『愚管抄』や『百錬抄』では正清としてゐる。

二　藤原信頼伝の依拠としての『平治物語』

信頼伝の時代の依拠すべき史料としては他に『百錬抄』『愚管抄』『兵範記』『今鏡』『古事談』『古今著聞集』『吾妻鑑』などもあるが、信頼伝の主要部分は『平治物語』のみに拠つてゐる。その理由は判然としないが、伝を構成するために収集した史料やその史料の吟味の結果であるとはいへよう。少なくとも結果からみれば『平治物語』の役割が極めて高いことが明らかであり、それは参考本の作成にも表れてゐるのである。

そこで『平治物語』の信頼に関する記述を検討してみよう。検討するに際して依拠するのは参考本である。それは参考本に収録された流布本によつて『平治物語』が活用されたと考へてよいからであり、その中に引かれてゐる参考文献、例へば『愚管抄』や『今鏡』なども含めて検討しよう。

まづは「信頼信西不快事」の条からであるが、ここは先に引いた②の部分であり、さらに関連の部分を掲げると、

一ノ人ノ家嫡ナトコソ、加様ノ昇進ハシ給フニ、凡人ニ於テハイマタ如此ノ例ヲ聞ス、又官途ノミニアラス、俸禄モ猶心ノ儘也、角ノミ過分也シカトモ、猶不足シテ、家ニ絶テ久シキ大臣ノ大将ニ望ヲカケテ、凡ヲホケナキ挙動ヲノミシケリ、去ハ見ル人目ヲ塞キ、聞者耳ヲ驚ス、微子瑕ニモ過、安禄山ニモ超タリ、餘桃ノ罪ヲモ恐レス、只栄花ノ恩ニソ誇ケル、

がその代表的記述である。文中の微子瑕と安禄山はそれぞれ春秋時代の衛の霊公、唐の玄宗の寵臣であるが、それを超へた存在だといふのである。これらの記述からは信頼の欠点のみしか窺へないが、これに対して信西に関する記述は全く反対なのである。例へば、

儒胤ヲ受テ儒業ヲ伝ヘストイヘトモ、諸道兼学シテ諸事ニ昧カラス、九流百家ニ至ル、当世無双ノ宏才博覧也

といひ、また、

保元元年ヨリ以来ハ、天下ノ大小事ヲ心ノ儘ニ執行テ、絶タル跡ヲ継、廃タル道ヲ興シ、延久ノ

例ニ任テ、大内ニ記録所ヲ置、理非ヲ勘決ス、聖断私ナカリシハ、人ノ恨モ残ラス、世ヲ淳素ニ帰シ、君ヲ堯舜ニ致奉ル、延喜天暦ノ二朝ニモ恥ス、

といふ箇所からは極めて高い評価が窺へるし、この部分に補注してゐる『愚管抄』には「才智文章ナト誠ニ人ニ勝レ」また『今鏡』にも「世ヲ治サセ給フ事昔ニ恥ス」とみえて同様の評価である。そして、その信西が信頼の大将昇進を批判した記述では、院（後白河上皇）に諫めたことを記し、

ケニモト思召タル御気色モナシ、信西餘ノ勿体ナサニ、唐ノ安禄山カ奢レル昔ヲ絵ニ書テ、巻物三巻ヲ作テ院へ進ラセケレトモ、君ハ猶実モト思召タル御事モナク、天気他ニ異ナリ、

といふ箇所も信西を評価した部分といへよう。さらに決定的なのは「信頼謀反事」の条を掲げてゐることであり、「信頼降参并誅戮事」の条に「信頼卿ヲハ左衛門佐シテ、謀反ノ仔細ヲ尋ラル」とみえるのもそれを証するであらう。

このやうな記述をみると、謀叛人としての信頼に対して忠臣としての信西といふ図式が窺へるやうに思はれるが、このやうな傾向が信頼の位置付けに少なからぬ影響を与へたであらうことは容易に推察されるのである。

さて、信頼伝は大きく四段に分けることができよう。第一段は履歴と藤原信西との対立の発端及び源義朝の平氏との不和をはじめ師仲・経宗・成親・惟方等との提携状況についての簡略な記述である。第二段は平治の乱に関する記述であり、平清盛の不在を機として信西を除く謀、さらに清盛の帰京に

よる合戦と敗北に至る状況を叙述する。第三段は義朝の東下に際しての信頼との応答及び信頼の上皇への取りなしと最期についての記述となる。第四段は信頼の与党（主に源師仲）に関する記述である。このうち、第二段と第三段が信頼伝の中枢であるが、この段に注記は全くみられず依拠は『平治物語』なのである。いふまでもなく、伝は参考本による。第二段には特に問題はみられないが、第三段は清盛との戦ひに敗れた義朝が関東に落ちてゆくところに信頼が追いつき、共に赴かうとの呼び掛けから始まる。注目すべきは第三段の前半が従士助吉との関連で叙述されてゐることである。それは大きく五項目に及んでゐる。

①信頼が義朝に呼び掛けた時、鞭で頰を殴られたが、その際助吉が「何故に我が公を辱めるのか」と抗議をし、義朝はこれを斬らうとするが鎌田政家が止めた。
②信頼に従つてゐた五十騎は恃むに足らずと離散し、助吉のみが残つた。
③信頼は疲困甚だしく、助吉が糒を勧めるも食べることができなかつた。
④仁和寺への途中延暦寺の僧徒に疑はれた時、助吉が六波羅の兵で道に迷つたと偽り、逃れようとした。
⑤僧徒の一人が火を取りて怪しむと、信頼は馬から下りて甲冑や刀を解き命乞ひをしたが、助吉も捕へられ戎服を剝がされた。

要するに、前半は信頼に関する叙述ではあるが、それは助吉を通じての叙述なのである。助吉のことは「義朝敗北事」の条にみえるが、伝には「姓闕く」と割注されてゐるから名もない従者といつてよいのであらう。その従者が伝を構成する重要な役割を果たしてゐることには助吉の忠誠心を伝へる意義があり、またそれは信頼伝の特長としてよいであらう（新日本古典文学大系本「信頼降参の事并びに最期の事」の条には式部大夫資義とみえる）。

三　叛臣入伝の理由

次に信頼伝が叛臣伝として立伝された理由を考へてみよう。すでにみたやうに「信頼信西不快事」の条からは信頼の不忠と信西の忠臣ぶりが窺へたのであるが、これが大きく影響してゐることは否めないであらう。それは信頼伝の主要部分が『平治物語』に依拠してゐることから明らかである。いつたい史臣は他に史料を探らなかつたのであらうか。そこで信頼伝にも割注されてゐる史料を検討してみなければならない。

第一に『百錬抄』であるが、平治元年十二月九日の条に、

十二月九日、夜、右衛門督信頼卿・前下野守義朝等謀反す。上皇の三条烏丸御所に放火し、上皇・上西門院を一本御書所に移し奉る。

とあり、明らかに「謀反」とみえる。第二に『愚管抄』であるが、

この信西を信頼そねむ心いできて、……義朝と一つ心になりて、はたと謀反をおこして……三条

烏丸の内裏、院御所にてありけるに、信西、子どもぐして、つねに候けるを押こめて、皆うちころさんとしたしくて、御所をまきて、火をかけてけり、

とみえて、やはり「謀反」としてゐる。なほ、傍線部は参考本が引用した部分である。

また、史臣が史料としては重視した『玉葉』の寿永三年三月十六日の条に、

先年通憲法師語りて云く、当今(法皇の謂ひ也)和漢の間、比類少なきの暗主なり。謀叛の臣、傍に在りて一切覚悟の御心無し。人これを悟り奉ると雖も、猶以て覚へず。此の如きの愚昧、古今未見未聞の者なり。

とあることも同類としてよいであらう。ここにみえる「謀叛の臣」は信頼のことであり、「暗主」は後白河院のことである。しかし、これは通憲すなわち信西が第三者(藤原長方)に語つた言であるから全体に割り引いて考へなければならないが、史料として活用しなかつたのは何故であらうか。後述するが、信西伝には『玉葉』に拠つた箇所がみられるのであるから若干の疑問が残る。

ところで、信頼伝を検討するに当たつて是非とも参照しなければならないのは栗山潜鋒の『保建大記』である(本書の引用は杉崎仁氏の編注本によつた)。それはこの書が保安から建久に至る時期の史的論評であり、しかも著者潜鋒は澹泊とともに史館総裁を務め、大きく編纂事業に関はつてゐるからである。

『保建大記』では巻の下が保元三年から始まつてをり、信頼については「上皇の寵する所と為り」近

衛大将の所望に対し上皇は許可しようとしたが、信西が諫め「安禄山の僭奢の状を図きて之を上」ったことにふれ（『近世史論集』収録本の頭注に「保元物語」とあるのは「平治物語」の誤り）、平治の乱に至ったことを叙述する。これに対する潜鋒の評には「平治の厲は、保元より承くと雖も、職として信頼に由れり」とし、さらに「信頼の若きは、寵満ち志驕りて、庸劣を以て凶邪を逞しくし、上皇坐ら之が幽辱を受けて察せず。信西の所謂反臣側に在りて知らず、忠臣之を諫めて悟らざる者とは、豈に之が為に発するにあらずや」とみえてゐる。ここにいふ反臣は信頼、忠臣は信西を指すが、これは『玉葉』に拠つてゐるのであらう。谷秦山の打聞は信西の言を「信頼ガ為ニ申サレタルデアルマイカヤ」と解釈してゐる。潜鋒も「当時の小説に言へる有り」（打聞は「即平治物語ナルベシ」と解釈する）と述べてゐるところからすれば、全体に『平治物語』に依拠してをり信頼を謀反人とするのは当然といへよう。

続いて信西を検討しよう。『保建大記』は次のやうに述べる。

信西素より天文推歩に善し。白虹日を貫くに当りて、入りて奏す。会々上皇宴に御す。面陳することを得ず。因りて宮人に告げて曰く、将に変有らんとす。速かに之を避けよと。直ちに南都に奔る。

注目すべきはその評である。当時の小説（平治物語）から出家の理由を引いてこれを「妄伝」とし、若し其れ此の如くんば、方に且つ身を捨て仏に事ふるの暇あらざらんとす。而るに何ぞ必ずしも黒衣の相と号し、安城の公に擬して、口に天語を銜《ふく》み、手に王爵を握ることを之為さん。

と僧となつたことを批判してゐることである。「安城の公に擬して」といふのは北魏の明元帝が僧である法果を安城公に封じたことをまねて、の意である。出家の理由については、参考本の「信西出家由来并南都落附最期事」の条にみえてゐるので潜鋒はこれに拠つたのであらう（新日本古典文学大系本にはみえない）。

また、大内を造り記録所を復興したことなど保元の治には「観るべきもの有り」とするが、さらに、惜しいかな。徒に義朝の己の類に非ざるを知りて、復た清盛も亦己の類に非ざることを知らざるなり。徒に信頼の大将に任ずる、以て其の身を保つ所に非ざるを諫むることを知りて、復た其の子をして顕官美職に居らしむるも、亦以て其の身を保つ所に非ざるを知らざるなり。庸人は常に公なる所に明かにして、智者は多く私する所に暗し。豈に特に信西のみならんや。

と評してゐるのは、信頼のみでなく信西もが史的批判の対象となつたことを示してゐよう。いづれにしても、このやうな信頼への批評が列伝の構成要因であつたことは容易に推察されるのである。

四　藤原信西伝との対比

列伝（諸臣伝）七五には藤原信西伝（収録名は通憲）が収められてゐるので、以下信頼伝との対比を試みることとしよう。『平治物語』の注記は十箇所みられるが、いづれも異本は挙げられてゐないから参考本に拠つたものと思はれる。全面的に『平治物語』に拠つた箇所を検討しよう。まづ冒頭の出家に関する記述である。

一日自ら鑑みて水に梳り、剣・頭を貫くの相有るを見て、心に之を悪みしが、後、相者に遇ひしに、亦其の凶相を告げらる。通憲憂へて曰く、如何にして之を禳はんと。曰く、僧と為らば則ち免れん。然も、年七十の後は我が知るところに非ずと。通憲其の言を信じ、僧と為らんと欲すれども、居る所の官卑きを以て、竊に法皇に請ひて曰く、臣、僧と為らんと欲すれども、日向入道を以て世に称せらるるは亦遺憾なり。冀はくは権に少納言と為らんことをと。法皇允したまはず。

ここは「信西出家由来并南都落附最期事」の条を忠実に採用した箇所といへよう。先にもふれた通り潜鋒が「妄伝」とした箇所であるが、何故か潜鋒の主張は採用されてゐない。

潜鋒は『続古事談』に拠つて、信西が「我才ありて庸ひられず、所以《ゆえ》に遁世す」と頼長に告げたところを採用してゐるが、これは『台記』でも大凡が確認できるのである。しかしながら、不審なのは信西伝が『平治物語』に拠つた箇所に続いて『台記』を典拠とした一文がみえるから『台記』は十分に検討したと考へられるにもかかはらず採用されてゐないことである。このあたりにも『平治物語』の評価の高さが窺へるのである。

次に信頼との関係の記述をみよう。

二条帝禅を受けたまひ、政、上皇より出づ。通憲権威益々熾なり。時に権中納言藤原信頼上皇の親眷する所となりしが、通憲之と隙有り。信頼近衛大将たらんと請ひ、上皇以て通憲に告げたまふ。通憲曰く、叙位・除目は国家の大典なり。選其の人に非ざれば、則ち上天心に違ひ、下、人情に乖く。曩時、白河上皇大納言藤原宗通を以て大将と為さんと欲したまふ。堀川帝許したまはず、故院中納言藤原家成を大納言に任ぜんと欲したまふ。諸卿議して以て不可と為せり。大納言猶軽く人に授けず、況や大将をや。若し信頼之に任ぜば、恐らくは驕奢を致し、自ら禍敗を取らん。願はくは少しく聖思を留めたまはんことを、と。上皇悦びたまはず。通憲、唐の安禄山事実三巻を図し、以て之を進覧し。

この後に、『玉葉』（表記は玉海）に拠つて、

且つ其の後に書して曰く、唐の玄宗は近世の賢主なり、然れども其の始を慎みて其の終を棄つ。泰岳の封禅有りと雖も、蜀都の蒙塵を免れず。今数家の唐書及び唐暦・唐紀・楊妃内伝を引き、其の行事を審にし、之を画図に彰す。伏して望むらくは後代の聖帝明王此の図を披き、政教の得失を慎みたまはんことを、と。

と記して、再び『平治物語』に戻り、

蓋し其の意信頼を以て禄山に比するなり。信頼聞きて之を銜む。

と述べてゐるのである。ここにみえる記述は「信頼信西不快事」の条の後半部分に忠実であるが、さらに『玉葉』によつて補強した箇所といへよう。

末尾の箇所からもう一例を検討しよう。

鳥羽法皇熊野に幸したまひしとき、宋僧淡海を召し見しに、言語通ぜず。通憲之が為に訳語し、応対流るるが如し。淡海曰く、子、宋に学べるか。抑も宋人か、と。通憲曰く、我嘗て謂へらく或は異邦に使すること有らんと。是を以て、略殊方(異域のこと)の語に通ぜるのみ、と。

ここは「唐宋来朝事」の条からの要約であるが、この条には唐僧の問ひに答へる信西の才覚が窺へる記述がみえてゐる。そして、著述を挙げて信西自身の伝は終了するのであるから、信頼と比べれば人となりの記述には明確な差がみられるとしてよいであらう。

五　源師仲伝について

信頼伝第四段の源師仲に関して、藤田幽谷の『修史始末』享保五年六月の条に「師仲は特に信頼の党のみにして乱魁の罪首に非ざるなり。宜しく信頼伝に帯入すべし」との安積澹泊の主張がみえてゐる。これは師仲が独立の伝として叛臣伝に組み入れられてゐたことを示すものなであらうか。そこで往復書案を探つてみると、同年六月五日付の澹泊宛小池・大井書簡に「伏見源中納言師仲叛臣伝ニ立有之候得共、信頼へ党シ申候まてニて叛逆之事迹見へ不申候、叛臣立申候而は義朝へ大ニ障り申候……義朝よりはるかニ罪軽キ師仲ヲ叛臣ト立置候ハ公平ニ無之と思召候、一伝ニ立候程之事迹も無御坐候間、信頼伝帯入候而相済可申候」(『茨城県史料』近世思想編、三六六頁)との記載を見出すことができるので、当初は立伝されてをり、それが澹泊の主張により信頼伝に帯入されることになつたといふことなのであらう。

信頼伝には三箇所の言及がみられるが、第一段の「中納言源師仲と相結び、其の家に就きて日夜武芸を習ひ、怨を通憲に報いんと謀る」と第二段の「源師仲、素より信頼に党せしかば、上皇を趣し、車に御して出で、大内に遷らしめ、遂に火を縦てり」であり、そして三は第四段の記載となる。以下、第四段冒頭の信頼の兄弟子に関する一文を除いて伝末の記載を検討しよう。割注により区切つて掲げると、次の通りである。

①信頼敗れ、源師仲も亦執へらる。初て帝の六波羅に幸したまふや、鎌田政家神鏡を取りて之を東国に遷さんと欲す。師仲曰く、天皇の神器、安ぞ擅に動揺することを得んと。

②匱を破り、取りて之を懐にし、

③義朝の大刀・契・匱鑰を佩刀に繫けたるを見て、亦紿きて之を奪ひ、

④終に之を六波羅に致せり。

⑤是に至りて自ら陳じて曰く、臣本叛かず。信頼・政家神鏡を奪はんと欲せしを、臣竊に之を蔵めたり。臣の賊に党せざること明けし。曏《さき》に信頼と相周旋せしは、唯々其の威権を懼れてのみ。不軌を図るに至りては則ち未だ嘗て与り知らざりしなりと。

⑥罪を定めて下野に流す。

⑦仁安元年、召還せらる。世に伏見源中納言と称す。

このやうな記述をみると、罪を得たとはいへ後に召還されたのであるから赦されたことにならう。さうとすれば、澹泊の主張は決して不当なものではないといへよう。

をはりに

論賛の信頼評は、とるに足らぬ人で「論ずるに足るもの無し」であつた。しかしながら、その信頼伝には従士助吉の事績を叙述してをり、それは主によく仕へた義烈に富む人物であつた。このやうな記述は義烈伝にも通ずるものであるが、単に信頼伝を叛臣としてのみに位置づけることはできないのかもしれない。

ところで、参考本「叡山物語事」の条の末尾に次のやうな記事がある。

懸リシ人ノ、今首ヲ獄門ニ梟ラルヽモ、保元ノ合戦ニ、宇治悪左府ノ御墓、大和国添上郡河上村般若野ノ五三昧ナリシヲ、信西ノ申状ニ依テ、勅使ヲ立テ掘発シ、死骸ヲ空シク羞カシメラレタルカ、中二年有テ、平治元年ニ我ト埋蔵サレシカ共、終ニ掘発サレテ、首ヲ斬ラレシコソ怖シケレ、昨日ハ他州ノ愁、今日ハ我身ノ責トモ、加様ノ事ヲヤ申ヘキ、

二年後には保元の頼長の二の舞ひになつたといふのであるから、因果応報ともいふべきかもしれない。今日、平治の乱の謀叛については異論もあるが（河内祥輔氏『保元の乱・平治の乱』）、それはともかく信頼伝と対比すると信西伝にはしつくりこない叙述がみられるやうに思はれる。

最後に論賛の信西評を確認しておかう。

然れども、其の寵を怙《たの》みて権を弄し、智能を矜伐するは、則ち頼長と以て異なる無きなり。保元に、上皇に属せし者を佯《いつは》りて竄流と定め、実は死刑に処す。其の心術、知るべし。頼長は固より論ずるに足らず。通憲は徳、才に勝たず。君子の譏を免れざるは、惜しいかな。

論賛は才を認めながらもその徳性を問題としてゐるのであるが、このやうな評価は潜鋒とも通ずるものがあらう。もし信西が忠臣であつたとするならば、信頼が乱を起こした際には何故逃亡を図つたのであらうか。忠臣ならば止まつて主上のために尽くすべきではないのか、といふ疑問が当然にして起こつてくるからである。ましてや「暗主」などといふことがあるはずはあるまい。信頼と信西の伝を対比してくる時、『平治物語』による叙述の問題は今なほ存在してゐるやうに思はれる。

第十九章　『大日本史』の年月と改元の記載

一　『大日本史』の年月記載

『大日本史』は紀伝体の歴史書であるが、紀伝体でも編年体でもおよそ歴史書である限り年月（改元も含む）の記載を除外することはできないし、記載がなければ歴史とはいへないであらう。したがつて、歴史書においては年月の記載に十分な配慮がなされてゐるはずである。以下、『大日本史』の年月の記載について考へてみることにしたい。

まづは、本紀から記載の実例を確認しよう。神武天皇紀では神代を除けば、

元年辛酉、春正月庚辰の朔、天皇位を橿原宮に即く(1)。

といふ記載が初出となるが、元年はいふまでもなく神武天皇の元年であり、干支を加へ、春夏秋冬は該当の初めの月に記載されるのが原則である。例へば、

神武天皇紀　三十一年辛卯、夏四月乙酉の朔

安寧天皇紀　元年癸丑、冬十月十一日丙申

のごときである。さらに日付にも干支を加へてゐる。

次に年号の記載をみると、初出は孝徳天皇紀の大化であるが、「乃ち是の歳を紀して大化元年となす。年号、始めて此に起こる」と記し、

大化元年乙巳、秋七月二日戊辰

から記載が始まる。大化は五年まで続き、次いで白雉の年号に代はり五年までの記載となる。次の斉明天皇紀は、

元年乙卯、春正月三日甲戌、天皇、飛鳥板蓋宮に即位し、

となり、当然のことながら年号の記載はみえない。

文武天皇紀では、元年から四年までの記述の後に、

大宝元年辛丑、春正月乙亥の朔、天皇、大極殿に御して朝を受く。

との記載が現れ、そして三月二十一日甲午の条に「対馬島、金を貢す。建元して大宝と曰ふ」とみえる。さうすると、年号を建てた年は月日にかかはらずその年初から年号を用ゐてゐることになるが、これは以下の記載の原則なのであらうか。大宝は三年まで続き、次は慶雲となるが、記載は、

慶雲元年甲辰、春正月七日癸巳、大納言石上麻呂を以て右大臣となす。

と始まり、五月十日甲午の条に、

備前、神馬を献じ、慶雲、西楼の上に見る。詔して、天下に大赦し、改元して、高年老疾を賑恤

し、壬寅の年以往の大税、及び神馬を出したる郡の今年の調を免じ、親王・諸王・百官の使部已上に、禄を賜ふこと差あり。

とあり、改元に割註して、

水鏡に曰く、五月五日、大極殿の西楼の上に慶雲見ると。一代要記に曰く、五日慶雲見れ、十日改元すと。

と記してゐる。このやうな状況をみると、改元の年はその年初から年号が使用されるとしてよいと思ふ。

二　記載の根拠

それでは、このやうな記載方法は何に基づくのであらうか。『日本書紀』の神武天皇紀にみえる「三十有一年の夏四月の己酉の朔に、皇輿巡り幸す。(2)」や安寧天皇紀の「元年の冬十月の丙戌の朔、丙申」に注目すれば、先引の『大日本史』の記載がこれに拠つてゐるとの推測は可能であらう。その他、季や干支の記載も一応は『日本書紀』に倣つてゐるといふことができよう。その『日本書紀』が参考にしたのは漢書や後漢書の本紀ではないか、といふのが坂本太郎博士の見解であるが、さらに博士は、

ただし手本は漢書・後漢書だけではなさそうである。それは年時の記し方である。例をあげると、書紀は「元年春正月乙酉朔辛卯」「卅八年秋八月丙子朔己丑」（共に孝安紀）というように、年・季・

月・朔の干支、日の干支という順で年時を記す。この記し方は正史の本紀もほぼ同じだが、ただ本紀では朔の干支を記す例はない。これを記すのは、起居注や実録である。書紀の撰者たちはどんな起居注や実録を見ることができたのか明らかではないが、こうした年時の記し方には起居注や実録の書法が影響を及ぼしているのであろう。書紀の史体には本紀と実録との両者が参考にされていると見てよい(3)。

と述べられてゐる。ここで博士が例示された書紀の記載を『大日本史』で確認してみると、「元年己丑春正月七日辛卯」「三十八年丙寅秋八月十四日己丑」となつてゐるから、参照を疑ふことはできないけれども同じではない。『大日本史』本紀では年・干支・季・月日・干支の順であり、朔の干支を省いてゐる。もう少し検討してみよう。

先にも引いたが、『大日本史』の神武天皇元年の条は、

元年辛酉、春正月庚辰朔、即天皇位於橿原宮、時年五十二

であり、『日本書紀』には、

辛酉年春正月庚辰朔、天皇即帝位於橿原宮、是歳為天皇元年

とみえ、ほとんど同じといつてよい。また、二年の条には「二年春二月甲辰朔乙巳」とあり、記し方は坂本博士の指摘の通りである。『大日本史』では年の次には干支を記載し、日にちも加へてゐる。かうしてみると神武天皇紀が書紀に拠つたことは容易に確認できるが、年時の書法には若干の相違がみ

られ、それは『大日本史』独自の書法でもある。

三　改元の記載

次に改元記載の詳細をみてみよう。検討するのは桓武天皇から後亀山天皇に至る五十代の代始改元であるが、いはゆる北朝の天皇は除く。『大日本史』では北朝五主についても若干の記述がみられるが、あくまでも付随的であるからである。五十代のうち代始改元がない仲恭天皇の場合を除外すると、平城・花園の二天皇の他はすべて改元の年の年初から改元の年号で記載されてゐる。しかもほとんどが「改元」と記すのみであり、わづかに桓武天皇紀の「宜しく天応二年を改めて、延暦元年となすべし」、陽成天皇紀の「其れ貞観十九年を改めて元慶元年となさん」、光孝天皇紀の「其れ元慶九年を改めて仁和元年となさん」が異なる記載である。

改元の例外記載では、まづ平城天皇紀の「十八日辛巳、皇太子、天皇位を大極殿に即く。時に三十三。大同と改元す。」であり、続けて「大同元年丙戌、夏五月十九日壬午」とみえ、年初から大同年号は使用されてゐない。また、花園天皇紀では「冬十月九日甲子、延慶と改元す。」とあり、「十九日甲戌、征夷大将軍守邦王を以て親王となす。」と続き、この年を終へて、やうやく「二年己酉、春正月十三日丁酉」との記載が出現するのである。したがつて、花園天皇紀は平城天皇紀とも異なつて、元年の記載がみえない特殊な叙述となつてゐるのである。桓武天皇紀以前でも、年号使用の場合には元年の記載が必ずみえるのであるから、校訂もれといふべきかもしれない。いづれにしても、年初からの改元記載が圧倒的に多いのであるから、これが原則としてよいと思はれる。

四　記載の指示

以上にみたやうな記載方法は義公光圀の指示によるのであらうか。「御意覚書」(4)等の史料には関係記事を見つけることはできないが、差し当たつて安積澹泊の「検閲議」にみえる記事を掲げてみよう。

晋書王濬伝に、直ちに十五日を以て三山に至る。明十六日悉く領する所を将ゐて、還て石頭を囲む。去る二月武昌守を失ふ。其の月日を書すること一にして足らず。苟も是の如くならずんば、則ち以て当時の事勢を見るに足らず。故に義公、干支の推歩に労するを嫌ひ、直ちに日子を書せしむ。史の正体に非ずと雖も、而れども三代実録、既に其の例あり。蓋し日本史、実録及び資治通鑑の体を参用す。故に諸書を参覈《かく》し、異同を甄別するときは、則ち温公の考異に似たり。此れ義公の雅量にして、而して後の良史に望む所なり(5)。

これによれば、日子(日付)の直書が光圀の意思をふまへたものであることが知られるから、書法に関して実に詳細な指示を出してゐたことが窺へる。このやうな状況について、かつて加藤繁博士は、顧ふに水戸の史家は日子の直截明快を喜びつゝも、支那正史の体例を棄てかねて、日子と干支とを併せ書したのであらう。尚ほ支那の正史では、年には何年と年数だけを書くこと、為つて居る

が、大日本史では年数の下に干支を添記して居る。これは日の書方と調和せしめる為めであつたであらう。(6)

と述べられたが、『大日本史』は彼我の正史に範を取りつつも独自の工夫を加へてゐることが知られるのである。

註

（1）『大日本史』の引用は昭和三年刊の大日本雄弁会本による。原漢文。
（2）『日本書紀』の引用は岩波文庫本による（岩波書店、平成六年）。
（3）『六国史』二十三～二十四頁（吉川弘文館、昭和四十五年）
（4）『水戸義公伝記逸話集』収録。その他、関連文献をも収める（吉川弘文館、昭和五十三年）。
（5）『幽谷全集』収録「修史始末」（私家版、昭和十年）原漢文。
（6）『本邦史学史論叢』下巻収録「大日本史と支那史学」（冨山房、昭和十四年）

第二十章　『大日本史』編纂における一字一句の取り扱ひ

一字一句といへども疎かにしないのは水戸史学の特色であるが、以下その実例を往復書案から紹介してみよう。わづかなものではあるが、『大日本史』編纂にかける史臣の配慮や情熱を窺ふに足る一端とはならう。

まづは、享保四年十月五日付の小池源左衛門・大井介衛門連名の神代杢太夫宛書案の一節を掲げてみよう。なほ、以下に引用する書案はすべて小池と大井連名の神代宛である。

墨股猪股股野等ノ股字筆書股と御坐候ヲ俣ト楷書いたしたる物ト之料簡ニ而、史館ニ而股ヲ用申候、然所東鑑俣ト有之候へハ俣ノ字ニ而も可有之哉と宗伯被申候、然共俣ノ誤歟とも被申間敷思召候、其上雁俣蛙俣等ハ胯ノ義ニ用申候事慥ニ候へとも、股を胯ト訓シ不申候、依之安子へ御相談之上由来俣ヲ股ニ改申候段、館中料見ニ而確拠も無之候へハ、ゝやハり俣ノ字ヲ出申候而、読為胯義と注有之方可然ニ先御極被成候由、逐一致承知候、且御返書ニ被仰聞候、和尓雅洲股ト有之、貝原氏も股ト見届被申候と相見申候間、股ノ字ヲ用申候而、俣ニ不改とも可然歟と之儀も具ニ承之候、此方了簡ハ御追書之通、股ノ字ニ而指置申候方御同心ニ御坐候、墨俣と有之ヲスノモ、と読申候者も有之間敷一字ニ就テ申候へハ、本義ニ叶不申候、よミかた日本ニ而ハ如何程も可有之候、江河ノ二字モ日本ニ而被用不申候筈、楊子江黄河ヨリ分派不申候へ共江も河も用ヒ申候、河ノ字ハ川ニ書替も罷成候得共江ノ字ノ替ニツカヒ可申文字無之候、谷澗渓壑モ皆一概ニタニと訓シ申候、中華ニ而ハ皆別々ニ可有之事ニ御坐候、左候へハ股胯もマタト訓シ申候間存候而、墨股俣ト書申候ハと笑ヒ申人有之候而、からが不苦事ニ而ハ有之間敷候哉、俣ノ字却而イナ文字ニ見へ申候間股ヲ御用置被成間敷候哉、尚又御教示奉待候、（『茨城県史料』近世思想編、三二五頁）

若干の誤植か誤読があるやうにも思はれるが、ここには墨俣（すのまた）の文字の議論が展開されてゐる。要点を摘記してみると、

①史館では股の字を用ゐてきたが、宗伯が東鑑に俣とあるからこれでもよいのではないかといつてきた。

②しかし、誤りかもしれない。しかも雁俣蛙俣等は胯の意味に用ゐられてゐることは確かであるが、股を胯とは訓じない。

③安積と相談して股としたが、館中にも確証がないから俣でよいとする者もあつて、注すればよいとの意見があることは承知してゐる。

④和名抄に洲股とあり、貝原氏も股とみてゐると思はれ、股の字を用ゐて改めずともよいとの見解も承つたが、追書の通り股の字を使用してよい。

⑤読みは日本では如何様にもなり、江河・谷澗渓壑の例がある。股と胯も「また」と訓ずるから墨股
　俣と書いたらどうかと笑ふ者もゐる。
⑥俣は「イナ文字」にみえるから股を用ゐたらと思ふが、ご教示を待ちたい。
となるであらうか。この書案は藤田幽谷が抄出されたと思はれるもののなかに含まれてゐるが、生憎
と原本を確認することはできない。これに対する返書(教示)があつたはずであるがやはり不明である。
文中の宗伯は医師で編修の加藤宗伯のことであるが、該当の追書は抄出されてゐない。
　次に知られるのは十月十四日付であり、そのなかにみえる、
　　股ノ字之儀先書御答申進候趣、貴兄ニも兼々思召之通ニ相叶候ニ付、此度股字ニ御極め被成、墨
　　股ノ墨ノ字、東鑑にハ墨ノ字、盛衰記平家には墨洲入交申候、百錬抄ニ洲字ニ而御座候ニ付、洲
　　ノ字御用被成候由承届候(同前、八一頁)
といふ箇所である。ここでは股字の決定と洲の字の使用を認めてゐるが、文中にみえる指摘の文字は
墨俣合戦の記事等で確認することができるが、この文面からすると「洲股」が正しい字句となる。
　続いて同様の十月二十四日付には、
　　俣野猪俣洲俣等俣ノ字ニ作り候方穏当之由ニ而、引証明白なる書付宗伯被指越致一覧候、逐一尤成
　　儀ニ御座候、股ノ字可然哉と先書申進候ハ、股ノ草書ヲ誤テ俣ニ作り候と前々より史館ニ而、因
　　循ノ説尤と存候より起り申候事ニ而、俣ノ字不信用ニ候故ニ而御座候、古事記姓氏録等ニも俣ノ

字有之候得ハ、上代ヨリ俣ノ字マタト読来候事と見へ申候、左候へハ達而股ノ字ニ支度と可申様も無御座候、宗伯へハ別紙ニ申遣不申候間宜被仰達可被下候（同前、八二頁）

とあり、先書は五日付書案のことであらう。宗伯の詳細な指摘を受けたのであるが、それにしても「股ノ字ニ支度と可申様も無御座候」と答へてゐるのは先の決定と異なることにならう。結論はどうなつたのであらうか。十一月五日付には「俣野猪俣洲俣等股ノ字ヲ不用、俣ニ被成候儀御同心奉存候段先書申進候趣、宗伯へも被仰達、弥御極被成候由致承知候」とみえるところからすれば「俣」が有利のやうにも思はれる。遺憾ながら、往復書案からは最終的な結論を確認することができない。

ところで、十一月五日付以外は抄出（往復書案抄）にもみえてゐる。さうすると、俣・股や洲の一字の問題ではあるが、幽谷らによる抄出者にとつても重要な案件であつたといへる。それは、まさに一字一句を疎かにしない水戸史学の精神の表出であらう。ちなみに、『大日本史』（木版本）では「洲股」の表記で統一されてゐるから、十月十四日付が結論といふことにならう。

○

「洲股」の議論の前月に相模の「模」の字に関する議論があつた。すなはち、享保四年九月十五日付の往復書案に、

相撲ノ摸ノ字之事、木傍手傍ノわけいかゝ、此方ニても、致僉議見申候所相知不申候、其元ニ而御吟味被成本字重而此方へ為御知可被下候、何も一方ニ相極可申候（同前、三二四頁）

とみえてゐるのである。また、同月二十五日付には、

相撲ノ撲ノ字其元ニ而ハ、和名ニ御拠木傍御用伝中左様御改被成候由、相心得申候、本紀ノ中も勿論見当次第木傍ニ可仕候 （同前）

とある。さうすると、木傍の相模で落ち着いたのであらうか。ここには、いづれも抄本（往復書案抄）から引用したが、九月十五日付は原本（修史四に収める往復書案）にもみえてをり、若干文面が異なつてゐる。抄本から引いたのは、本来は抄本が原本で、原本の方が抄本なのではないかと疑はれるからである。それは、抄本が六条から成つてゐるのに対し、原本には四条しかないのである。したがつて、抄本が原本よりも内容が豊富なのであるから、抄本をそのまま抄本とするわけにはいかないといふことにならう。

そこで、両本を比較してみると、一条めはともに同じであるが、抄本の二条めと三条めが原本にはみえず、四条めが原本の二条めとなつてゐる。しかも、原本は三分の一ほどが省略されてゐる。五条めは原本にはみえない。六条めが引用の「相撲ノ撲ノ字之事」であり、原本の四条め、すなはちともに最後の一条に当たるのである。これのみであれば先に述べたやうに原本が抄本なのではないか、と考へるのに無理はないはずである。ところが、原本の三条めが抄本にはみえないのである。この三条めの存在が「原本が抄本」といふ先の推定を弱め、なほかつ原本と抄本の関係さへも怪しくする。この三条めは十五日付の抄本の前後にはみえないが、原本と抄本の関係が成り立つとするとこの条は抄

出する際に何らかの事情でここに紛れ込んだとでも解する他はないであらう。いま仮に紛れ込んだとするのが正しいとすれば「原本の方が抄本なのではないか」といふ推定は無理のないものとならう。

ともかくも、往復書案は水戸史学上の極めて重要な史料ではあるが、成立に関する個別の検討は今後に残されてゐるといふべきである。

初出一覧

第一章　『水戸史学』第七十号（平成二十一年）
第二章　『水戸史学』第六十八号（平成二十年）
第三章　『水戸史学』第六十九号（平成二十年）
第四章　新稿
第五章　『水戸史学』第七十五号（平成二十三年）
第六章　『水戸史学』第七十三号（平成二十二年）
第七章　『水戸史学』第七十六号（平成二十四年）
第八章　新稿
第九章　ＢＬＯＧ江風舎（平成二十三年）
第十章　新稿
第十一章　『水戸史学』第七十二号（平成二十二号）
第十二章　『水戸史学』第七十一号（平成二十一年）

補論　ＢＬＯＧ江風舎（平成二十三年）
第十三章『水戸史学』第六十六号（平成十九年）
第十四章　新稿
第十五章『水戸史学』第六十五号（平成十八年）
第十六章『水戸史学』第六十七号（平成十九年）
第十七章『水戸史学』第七十四号（平成二十三年）
第十八章『水戸史学』第七十七号（平成二十四年）
第十九章『日本歴史』第七二八号（平成二十一年）
第二十章　新稿

あとがきにかへて――安積澹泊の思ひ――

安積澹泊といへば、あの覚さん、後世の「水戸黄門漫遊記」ならば格さんである。『大日本史』の編纂事業にその生涯を費やし、史学上の重要問題に関はつた水戸を代表する学者といつてよい。したがつて、澹泊の史学的役割についいては今更いふまでもないが、一体、澹泊は『大日本史』をどのやうに活用しようとしたのであらうか。以下、この問題に言及し本書のあとがきにかへたいと思ふ。

○

「僧高弁の語を書して藤執政に贈る」といふ一文を検討しよう。それは今日の政治を考へるにあたつて要路にあるもののみならず、国民等しく、それぞれの立場で為すべきことの糸口を提供するであらうと思ふからである。この文は甘雨亭叢書『澹泊史論』に収めるが、『続々群書類従』の「澹泊斎文集」にもみえてゐる。高弁は栂尾《とがのお》の僧明恵上人のことである。まづは前半部を掲げよう（原漢文、以下同じ）。

初て北条泰時、京師に在りて栂尾の僧高弁に謁して法を聴く。偶々《たまたま》国を治むるの談に及びて高弁曰く、君夫《か》の病を治する者を見ざるや。良医は能くその源を察し寒熱の中《あた》る所を審にして、然る後剤を投ずれば、立《たちどころ》に愈《い》えざるなし。世の治を為す者は其の原を察せず。濫りに賞罰を行はば則ち姦偽益々作り、風俗は日に偸《ママ》りて、之の治を為さんと欲するも未だ由《よし》なからんのみ。譬ば之を庸医の病原の在る所を知らずして、妄りに治療を施すがごとし。治の成らざるは人の欲心有るに由る。欲心一たび萌《きざ》せば、衆禍競ひ起こる。足下、軍政を執て躬自ら率励す。何ぞ成らざること之有らんと。泰時曰く、一人之を勉め行ふと雖も衆の従はざるは　奈《いかん》と。曰く、是れ難からず。足下の心に在るのみ。古人言へる有り。曰く、其の身直なれば則ち影曲がらず。其の政正しければ則ち邦乱れずと。正なる者は無欲の謂なり。足下の心、誠に能く之を存すれば則ち人人徳薫りて足るを知る。勉めずして行ひ、治めて庶幾すべし。一たび、争ひ訟ふる者有れば則ち自ら反みて痛懲す。罪を彼に加ふべからず。譬ば身正しからずして影の曲れるを悪むがごとし。身正しからずして影を罪せんと欲すること、其れ得べけんやと。泰時、大いに感悟して常に人に謂て曰く、我執権に備へ乏しくも罪戻を免れ獲たるは高弁の力なりと。

この部分は『大日本史』巻二百に収める北条泰時伝の末尾にみえ、傍線部を除いては文字遣ひも全く同じである。傍線部は澹泊がこの一文を成すにあたつて書き替へた箇所であるが、それは後半部との関連からみれば取り立てて問題とするには及ばないであらう。

この部分は注記にみえるやうに「明恵伝」に拠つてゐる。「明恵伝」には秋田城介入道(安達義景、実は父の景盛)が語つたところとして伝へてゐるが、「其の身直なれば則ち影曲がらず。其の政正しければ則ち邦乱れず」の出典は『列子』や『貞観政要』である(平泉洸氏全訳注『明恵上人伝記』)。澹泊は明恵の言を伝へようとこの一文を草したのであり、後半部が澹泊の見解の表明となる。

謹んで按ずるに、高弁は栂尾の明恵上人なり。戒行精錬は載せて僧伝に在り。浮屠氏の教は昌黎の所謂死生を一にし、外膠《ぐわいかう》を解き、心に泊然として起る所無し。世に淡然として嗜む所無き者は、彼の邦家の事に於いて何ぞ関渉する有らん。而して言ふ所は乃ち能く此の如し。蓋し保元平治以来、王綱振はずして、選挙の法行はれず。而して廷に在るの臣、苟且偸安《こうしょたうあん》して、蹇蹇匪躬《けんけんひきう》の節を聞かず。文学を攻める者は徒に雕繢縟采《てうくわいじょくさい》を以て工と為す。而して世を済ひ、民を安んずるの略を思はず。孔孟の道、復講明する者無し。間に聡明徳達の資有れば、則ち逃れて釈氏の門に在る。故に緇《し》流して卓犖《らく》の才多く、縫腋《ほうえき》して経綸の術に靡く。彼此の得失、良く慨くべし。明恵の泰時に対するは務めて己に反して、清心寡欲を以て本と為さんと欲す。其の旨固より美なり。季康子盗を患へて孔子に問ふ。孔子対へて曰く、苟も子の不欲ならば、之を賞すと雖も竊まずと。聖人の言は炳として日星のごとし。当時、学術弛緩す。惜しむらくは其の言を以て之を告ぐる者有る無し。故に明恵は其の意を本原して之を推広す。反復暁譬、誘掖《いうえき》奨励し、豈に深切著明ならざらんや。荀子曰く、君なる者は盤なり。水なる者は民なり。盤方は則ち水方、盤円は則ち水円なり、君なる者は源なり。水なる者は流なり。源清ければ則ち流清く、源濁れば則ち流濁ると。唐太宗曰く、君なる者は源なり。臣なる者は流なり。其の源濁りて其の流の清きを求むるは得べからずと。賢哲の言は古今揆を一にし、明恵は出世の人にして能く経世の言を為す。苟も世道人心に裨《ひ》有れば、吾まさに之を取らんとす。泰時、能く其の言を用ゐ身を以て下を率ゆれば、政令は簡明にして紀綱は整粛し、盗賊は屛息し、士民は富庶す。貞永式目は今に至り、立ちて準則と為す。然るに泰時をして能く聖人の道を聞かしめば、則ち死を以て諫争し、其の父をして不臣の罪に陥らしめず。而して鎌倉の治は益々観るべき者有るなり。刑賞忠厚の言は、儒者に出ずして釈氏に出づ。世道の隆替は従つて知るべし。覚、頃《このごろ》泰時伝を釐《り》正して明恵の言を筆削す。而して深く聖教の湮《いん》没《ぼっ》に感ずる有るなり。故に之を録し、以て政府の諸公に呈す。願はくば治を講ずるの暇に、或は能く省覧すれば幸なり。

語釈から試みよう。「僧伝」は「明恵伝」すなはち『栂尾明恵上人伝記』のことで、彰考館には「明恵伝」と称するものが架蔵されてゐたから、あるいはこれに由つたかもしれないが、少なくとも寛文年間の刊行本（さらに宝永年間にも刊行されてゐる）は容易に参照できたであらう。「昌黎」は韓愈のこと。「死生を一にし、外膠を解き」の出典は『文章規範』に収める「送高閑上人序」にみえる。「外膠」は外界の事物に対して心が拘泥することで、「解」はその状態から解脱するの意である。「泊然」は落着いて静かなこと。「苟且偸安」はいい加減にしてその場を逃れ一時の安楽をむさぼること。「蹇蹇匪躬」、正しくは蹇蹇、韓愈の「争臣論」にみえ、『易経』からの引用であり、王の臣下は一生懸命に忠義を尽くし自分一身の事情は顧みないの意。「雕繢縟采」は彩色して飾る、「縫腋」は墨ぞめの衣の意。「季康子盗を患へて孔子に問ふ」は『論語』顔淵編にみえ、盗賊のことを心配して尋ねたところ、もしあなたが自ら無欲であれば、たとひ褒美をやつたとしても盗みはしないだらうと答へたといふことの引用である。

「荀子曰く」以下は『荀子』巻第八君道篇第十二にみえるが、引用に若干の相違がある。便宜、『新釈漢文大系』から関連箇所の和訳を掲げると、次のやうになる。

君が盤であれば、民は水であるから、その容器の盤がまるければ水は自らまるくなり、又、君を鉢にたとえるなら、鉢が四角であれば水は自ら四角になる。君が弓を射れば臣も弓懸けをつけて弓を引く。楚の荘王は腰の細い美人を好んだので、後宮の婦人は皆食をへらし、朝廷では餓死者が出たという。故に身を脩めるという事は聞くが、まだ国を治めるという事は聞いたことがないというのである。したがって君という者は民の源である。源が澄めば下流は澄み、源が濁れば下流は濁る。

「唐太宗曰く」以下は『貞観政要』巻第五論誠信第十七章にみえるが、これも引用に若干の相違がある。やはり、『新釈漢文大系』から関連箇所の和訳を掲げておかう。

我は「川の流れの清濁は、その原因が水源にあるのだ」という言葉を聞いている。君主は政治の水源であり、万民は川の流れと同じである。君主自身が、うそ詐りを行って、臣下に正直を行ってほしいと希望するのは、これは、ちょうど水源が濁りながらも、川の水の清いことを望むのと同じである。そんなことは道理として、あり得ないことである。

さすがは澹泊である。明恵上人の言を『論語』『荀子』『貞観政要』によつて解説敷衍し、要路の諸公に示したわけである。末尾からは泰時に対する評価の高さが窺へるが、一方では儒者にあらずして釈氏の言に出ることに世の隆替を思ふ澹泊の感慨をもみて取ることができよう。

さて、この一文は「僧高弁の語を書して藤執政に贈る」と題されてゐる。したがつて、『大日本史』の泰時伝から明恵上人の言を藤執政に示すことが目的とならう。一体、藤執政とは誰であらうか。参考とするのは末尾の「覚、頃泰時伝を釐《り》正して明恵の言を筆削す」であり、「頃」が問題となる。吉田一徳博士の『大日本史紀伝志表撰者考』によれば、泰時伝は清水与三郎が撰し、日置新六が校正して宝永元年甲申十二月に安積覚が再検了したといふ。さうすると、「頃」は宝永元年十二月頃とならう。そこで候補となるのは伊藤玄蕃友嵩《ともたか》である。友嵩については「澹泊斎文集」巻七に収める「故従五位下玄蕃頭伊藤君碑銘」に「宝永四年九月、進為執政」とみえるからである。しかし、伊藤氏は代々玄蕃と称し、執政の家柄であるからこれだけでは確定できないし、まだ友嵩は宝永元年時では執政にはなつてゐないのである。この点では先代の友次が該当するが、『大日本史』編纂に関連していへば久内と称した友嵩がよいであらう。かうみれば「頃」は宝永元年頃であるから、この一文が必ずしも宝永元年の成立と限定しなくてもよいであらう。

実はかう考へるのには、もう一つ理由がある。それは「澹泊斎文集」巻三にみえる「藤執政に致す書二首」といふ文章が癸巳《きし》すなはち正徳三年の成立だからである。正徳三年ならば明らかに執政は友嵩であり、藤執政に書を致す、あるいは贈るといふ表現にはともに澹泊の思ひをみることができるからである。

いづれにしても、澹泊は『大日本史』泰時伝の校訂から得たところを直接に役立てようと試みたのであるから、決して机上の人に終始したのではなかつた。澹泊の思ひはいふまでもなく史書としての『大日本史』を完成に導くことだつたけれども、それにとどまらずその中から得たものを実事に施さうと努めたところにもあつたのである。「学問事業、其の效を殊にせず」といふのは後年の水戸学の主張であるが、その萌芽の一端をここに窺ふことができるやうに思はれる。

○

およそ、物事には緩急があり、盛衰がみられる。それは『大日本史』編纂事業に関しても同様であり、義公光圀と烈公斉昭の時代ではその時代的背景に相違があるから単純に比較することはできないであらう。当然のこととして澹泊の時代と幽谷の時代では編纂状況に相違があらう。しかしながら、そこには時空を超えて一貫した流れが確認できるのも確かであつて、それが義公精神であり、その継承と復活が水戸学あるいは水戸史学といふことができよう。

本書は前二著(『大日本史と扶桑拾葉集』『現代水戸学論批判』)と同様『大日本史』とその歴史思想に関連するものではあるが、主として『大日本史』そのものに焦点をあてた。執筆に際しては多くの同学諸氏のご指導をいただいた。ここに感謝の誠を捧げて、更なるご指導とご叱正を賜りたいと思ふ。また、水戸史学選書の一冊として錦正社より刊行できたことはこの上ない喜びであり、社主はじめ関係の皆様に御礼申し上げたいと思ふ。

装幀　吉野史門

著者略歴

梶《かじ》 山《やま》 孝《たか》 夫《お》

昭和 26 年　茨城県生
茨城キリスト教学園高等学校をへて、清真学園高等学校·中学校に教諭·教頭·副校長として奉職し、平成 24 年 3 月退職。鹿嶋市文化財保護審議会委員・鹿嶋市史編纂委員会専門委員等を歴任
水戸史学会理事
博士（文学）

主要著書　吉田活堂の思想（筑波書林）
新版佐久良東雄歌集（錦正社）
水戸の国学——吉田活堂を中心として——（錦正社）
水戸派国学の研究（臨川書店）
大日本史と扶桑拾葉集（錦正社）
現代水戸学論批判（錦正社）

現住所　〒300-0504　茨城県稲敷市江戸崎甲 955-2

〈水戸史学選書〉 大日本史《だいにほんし》の史眼《しがん》——その構成《こうせい》と叙述《じょじゅつ》——

平成二十五年二月　四日　印刷
平成二十五年二月十四日　発行

※定価はカバーなどに表示してあります。

著　者　梶　山　孝　夫
企　画　水　戸　史　学　会
茨城県水戸市笠原町九七九—四二
（但野正弘方）
発行者　中　藤　政　文
発行所　錦　正　社
〒一六二—〇〇四一
東京都新宿区早稲田鶴巻町五四四—六
電　話　〇三（五二六一）二八九一
FAX　〇三（五二六一）二八九二
URL　http://www.kinseisha.jp/

印刷所　㈱平河工業社
製本所　㈱ブロケード

ISBN978-4-7646-0295-3